新型城镇化背景下乡城人口流动迁移与人的城镇化问题研究

陈心颖 著

中国财经出版传媒集团
中国财政经济出版社

图书在版编目（CIP）数据

新型城镇化背景下乡城人口流动迁移与人的城镇化问题研究／陈心颖著．--北京：中国财政经济出版社，2021.12

ISBN 978-7-5223-0994-1

Ⅰ.①新…　Ⅱ.①陈…　Ⅲ.①人口流动-研究-中国②城市化-研究-中国　Ⅳ.①C924.24②F299.21

中国版本图书馆 CIP 数据核字（2021）第 249621 号

责任编辑：王　芳　　　　责任校对：张　凡
封面设计：思梵星尚　　　责任印制：党　辉

中国财政经济出版社 出版

URL：http：//www.cfeph.cn

E-mail：cfeph@cfeph.cn

社址：北京市海淀区阜成路甲 28 号　邮政编码：100142

营销中心电话：010-88191522

天猫网店：中国财政经济出版社旗舰店

网址：https：//zgczjjcbs.tmall.com

北京财经印刷厂印刷　各地新华书店经销

成品尺寸：170mm×240mm　16 开　18.5 印张　278 000 字

2021 年 12 月第 1 版　2021 年 12 月北京第 1 次印刷

定价：68.00 元

ISBN 978-7-5223-0994-1

（图书出现印装问题，本社负责调换，电话：010-88190548）

本社质量投诉电话：010-88190744

打击盗版举报热线：010-88191661　QQ：2242791300

序

2012 年，党的十八大正式开启新型城镇化战略，2013 年中央新型城镇化工作会议召开，2014 年《国家新型城镇化规划（2014—2020 年）》颁布，都将新型城镇化上升为中国新时代重要战略任务之一。毋庸置疑，新型城镇化以“人”全面发展的城镇化为根本遵循，是对传统城镇化“异化”之弊的救治、反拨和匡正。1978 年改革开放以后，中国作为赶超经济体用 40 多年时间走过西方上百年的工业化进程，这种“压缩型”工业化导致“压缩型”城镇化，大量矛盾短时内聚集凸显，生发出诸如城乡社会失序、“三农”问题、新型工业化进展缓慢、内需市场扩张不足、服务业发展缓慢等突出问题，其实质是传统城镇化单边追求短期增长、低成本转移农村剩余劳动力的后果。

《新型城镇化背景下乡城人口流动迁移与人的城镇化研究》一书是福建省委党校陈心颖教授主持的国家社科基金课题的最终成果。陈心颖教授具有人口学、经济学等交叉学科背景。该专著中，作者熟练运用人口学、经济学相关理论，颇有创新地以“人口”为研究视角，讨论并揭示城市的生成机制和流动人口的空间分布规律，探讨中国新型城镇化的路径选择。作者敏锐地捕捉到乡城流动人口已经产生内部的群体分化，针对不同群体的经济社会特征提炼其在城镇化意愿和社会融合方面的共性和差异性，为更为精准的“人”全面发展的城镇化的制度安排提供依据。综合而言，该专著的主要亮点有：

一是将尊重“聚集”经济规律下的均衡城镇化道路，作为中国特色新型城镇化道路的现实选择。作者认为，中国走均衡发展的城镇化道路并不意味着“去中心化”；相反，中国当前城镇体系“两极化”格局的问题恰恰在于除极少数超大城市之外，大部分城市“聚集不足”，聚集效应不能充分发扬，具体表现为大城市、中等城市数量不足，小城镇数量太多。为此，作者提出新型城镇化推进中要让更多的中等城市成长为大城市，让小城市成长为中等城市。通过大城市走高端线路，中等城市千方百计“聚集”要素，走“规模经济”之路，小城镇走“特色小镇”之路，形成布局合理的、分工协作符合中国特色的大中小城市体系。

二是利用结构化思维区分乡城流动人口“三维”人群，形成差异化的融合思路。作者根据原国家卫生计生委流动人口司的权威性调查数据，按经济、社会、政治等指标得分从高到低将中国乡城流动人口依次区分为“发展型”“过渡型”和“生存型”，在实证分析乡城流动人口“三维”群体城镇化意愿和社会融合的差异性的敏感因素基础上，提出以下差异化的融合方案：“生存型”乡城流动人口应适度关注回流；“过渡型”乡城流动人口应以扩大向上的流动比重为导向，“发展型”乡城流动人口应是当下市民化的目标群体。

三是以制度变迁动力学分析框架构建乡城流动人口以“增权赋能”为核心的“人”的城镇化的“压力”传导机制。该研究强调了新型城镇化面临的乡城流动人口异质性、老龄化社会、新生代成为城镇主体以及经济新常态等“新”背景，尤其关注到传统城镇化向新型城镇化转型中出现的常住地、户籍地和购房地分离的“人－业－户”分离式的城镇化现象，将其看作是既定不合理的制度设计下出现的城镇化的“空间分岔”，是新旧城镇化模式转型期的过渡型特征。

四是将推动乡城流动人口实现“人”的城镇化的过程视作人与制度互动的过程。制度变迁理论为实现“人”的城镇化提供了一个有说服力的制度演化分析框架，围绕“增权赋能”这一核心，将从“观念产生”走向“制度稳定”的机制提炼为：变异—选择—遗传，从制度设计上解决乡城流动人口城镇化能力不足的问题，使乡城流动人口通过制度化的渠道获取“后致性”的外来资源灌入，由此根本性改善“先赋性”弱势地位，减弱“人”的城镇化进程缓慢的深层次矛盾，创造平等的经济、社会和政治权利，塑造具有公共精神、权责意识的现代公民，实现“人”的现代化。

该专著的主要创新特色在于：

第一，本书将乡城流动人口置于农村向城市场域流动中形成的城市地理空间分层和城市社会空间分层中，进一步考察两类空间分层中的资源配置与流动人口的地理空间流动趋势、社会空间流动的交互作用。

第二，作者在对迁移理论全面梳理的基础上，利用劳动力市场分割理论和社会分层机制分析了乡城流动人口进入城市后发生“三维分化”的必然性。进一步将乡城流动人口内部群体异质性与城市空间分层相联系，探索不同群体在不同层级城市的城镇化意愿的差异，为市民化的政策推进提供有的放矢的证据。

第三，中国问题的研究通常被放置在“计划经济向市场经济转型、农业社会向工业社会转型”的双重转型的视角，本书作者在此基础上加入“传统城镇化向新型城镇化”的第三重转型视角，提炼出传统城镇化向新型城镇化转型过程中面临的过渡型特征——“家—业—户分离”型城镇化，将该过渡型特征归因为传统城镇化向新型城镇化转型过程中发生的空间路径分岔。空间路径分岔是“人”的城镇化进程的偏离。

第四，理论迁移创新。作者将考察“核心—边缘”区域经济结构的空间经济学理论迁移至解释中国城镇人口规模格局的形成。依据制度变迁理论从“观念—制度”的演变过程，提出如何才能使“人”的城镇化从“观念到落地”的政策主张，不仅对乡城流动人口“赋权”还要对其“赋能”，着重提升乡城流动人口的经济社会禀赋，从而能落实自身的权益。

总之，当下中国正处于全面建成小康社会目标顺利实现，建设社会主义现代化强国即将开启的历史交汇点上。高质量的城镇化是社会主义现代化强国之路，以“人”为核心的新型城镇化是高质量城镇化的抓手，本书从人口角度深入探究新型城镇化实现的理论逻辑，梳理新型城镇化推进中的相关政策效应，构建在建设社会主义现代化强国阶段进一步推动“人”的城镇化的制度安排。该研究可为我国下一阶段的高质量城镇化提供理论参照和实践借鉴。

北京大学社会学系 陆杰华

2021年5月

目　　录

第一章

绪　论

一、问题的提出

改革开放以来，中国逐步确立了社会主义市场经济体制，走上一条以“低成本”“压缩型”为特征的工业化道路，依靠低要素成本优势用短短40多年时间走过了西方上百年的工业化历程。一方面通过制度变革释放红利，极大地提高了劳动生产率，国家整体经济实力跨越式增长；另一方面经济社会结构同步发生深刻变化，其中以生产要素越来越快向城市集中的“城镇化”最为显著，并引发城乡关系剧变。中国“低成本”工业化特征伴随粗放式经济增长，“压缩型”工业化特征导致经济结构、产业结构、就业结构和社会结构的变迁不是缓慢、渐进的，而是猛烈、急剧的。西方发达国家当年工业化、城镇化进程出现的问题，在中国短时间内集中爆发并且与中国的行政干预体制相结合，使中国的“城镇化”问题相比西方发达国家当年显得更为复杂和突出：资源能源的高投入、流动人口的权益保障不足、乡城人口的兼业循环流动、农村小城镇空心化、大城市“过密化”、城乡关系紧张等一系列问题使原有的城镇化模式越来越不可持续。党的十八大以后，党中央提出新型城镇化战略，该战略将“以人为本”的城镇化，即“人”的城镇化作为核心要义，亦可视为是对传统城镇化发展模式的反拨、救治和匡正。

2020年中国的城镇化率突破60%，高春亮、魏后凯（2013）预计2030年中国城镇化率将达到68.38%[①]，因此未来10年我国将仍处于城镇化快速增长时期。城镇化的本质特征是各种要素在某一空间高密度聚集，这也是城镇区别于乡村的根本特点。城镇化中资金流、人流、物流、信息流、技术流等的集散不断重构着中国的经济社会格局。倘若以党的十八大为界，将中国的城镇化进程分为上半程与下半程两阶段，则党的十八大后，中国下半程的新型城镇化不仅要对传统城镇化模式遗留的经济社会沉疴进行全面治理，而且要推动中国走上一条集约、绿色、可持续的城镇化

---

① 高春亮，魏后凯．中国城镇化趋势预测研究［J］．当代经济科学，2013，35（4）：85－90.

道路。此进程中，传统模式的“路径依赖”与新模式之间的冲突将不可避免地冲击当下经济社会的结构并产生深远影响。城镇化进程几乎可以映射出一个国家政治、经济、社会、生态的变迁全貌。因此，中国城镇化的相关议题也成为包括经济学、社会学、人口学、地理学、政治学、公共管理等在内的多学科的关注焦点，相关研究主要涉及城镇化本身的内涵、动力机制、城镇化的模式与战略选择、城镇化中的“四化”互动、城镇化与区域经济发展、城镇化与城镇规模体系、城镇化进程中的城乡关系、公共服务均等化、城镇化中的人口流动、各社会群体的行为特征、农民工市民化以及城镇化中土地、资金、劳动力等要素。

中国14亿人口的城镇化史无前例，又处于“计划经济”向“市场经济”转轨、“传统社会”向“现代社会”双重转轨期，为理论工作者提供了无限延展的研究空间，但也使城镇化研究的内容过于庞杂，因此对城镇化的剖析必须依托一个具有综合性特征的视角。毫无疑问，城镇化中最具综合性并且最关键的变量是“人”。城镇化进程最显著的特征就是人口的乡城流动迁移，尤其改革开放之初，中国80%的人口在农村，中国的城镇化史就是一部农村人口大规模向城市流动的历史。因此“流动”一词可以成为概括改革开放以来中国经济社会发展的特征词之一。

2020年，中国流动人口达3.76亿人，其中乡城流动人口仍占重要比例。因此理解乡城人口流动时、流动后的行为是理解城镇化的一个必然的重要视角。城镇化作为一个持续的过程，该过程中人口流动范式的变化会对城镇体系的空间格局形成了怎样的冲击，流动的新特征重构了哪些社会关系，如何型塑城市的“马赛克”群体的身份认同，如何通过政策演变对社会各阶层产生不同效应，制度设计该如何衔接这样的流动新特点并通过政策改进、防止既有的不均衡引发的流动中“合成谬误”的恶化等问题，都将在本书中围绕中国当前城镇化大背景下的乡城人口从“流动—城镇化意愿—社会融合”的三阶段展开，透视中国城镇化中的主体人群之一——乡城流动人口，以乡城流动人口地理空间和社会空间的流变管窥中国新型城镇化道路抉择和“人”的城镇化的实现路径。

二、相关研究进展及研究边界、相关的概念界定

（一）中国城镇化与乡城流动人口问题的研究进展

从发达国家走过的道路可知，工业化和城镇化通过包含劳动力在内的各种要素的重新配置共同深刻改变经济社会架构。期间，农业转移劳动力的流动是无法绕开的主线，劳动力在城乡、不同产业、不同部门间流动并与城镇化、工业交互作用，推动经济社会实现更高水平的均衡。因此本书拟在阐发城镇化一般规律基础上，探索中国特色城镇化道路，聚焦城镇化中乡城流动人口这一最重要主体。当前国内外对于中国城镇化与人口流动、城镇化与市民化的研究极其丰富，大致形成如下观点和争议：

1. 中国城镇化道路选择。

该议题当前尚存分歧。分歧归根到底是“如何认识城市发展规律”的问题。对城市发展规律的不同认识形成了对城镇化进程中中国人口流动特点、布局、趋势的不同预判，继而推演出人口流迁与经济社会协调发展的不同路径分析。大体上可以分化出大城市化道路、均衡发展型和小城镇（市）发展型三种观点。

主张走大都市化道路的学者多将城市看作一个聚集体，从聚集效应的角度论证城市聚集产业、人流、资金流等带来的规模效应，多采用定量实证分析方法（常见的有赫芬达尔指数、基尼系数、洛伦茨曲线、熵指数以及空间滞后模型、空间误差模型等），持该观点的学者否认所谓的“城市病”，将其视作“伪命题”，认为“城市病”乃城市空间规划、管理不善所致，非人口聚集的后果，同时，他们也否认所谓的“城市承载力”，提出城镇化中只要充分尊重市场规律，则当城市聚集不经济时，将引发“拥堵效应”，包括人口在内的要素随之向周边扩散疏解[①][②]（陆铭，2011；樊纲，2017）。

---

① 陆铭，向宽虎，陈钊．中国的城市化和城市体系调整：基于文献的评论［J］．世界经济，2011（6）：3－25.

② 樊纲，胡彩梅．调整“城镇化”偏差，明确“城市化”战略［J］．深圳大学学报（人文社会科学版），2017，34（3）：17－20.

主张均衡发展型城镇化道路的学者，一方面承认城市“聚集”的正效应，另一方面又认为“城市病”客观存在。城市的尺度本身具有最佳规模，过度聚集将导致“规模不经济”，单纯依靠市场调控不能消除“城市病”。因此，一方面要通过异地迁移实现人口城镇化又要通过就地转移实现农村城镇化。通过“双重城镇化”实现城镇化的均衡发展①（辜胜阻，2009）。

小城镇（市）发展型的观点，侧重城乡统筹的思路。认为城市固然存在“聚集效应”，但中国人口规模庞大，向大城市集中势必导致“城市病”。人口应向小城镇、小城市聚集，挖掘基础好的小城镇（市）的发展潜力，解决小城镇发展滞后的问题，有助于农村摆脱贫困，缩小城乡差距、地区差距，同时也是“最低成本的城镇化道路”②③④⑤（费孝通，1996；李金龙，2016；刘嗣明，2012；肖万春，2013）。

以上观点尽管都承认城市的聚集效应会带来效率提升，但对于是城镇化进程中城市发展理念存在分歧，并引发对人口流动调控的不同思路。大都市圈的观点建立在非均衡增长理论基础上，信奉市场机制，认为“逆”市场机制的“人口流动调控”难以奏效，应通过建立紧凑型城市提升城市密度，以加强城市管理来提高城市承载力。均衡发展型的观点认为在人口流动上要区别对待大、中、小城市，对出现“城市病”的特大、大城市通过政策疏散人口，中等城市应进一步增强对人口的吸引力，提升其人口聚集力，避免出现因城市规模的巨大落差而引发的经济差异。小城镇（市）发展型的观点则认为，过分强调城市发展，将导致农村的衰败和“空心化”，在政策上要鼓励农民工回乡或者在原籍实现“就近城镇化”，防止人口向特大城市和大城市单向流动。

---

① 辜胜阻，李华．中国特色城镇化道路研究［J］．中国人口·资源与环境（01）．

② 费孝通．论中国小城镇的发展［J］．经济研究参考，1996（8）：22.

③ 李金龙，闫倩倩，廖灿．县辖市：新型城镇化中设市模式创新的基本路径［J］．经济地理，2016：36（4）．

④ 刘嗣明，周飞．试论我国小城市发展的方向［J］．理论探讨，2012（1）：151－154.

⑤ 肖万春，肖向晶．县辖市体制改革与湖南城乡一体化建设［J］．武陵学刊，2013（2）：56－60.

2. 城镇化进程中中国人口流动的走势与特征。

对该议题的研究学界当前既形成一定共识也尚存一些争议。首先，从中国人口流动的总体走势看，改革开放后，尤其20世纪90年代以后至21世纪初是中国工业化和城镇化加速发展时期，农村剩余劳动力转移速度加快，学者们关注的是农村向城市的人口单向流动。近10年来，尤其是2008年世界金融危机后，部分学者注意到农民工从城市向农村回流的现象，认为中国开始出现“逆城市化”①②（张世勇，2014；陈彬，2015），但更多文献不认可将回流视为“逆城镇（市）化”，认为这仅是农民工生活成本增加、流动人口兜底机制不健全以及户籍制度改革不彻底等原因滋生出的暂时现象③④（张准，2012；蒋长流，2015），中国城镇化进程尚未结束，“逆城镇（市）化”时代尚未到来。

其次，流动人口的布局问题。目前学界也尚未达成共识。支持大都市圈观点的文献认为城市“聚集”是经济规律，大城市随着产业结构调整和科技进步，其城市承载力和就业容量仍将不断提升，未来流动人口仍往特大城市涌入的趋势不会根本性扭转。支持大都市圈观点的学者中，也有部分学者认为中国特大城市已超其承载力，随着特大城市“城市病”日益凸显并受制特大城市的人口调控政策以及国家近年的区域城市群战略，近年来流动人口呈现往二线城市和各省份省会城市（或区域中心城市）流动的趋势，这些城市将成为新的流动人口聚集中心。持有发展小城镇（市）观点的文献，则认为要通过引导流动人口在小城镇（市）的聚集，实现低成本的城镇化，政策要鼓励就近和就地城镇化，疏解特大和大城市的人口过载压力⑤⑥（朱宇，2012；杨传开、宁越敏，2016）。

---

① 张世勇．新生代农民工逆城市化流动：转变的发生［J］．南京农业大学学报（社会科学版），2014（1）：9－19.

② 陈彬．新型城镇化进程中的“逆城市化”问题研究［J］．宏观经济管理，2015（7）：31－33.

③ 张准．中美“逆城市化”现象之比较［J］．生产力研究，2012（1）：8－10.

④ 蒋长流，张松祺．“逆城市化”：观察维度与制度反思［J］．上海经济研究，2015（7）：89－96.

⑤ 朱宇．中国的就地城镇化：理论与实证［M］．科学出版社，2012.

⑥ 李健，杨传开，宁越敏．新型城镇化背景下的就地城镇化发展机制与路径［J］．学术月刊，2016（7）：89－98.

最近，关于流动人口的相关特征，学界基本形成较为一致的看法：人口的流动特征呈现家庭式流动趋势①②（段成荣，2018；曹广忠，2015），由此衍生出留守儿童相对减少，流动儿童相对增加的问题③（段成荣，2015）；流动人口的总体教育水平随时间推移逐步提升；新生代农民工流动人口城镇化意愿较强④（章雨晴，2013）；流动人口社会融合度总体不高，并呈东部、中部、西部逐步递减。

3. 乡城流动人口市民化的研究。

乡城流动人口市民化在文献中多以“农民工市民化”的研究呈现，主要聚焦市民化的意愿、市民化的主要障碍和市民化的对策建议。市民化的意愿测量以问卷调查的定量分析为主，部分文献测量留城（含融合）意愿及其影响因素，还有部分文献测量农民工加入城市户籍的意愿及其影响因素。绝大部分文献支持农民工有较强的留城意愿，当然在加入性别、年龄、教育程度、所处城市、单位性质、居住条件、是否家庭式迁移等变量后，城镇化意愿的强弱仍体现一定差异。加入城市户籍的意愿近年总体上呈下降的趋势，学者将其归因于农村土地制度改革的不明朗，使农民不愿放弃农村户籍，甚至出现从城市户籍转回农村户籍的“倒流”现象。

农民工市民化的主要障碍涉及城乡土地制度、户籍制度、财政制度、公共服务（尤其教育）、社会保障政策等。其中，几乎所有分析农民工市民化的文献都绕不开户籍制度，但部分文献强调户籍制度是农民工市民化的根本性障碍，是农民工市民化难以实现的根源，其生发出的一系列“隐形”制度壁垒，导致农民工市民化进程受阻⑤⑥（刘传江，2009；张晓敏

---

① 段成荣等．新时代人口发展战略研究：人口迁移流动议题前瞻［J］．宁夏社会科学，2018.

② 曹广忠．中国流动人口空间格局演变机制及城镇化效应——基于2000年和2010年人口普查分县数据的分析［J］．地理学报，2015，70（4）：567－581.

③ 段成荣，我国流动和留守儿童的几个基本问题［J］．中国农业大学学报（社会科学版），2015，32（1）.

④ 章雨晴．农民工城市定居意愿的代际比较——基于南京市284位农民工的调查［J］．湖南农业大学学报（社会科学版），2013（2）：41－47.

⑤ 刘传江等．双重“户籍墙”对农民工市民化的影响［J］．经济学家，2009（10）：66－72.

⑥ 张晓敏等．人口要素流动门槛变迁视角下的户籍制度改革［J］．哈尔滨工业大学学报（社会科学版），2016（6）.

等，2016）。总体而言，这些障碍均可归结为城乡二元的体制性障碍，城乡分而治之。农民在城市化中固然获取了比农村更高的经济利益，但行政体制干预下资源配置扭曲，农民只获得城镇化的部分利益，而更多应得的利益并未享受到。

至于农民工市民化的对策，学者们则主要围绕“权利并轨”“文化融合”“保障一体”和“城市空间共享”等展开。同时不少文献将农民工市民化纳入“社会融合”或“社会排斥”的理论视野下研究，按社会融合的经济、社会、身份、心理等维度提出政策主张①②③（杨菊华，2015；周皓，2012；宁越敏，2015）。以上对策不论以何种视角进行提炼，基本内容都不外乎教育、培训、公共服务、劳动权益、政治参与等议题，由此可见，农民工市民化推进的目标和主体内容是清晰的，难点在于从观念到目标实现的过程该如何达成。

4. 分类视角下乡城流动人口的类型化研究。

文献对乡城流动人口进行各种分类，比较常见的有：按个人的自然特征区分，如以生命周期划分的“新生代”农民工的研究、中老年农民工研究；流动儿童研究等；以性别划分的乡城流动人口中的“女性”群体的研究等；按某些经济社会特征划分，如“家庭式迁移”的研究、“特大城市农民工”的研究等。这些类型化后的群体再与流动人口的各项议题（如人力资本、培训、户籍制度、公共服务、教育、就业能力、犯罪、社区治理、社会融合等等）“排列组合”，极大地丰富了乡城流动人口的研究题材，并使研究更加细化、深化和富有层次感。

以上文献立足人口学、经济学、社会学、地理学、政治学、统计学等多学科分析框架，对城镇化与流动人口的议题展开不同学科背景、不同角度的探讨，将中国改革开放 40 年以“人口松绑”为起点对城市空间形成的冲击与同时期陆续引入的西方理论和研究范式相结合，在对城镇化发展

---

① 杨菊华．中国流动人口的社会融入研究［J］．中国社会科学，2015（2）：61－79.

② 周皓．流动人口社会融合的测量及理论思考［J］．人口研究，2012，36（3）：27－37.

③ 汪明峰，程红，宁越敏．上海城中村外来人口的社会融合及其影响因素［J］．地理学报，2015，70（8）：1243－1255.

规律逐步厘清的基础上全景式地展示中国特色城镇化的实践历程及理论升华。但中国“压缩型”工业化下催生的“压缩型”城镇化，与西方的工业化城镇化进程有当然差别，尤其我国又是刚刚摆脱贫困的发展中的人口大国，其累计的矛盾之多，解决之难超乎想象，也使理论界的研究尽管不计其数但仍有诸多不足。围绕本书的题眼，主要谈及三方面的不足：

（1）对中国城镇格局中人口布局的理论探讨不足。中国人口的城乡壁垒打破之后，城市人口规模体系渐呈两极化趋势，大城市愈大，小城市愈小。对于人口流动的驱动力学界仍多运用传统的“推—拉”理论解释，而“推—拉”力量背后深层次的理论建构较为欠缺，对我国人口流动和布局的原因分析多局限于诸如产业、交通、各类公共政策等层面，事实上，这样的讨论仍然仅看到人口流动作用力的方向，却缺乏对作用力究竟如何产生，以及各种作用力的流域场如何综合影响中国的城市人口布局的探讨，因而使城镇化中很多看似矛盾的现象难以得到合理且全面的解释，如：大城市一边深受“城市病”困扰，一边仍然能源源不断吸引人口流入；一线城市一边通过行政力量疏解人口，一边人口越调控越多；小县城城镇化成本低，却仍难逃人口流失的命运……现有文献的理论多就其中某一现象进行研判，尚欠对中国整个城镇化体系中城市不同等级之间人口分布关系的理论本质把握，此后果是，中国城镇化道路选择至今难以廓清，似乎无论走“大城市”发展道路还是“中等城市”发展道路、“小城镇化”发展道路都有一定道理但又都不完全有道理。

（2）对异质性关注不足。异质性是学术研究的重要思维，通过将研究对象内部进一步细化分类，把握研究对象内部的共性与差异性，达到精准施策的目标。本书所指的异质性包含城市的异质性和人群的异质性。中国幅员广大，区域发展十分不平衡，城市间差异显著。根据现有学术资料，尽管已有不少城镇化文献对地区间的异质性有所关注，在分析城镇化议题时区分东、中、西部，但值得注意的是，东、中、西部城市的组内差异并不小，此归类显得过于笼统。反而房地产市场常用的一线、二线、三线城市的划分更凸显城市间经济社会发展水平的共性与差距，即组内差异更小，组间差异更大，该分类更具合理性。另外，从人群异质性看，乡城流动人口群体内部的异质性至今并未被学界重视，几乎所有文献都将乡城流动人口作为一个同质群体展开研究。事实上，改革开放40多年来也是新中国建成以来社会流动性最强的时期，乡城流动人口内部也随之发生着群体分化，群体分化将伴随利益分化、诉求分化。

（3）对政策传导阻滞的研究不足。城镇化近十几年来始终是学术界研究热点，百度学术统计以城镇化为关键词的文献多达74万篇之多，诸多文献对于城镇化的发展规律不乏共识，其中一些共识已被政府制定的政策吸收或采纳。然而，尽管政府出台的相关制度、政策在持续推进中，仍存在诸多“说不清、道不明”的障碍，使看似好的政策却无法全面高效地落地，“人”的城镇化与土地城镇化的脱节现象并未根本性改观。政策从出台到落地的传导过程通常依赖整体制度运行的机制，目前“人”的城镇化的相关政策讨论多停留在政策本身的调整与修补，对背后更为根本性的制度演变的探讨显然不足，这既是当前“人”的城镇化研究的重要缺失，也使“人”的城镇化研究在深度上仍有待深化。

基于上述，笔者认为，由于对人口流动驱动力究竟如何形成的深层次理论探讨有限，使中国城镇化道路仍处于争议甚至其概念仍处于模糊状态，对异质性关注不足和“人”的城镇化政策背后制度运行机制的不完善，导致“人”的城镇化政策“碎片化”与“盲目性”并存，政策效应不达预期。故，本书试图运用空间经济学理论挖掘中国城镇体系人口格局形成的根本动力，提出符合经济发展规律的城镇化道路。在辨析乡城流动人口的异质性特征基础上，力求把握该群体内部的共性与差异性，并遵循制度演化理论对“人”的城镇化政策进行梳理。

（二）研究边界与相关概念界定

城镇化与“乡城人口流动”的研究汗牛充栋，本书将研究边界界定为城镇化中的乡城人口流动行为，关注人口流动引发的城镇化格局演变，因循地理空间和社会空间两大结构共同建构的视角，提炼乡城流动人口从流动伊始到城市扎根全过程中各个阶段行为特征和现实行动轨迹的生成逻辑，提供一个以“人”为出发点，以“人”为最终目的的分析框架。

本书中的几个概念做如下界定：

1. “流动”与“迁移”。

国外文献只有“迁移”概念（通常用“movement”或“migration”表达），因为国外没有户籍这一身份区分的制度。其中，movement 的含义较宽泛，既可指人口在当地，即本乡（镇）、街道改变住所，也可指人口的住所跨乡（镇）镇、街道以上行政边界的变动。“migration”通常是被定义为州际人口迁移和国际人口迁移。“movement”和“migration”本身自带的含义就区别于短期的旅游、通勤、公务出差等暂时性的人口空间移动。由此可见国外对“迁移”的定义包含空间属性和时间属性的变化。

在中国语境下产生的人口“流动”一词则基于中国特有的户籍制度。在中国，“流动”与“迁移”固然均具国际上空间属性和时间属性发生变化的含义。但有部分学者认为，虽然两者都体现为个体在空间属性上地理跨行政区划的行动，但“流动”被视为在时间属性上的一种暂时性行为，“迁移”则是长期性、永久性行为，具体以是否在流入地取得当地户籍作为“流动”和“迁移”的主要区别标识[①]（孙敬之，1996）。学术界更多文献并不对两者进行明确划分，将两者混用。

鉴于在中国“流动”与“迁移”在字义上的高度相似性，本书在阐述理论和国外文献时拟不对这两个词汇进行区分，均指人口常住地发生半年以上跨县级以上变动。但在分析中国的流动人口问题时区分“流动”与“迁移”的含义，前者指人口跨行政边界但未取得流入地户籍的现象，即“人户分离”，后者指人口跨行政边界并取得流入地户籍的现象。

2. “城市化”与“城镇化”。

英文中的“urbanization”对应“城市化”一词，西方学术界没有“城镇化”一说。目前国内学界“城市化”与“城镇化”两种提法并有，两者的差异在于侧重点不同。使用“城镇化”一词的学者认为，中国有大量的镇区级小城镇，属于城市与乡村的联接地带，这些地区未来也要向小城市形态转化。走小城镇发展的道路有助于减少“城市病”，就地就近城镇化可以降低城市化的成本、有利带动农业发展，因此“城镇化”的提法更

---

① 孙敬之.80 年代中国人口变动分析［M］. 中国财政经济出版社，1996.

符合中国国情[①][②]（费孝通，1995；高珮义，2009）。使用“城市化”一词的多是经济学理论工作者，他们认同真正的“urbanization”应该是人口聚集程度高、能发挥“聚集效应”的城市功能的过程，重点在大中城市，反对小城镇建设遍地开花，认为把普遍存在“聚集不经济”的小城镇作为“urbanization”的重点会延缓城市化进程[③][④][⑤]（辜胜阻，1996；王春光，1996；陆铭，2013）。本书认为，“城市化”和“城镇化”的根本内涵一致，差别在于实施途径上侧重点的差异，一个是大城市偏好论，一个是小城镇重点论。周一星（1992）较早提出“多元城市化”观点[⑥]，该观点后被官方采纳，成为较为主流的观点，多元城市化观点不区分“城市化”与“城镇化”的概念，可以混用。官方则自党的十八大以后统一称“城镇化”，笔者认为其出发点是我国区域差距过大，从推动区域协调发展的意图提出“城镇化”，最终目的是大中小城市和小城镇都要在“城镇化”中均衡发展。本书认同周一星的观点，“城市化”与“城镇化”可交替使用。

3. “乡城流动人口”“乡城迁移人口”“农民工”“农业转移人口”和“农村剩余劳动力”的概念辨析。

以上几个概念在学术文献中均有较多分布。“乡城流动人口”和“乡城迁移人口”在现有文献中基本可互换等同使用，一般被界定为“从农村户籍人口空间位移至城市空间，但并未取得城市户籍的人群”的合集，该合集内除了在城市打工的农村劳动力之外，还包含了随迁家属，即从农村进入城市的老人、农村家庭妇女以及流动儿童。“农村剩余劳动力”“农业转移人口”与“农民工”三者基本等义，但范围小一些，可以看成是“乡城流动（迁移）人口”的子集，指从农村进入城市的劳动力人群。其中，“农村剩余劳动力”和“农业转移人口”的提法多见经济学文献，在将该

---

① 费孝通．农村、小城镇、区域发展——我的社区研究历程的再回顾［J］．北京大学学报（哲学社会科学版），Vol. 32（2）：4－14.

② 高珮义．城市化发展学原理［M］．中国财政经济出版社，2009.

③ 辜胜阻，成德宁．城镇化：世纪之交中国农村改革与发展的主题［J］．学习与实践，1996（8）：7－10.

④ 王春光．大城市在我国社会经济发展中的地位和作用［J］．经济研究参考，1996（2）：2－19.

⑤ 陆铭．空间的力量：地理、政治与城市发展［M］．格致出版社，2013.

⑥ 周一星．城市地理学［M］．商务印书馆，1995.

群体视作生产要素分析时使用；“农民工”是最常见的提法，其字义暗含农村进入城市的劳动力的意思，尽管有部分学者认为“农民工”一词具有歧视性，但其简洁表达了这个群体从事非农产业的职业身份、产业工人的政治身份以及农村户口的农民身份的三重含义①（冷向明，2015），又具有约定俗成的意味，因而仍被大量文章和政策文件使用。

我们将本书的研究对象——乡城流动人口，界定为“在城市工作或生活的农村户籍人群”，涵盖“农民工”及其随迁家属。但需要说明的是，由于乡城流动人口的主体是进入城市的农村劳动力，因此在部分因语境的需要或引用文献时，也用“农民工”“农业转移人口”和“农村剩余劳动力”的提法。

三、研究思路、框架与创新

（一）研究思路和框架

我国新型城镇化提出“人的城镇化”的核心理念，其中“人”何所指？本书认为这里的“人”意指乡城流动人口。处于大转型时代的中国，进入城市的乡城流动人口面临着从“熟人社会”到“陌生人社会”，从单一、同质性社会到多元、异质性社会以及从相对静止稳定的社会到动态快节奏社会的场景转换，随着新生代的成长，乡城流动人口融入城市的动机和意愿不断增强，然而自我融合能力不足和城市的制度排斥，这个庞大群体中的大部分在城市“无根地漂泊”。“人的城镇化”的提出既是城镇化顺利推进的必要也是以人为本的“关切”。也就是说，该群体是否能在城市安居乐业是新型城镇化能否实现的最终标尺。

乡城人口的流动表现为人从农村空间向城市空间的物理位移，而空间本身也是可以被分层的，例如我们当前对“一线”“二线”“三线”等城市的划分就是对空间分层的一种定义（王宁，2016）。乡城流动人口的空间流动意味着“人”及附着在“人”身上的资源在更宽尺度中的不同层级

---

① 张金庆，冷向明．现代公民身份与农民工有序市民化研究［J］．复旦学报（社会科学版），2015，57（6）．

地理空间的重新分配，此时“流动”不仅表现为人口在不同地域数量上的变化，还将对地域本身原本内生的社会稳定性形成冲击，由此产生流动的第二条线索——纵向社会空间的重构。因此，从结构视角看，乡城流动人口的流动规模、流动速度、流动区域将改变整个城市体系的格局，同时引发流入地和流出地的社会结构变迁。例如对人口流入地而言，“马赛克式”的群体在彼此的碰撞冲突中造就既非本地也非外来地的“中间文化”，对流出地而言，人口数量的坍塌和人口结构变动也必然撼动了本地长期以来经济社会的平稳。

本书试图讲清城镇化一般规律支配下的中国特色新型城镇化与传统城镇化的差异和实现路径，基于此聚焦三大问题：其一，中国流动人口分布的状态、趋势，通过理论分析厘清中国城镇化道路选择的现实困惑；其二，进一步考察乡城流动人口群体，用分类思维对其进行精准透析，抓住该群体的分化特征，了解乡城流动人口不同分化人群其市民化的诉求差异和障碍，有助于政策制定与实施的精准性；其三，基于城镇化的新特征和城镇化转型的“过渡性”特征对“人”的城镇化的政策进行反思，既承认乡村的思维方式、生活方式、行为方式在惯性中必然发生“历史的滞后”决定了乡城流动人口“人”的城镇化的渐进性，又通过对当下“人”的城镇化政策传导阻滞的机制的剖析，将“人”的城镇化政策生成过程整合进制度变迁链条，使“碎片化”政策在嵌入制度变迁链条的各环节后视野变得系统而清晰，再借助政策功能在理论与现实之间的对标来观照未来推动“人”的城镇化政策的着力点。

本书的分析框架图如图 1 -1 所示。

本书起始于新型城镇化背景，落脚于实现乡城流动人口“人”的城镇化。城镇化进程中我们不难找到两条主线，一是人口从乡村到城市的空间流动，实现农村到城市的物理空间切换；二是乡城流动人口在大、中、小城市间“试错式”的循环流动中，找到适合自己的、可以“沉淀”下来的城市（可以是大城市、也可以是小县城、甚至小城镇），从而在城市文明洗礼中，实现市民化和在地化的社会融合。本书以“两个流动”对应的“两个转化”为逻辑起点，从宏观层面找出处于城镇化进程中的中国乡城

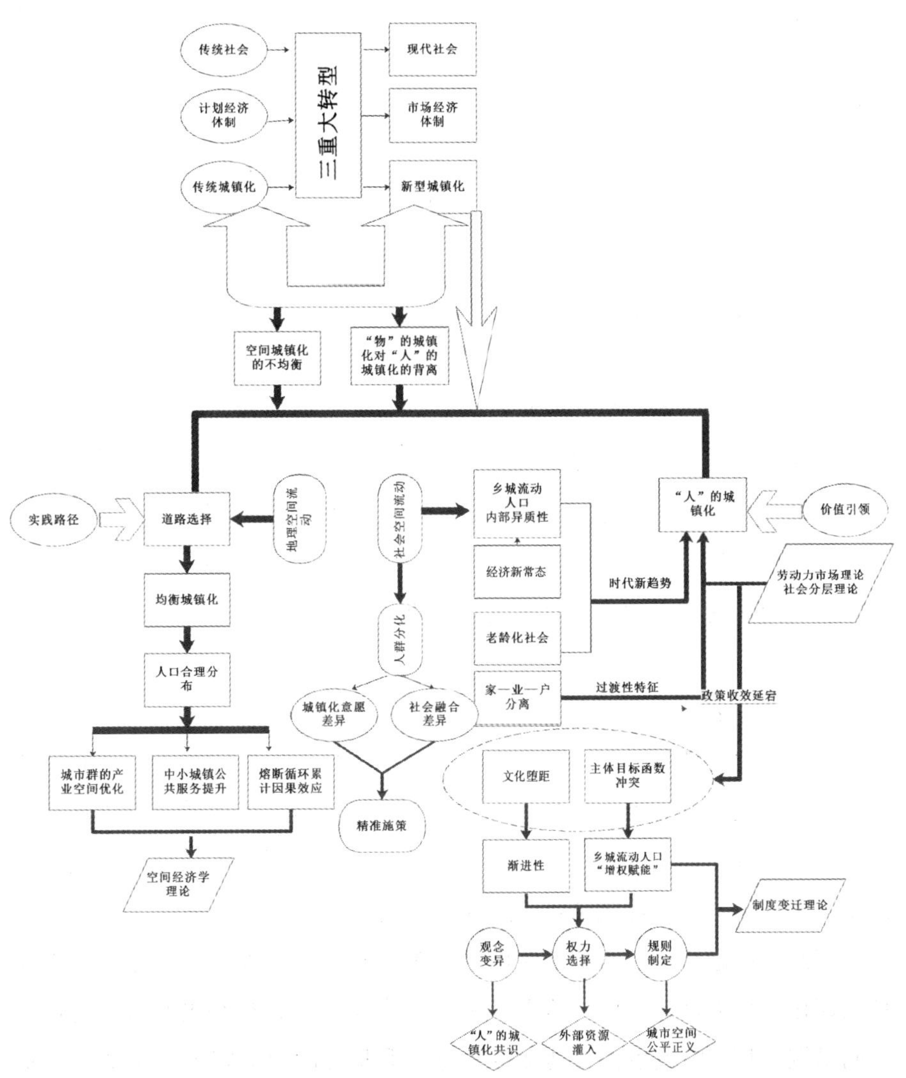

图1-1 分析框架图

人口流动的脉络分布，进而研究如何实现农民向市民的身份转变，如何让进城的农民获得向上流动的通道，形成较为稳定的“橄榄形”社会结构。从个体微观层面考察乡城流动人口行动的各个阶段：从迁移到城镇化意愿进而实现社会融合。针对乡城流动人口内部的异质性，遵循“城镇化意愿—社会融合—‘人’的城镇化”的渐进路径，提炼乡城流动人口“三维分化”人群在城镇化意愿和社会融合方面的差异性和共性，结合新型城镇化的新特征和过渡型特征，在回答“人”的城镇化何以延宕的基础上，建构制度动力变迁分析框架，拼接出该群体实现“人”的城镇化的途径。

除导言和结论外，具体的篇章安排，分为五部分，分别论述城镇化的一般规律、新型城镇化背景、乡城流动人口的流动趋势、方向与新型城镇化路径、乡城流动人口内部分化、分化群体的城镇化意愿差异、社会融合差异及促进乡城流动人口实现“人”的城镇化的对策。

（二）创新

由于学科视角的差异和立足点的不同，新型城镇化道路如何走的观点未形成共识。现有的研究显然存在明显的割裂（碎片化），学科之间缺乏互鉴互通（对话），区域之间缺少城乡统筹视角。本书试图从“人”的角度（而非“钱”“地”“物”的角度），综合人口学、地理学、经济学、社会学及政治学的相关理论，对该议题提供一个多学科背景的考察。本书的主要贡献在于：

1. 学术价值。

首先，理论迁移。创造性地将空间经济学分析区域间差距的核心－边缘理论迁移至分析城市间规模差距，运用非均衡力量形成的动力机制解释中国当前的城镇体系现状，从构建中小城镇“向心力”的角度对中国城镇体系的合理化、走均衡城镇化道路提出相应主张。

其次，理论检验。本书从城市的微观机制——“聚集”入手，全面梳理城镇化的相关理论，以“人”为视角，考察了人口聚集度与劳动生产率之间呈倒“U”形关系，并具有显著的三重非线性门槛特征，印证了“威廉姆森假说”。

再次，理论架构。依据制度变迁理论从“观念－制度”的演变过程，将“人”的城镇化的对策融进制度变迁理论的分析框架，为“人”的城镇化的方略寻找理论支撑。

2. 应用价值。

第一，在学界已达成共识的新型城镇化背景下，进一步提炼出传统城镇化向新型城镇化转型过程中面临的过渡型特征——“家－业－户分离”

型城镇化，将该过渡型特征归因为传统城镇化向新型城镇化转型过程中发生的空间路径分岔。空间路径分岔是“人”的城镇化进程的偏离。

第二，提出中国新型城镇化的道路选择方案。通过人口聚集度与劳动生产率之间呈非线性的考察，表明：中国一方面在实践中仍要通过适当“聚集”提高全要素生产率，未来的流动人口主要向19个城市群集中；另一方面过度“聚集”会带来效率损失，要防止中国城镇化规模体系两极化态势继续强化，走均衡城镇化发展道路。

第三，提出“乡城流动人口”的内部“裂变”分化趋势。推动决策层在“人”的城镇化中运用“异质性思维”，实现“精准施策”，提升政策实施效果。

第四，提出为乡城流动人口“增权赋能”以提升其“城镇化能力”。着眼有利于乡城流动人口自身经济社会资源逐步积累的制度设计，使乡城流动人口有能力参政议政，为自己代言，形成良性循环，彻底改善弱势地位，推动“人”的城镇化进程，进而推动中国的现代化进程。以上均为政府部门施政提供决策参考。

第二章

城镇化的理论支点与新型城镇化的本质特征

从世界各国经济发展史看，城镇化是人类社会发展到一定阶段的必然现象，这一阶段无一例外以工业化为标志拉开城镇化的大幕，城镇化可以视作工业化在城乡这一“空间”载体的投射，要素在城乡之间流动重组，引发城乡关系的剧变。城镇化的进程包含着深刻的政治、经济、社会、文化等变革，这些变革又反过来共同影响城镇化的方向、速度和质量。由于各国政体、制度的不同，城镇化的道路并不尽相同，但城镇化的演进本身仍具有普适的一般规律。

第一节　城镇化的一般规律

一、何谓城市

城市从何而来？城市起源有多种理论解释，主要有“农业剩余产品说”“水文学说”“人口压力说”“贸易需求说”“防御需求说”及“宗教缘由说”等。

“农业剩余产品说”认为农业生产剩余产品对产品分配的权益、征收的赋税、管理商品等产生需求，呼唤更加集中从而更有效率的社会组织结构，这样的需求刺激了城市的发展[①②]（Chidle，V. Godrdon，1950；White，D. F.，1966）。

“水文学说”的解释是早期人们“逐水而居”，在那些依赖灌溉和需要控制洪水的地区，精密灌溉、防洪项目导致了劳动分工、协作和专业化，促进社会组织的成长，激发了城市的萌芽[③]（Karl August Wittfogel，1958）。

“人口压力说”认为人多地少，资源匮乏倒逼人们在农业技术上突破或者开辟贸易、防卫等非农活动，形成城市聚落的雏形。

“贸易需求说”通过观察中心城市多围绕贸易市场形成的现象，将城市的起源归因于贸易功能。商品的流动需要贸易网络促进社会组织结构集中化，而贸易催生的职业专业化和竞争进一步推动城市的发展壮大[④]（Jacobs J.，1969）。

---

① Chidle V. Gordon. The Urban Revolution [J]. Town Planning Review，1950，21（1）：3－17.

② White，D. F. Book Review：The Urbanization of Society [J]. Urban Education，1966，2（2）：115－119.

③ Karl August Wittfogel，Oriental Despotism：A Comparative Study of Total Power. New Haven，Comm.：Yale Unviersity Press，1958.

④ Jacobs J. The economy of cities. [M] // The economy of cities. 1969.

“防卫需求说”的理论将人们出于保护灌溉系统、领土不被侵占的需要而聚集在安全军事防御设施中视为城市的起源，这样的聚合激励手工艺的专门化，城市由此产生①。

Sjoberg（1955）提出城市起源的“宗教缘由说”②，认为宗教集团为加强宗教的控制力搭建起制度架构以控制经济和政治，并基于此衍生经济、技术等的变革，城市的社会组织结构逐步构建，早期的城市初步形成。

以上城市起源理论在现实中均能被印证或被观察到，世界上的城市有因贸易而生成，有因宗教而生成，有因“农产品剩余”而生成……但更多的是因上述两种甚至三种以上原因共同作用而生成。同一座城市萌芽初期与后来扩张的不同阶段可能对应于一样的动因。因此城市本身是多因素多引力造就，同时它又是动态变化的。因而，应以综合的、历史的、发展的眼光理解城市的起源，城市的概念本身折射出其随着时间而渐进变革的意味。

城市的起源固然有多样的理论依据，但这些理论最终指向城市的一个共同特征，即“社会组织结构的集中化”，这里的“社会组织结构”是个宽泛的概念，包含了城市一整套经济、社会、政治、文化的运行制度。城市起源论中，导致这种“社会组织”集中化的初始原因可能不同（有的是防御需求，有的是贸易需求，有的是宗教需求等），却不约而同对集中的、有效率的社会组织结构形成提出要求。因此集中的、有效率的社会组织结构可以看做是城市的基本特征。城市根本上说是政治、经济、社会、文化在某一个较小空间范围内的高度聚合体，而这种高度聚合的前提条件则是“人”的聚集，人在一个空间以较大密度聚集之后，附着在人身上的政治、经济、社会、文化等一系列社会属性也在这一空间聚合，从而形成一整套与乡村迥异的运行机制，大大提高了社会运转及发展效率。

城市的本质是聚集。从理论界不同学科对“城市”所下的各式定义来

---

① M. Webber, The city, Translatied and edited by D. Martindale and G. Neuwirth. New York: The Fredd Press. 1958.

② Sjoberg G. The Preindustrial City [J]. American Journal of Sociology, 1955, 60 (5): 438 - 445.

看，关注视角虽不同，但其背后都生发于“聚集”这一本质特征。城市经济学将城市视为区域的经济中心和社会发展中心，是富有效率的非农产业的集中地，是人们公平创造并分享现代物质文明和精神文明的基地。经济学认为城市是土地、劳动力、资金等各种生产要素市场交互存在的场所。地理学将城市概括为具有一定的人口、建筑、绿化、交通等用地规模，第二产业及第三产业高度集聚的居民点。建筑规划学认为城市是不同种建筑物最密集的场所，是建筑文化最发达的地方。政治学将城市对城市的定义突破了有形的层面，以城市化的生活方式来定义城市，将其看作“特定的一系列功能整合的制度”，城市中的群体在此“特定的一系列功能整合的制度”下社会和政治发生了与农村迥异的变化①（Wheatley，1971）。社会学用“人口规模增加”“劳动者职业分工伴随社会分层”“供养专职建筑师、艺术家的公共资本”“贸易发展”等城市文明特征对城市下定义②（Childe，V. Gordon，1950）。

各学科对城市定义的回答都无法回避城市聚集与效率的经济特征、聚集与扩散的空间特征以及政治文化聚集与传播的社会特征。无论城市具有运行的高效性、功能的综合性、系统的开放性、文化的异质性的基本特征，还是城市作为生产中心、商业中心、金融中心、交通中心、信息中心的复合型功能的产生，都源于“聚集”这一初始条件。总之，“聚集”为城市起源乃至之后的城镇化进程提供了根本动力支撑，并逐步生发出城市文明。

二、城镇化内涵及其生成机制

（一）城镇化的内涵

城市是个内涵丰富的复合空间载体，城市化③的“化”则是“过程”

---

① Gustafson P M. The Pivot of the Four Quarters: A Preliminary Inquiry into the Origins of the Chinese City by Paul Wheatley [J]. Journal for the Scientific Study of Religion, 1976, 15 (2): 209.

② Childe, V. Gordon. The Urban Revolution [J]. Town Planning Review, 1950, 21 (1): 3-17.

③ 城市化是西方引入的表达，城镇化是中国特色的表达，两者在内涵上有些许差异，但本质无差别（后文会进一步对两者概念做进一步阐释说明）。西方较早开始城市化的研究，因此在此探讨城镇化的内涵时，也用“城市化”的表述。

的表达，包含随着时间循着一定规律动态演进的意味。因此城市化的内涵也因学科关注视角差异以及对城市化发展认知的不断深化而被赋予不同的界定。大体上经历了一个从“量”的规定性到“质”的规定性的过程。

“人口城市化”是最初关于城市化的定义。给出该定义的多数为经济学家，将城市化定义为城乡之间的人口分布方式的变化[①]（西蒙·库兹涅茨，1966）或城市地区的人口比重上升的现象[②③]（赫茨勒，1963；威尔逊，1986）。有经济学家进一步提出，城市化不仅表现为城市人口规模的不断扩充，而且表现在城市数量的增加。后继的经济学者洞察到经济布局随着人口布局变化而发生的变化，因此从经济内在规定性层面提出了“经济城市化”的定义，将城市化理解为人口空间上均匀遍布，个人分散劳动为特征的农村经济向人口集中分布、集体劳动为特征的城市经济变化过程[④]（沃纳·赫希，1990）。也有学者将城市化称之为非农产业在城市聚集的过程（叶裕民，2011）[⑤] 或者经济活动（包括生产交换消费）聚集的过程[⑥]（许成安等，2002）。

城市化最早为经济学家所关注，反映出城市化的初始动力来自经济因素，是市场机制规律的作用下资源实现优化配置的结果，凸显城市化“要素聚集”的主题。但经济学视角下的城市化忽视了城市化进程中城市文明扩散与渗透，社会学家则弥补了这方面的不足，从生活方式角度定义城镇化。

社会学家提出“生活方式城市化”的定义，认为城市化是乡村生活方式向城市生活方式发展、质变的过程；是农村人生活方式都市化的过程[⑦⑧]（Wirtih 和 Louis，1989，孟德拉斯，1990）。该定义摆脱了单纯的“城市”

---

① 西蒙·库兹涅茨．现代经济增长：速度、结构与扩展［M］．北京：北京经济学院出版社，1989.

② 赫茨勒．世界人口的危机［M］．北京：商务印书馆，1963.

③ Christopher Wilson. The Dictionary of Demography［M］. Oxford：Basil Blackwell Ltd.，1986.

④ 沃纳·赫希．城市经济学［M］．北京：中国社会科学出版社，1990.

⑤ 叶裕民．中国城市化的制度障碍与制度创新［J］．中国人民大学学报，2001（5）：32－38.

⑥ 许成安，戴枫．城市化本质及路径选择［J］．淮阴师范学院学报：哲学社会科学版，2002（4）：444－449.

⑦ Wirth L. Urbanism as a Way of Life［J］. Amer. j. sociol，1951，44（1）：1－24.

⑧ H. 孟德拉斯．农民的终结［M］．北京：中国社会科学出版社，1991.

为中心的立场，城市化带来的城乡互动过程被纳入城市化的视野，其中包括城市扩张和先进生产力对农村的渗透从而使农村生产方式发生改变，生活方式、思维和行为逐步城市化。

地理学视野下的城市化关注人口、经济、社会、政治、文化等各因素在地域空间上的分布状况，尤其是城市化进程中要素分配带来的地域差异和不同方向。

制度学派和新制度学派的兴起为城市化提供了新的观察视角，催生出“制度城镇化”的定义。一些城市学的研究者将城市化的过程视作制度变迁的过程，是农村制度被城市制度部分替代的过程[①]（辜胜阻，1998）。刘传江（2000）认为城市化是人类社会经济活动组织及其生存社区制度安排由传统的制度安排向新型的安排的转变过程[②]。

近年来一些学者在城市化的实践和前人理论研究基础上，从综合层面对城市化作出描述，如 Pacion 将城市人口比重增加和城市生活行为方式在全社会扩散作为城市化的定义。美国弗里德曼将城市化阶段区分为城市化Ⅰ和城市化Ⅱ。前者被概括为人口和非农业活动在规模不同的城市地域集中的过程；后者体现了城市价值观、城市文明和城市生活方式向农村地域蔓延的过程。日本的森川洋认为城市化表现为城市人口增加，城市面积的扩大，景观、生活方式的城市环境形成。罗西采用综合观点给城市化下的定义是：人口集中的过程；城市人口占全社会人口比例的提高过程；城市中心对农村腹地影响的传播过程；社会人口逐步接受城市文化的过程[③]（许学强，1989）。

以上从“人口城市化”到“经济城市化”“生活方式城市化”“制度城市化”和“综合城市化”，城市化的外延不断拓展，从描述性的定义到其深刻内涵，不同的定义既体现了横向学科不同视角的相互补充和修正，也从纵向视角提供了较为清晰的城市化在不同发展阶段内涵逐步丰富的脉络。

---

① 辜胜阻，李正友．中国自下而上城镇化的制度分析［J］．中国社会科学，1998（2）：60-70.

② 刘传江．中国城市化的制度安排与创新［M］．武汉：武汉大学出版社，2000.

③ 许学强．现代城市地理学［M］．北京：中国建筑工业出版社，1989.

本书基于研究边界，将城市（镇）化定义为：工业化推动下，包括人口、资金、创新等在内的各种要素在城市这一地理空间层面高度聚集并聚变的过程。该进程对城市和乡村的经济、社会、政治、文化结构持续冲击，不仅型塑着城乡关系，而且调整人与城市的运行机制、人与乡村的运行机制之间的适应性。城市（镇）化是贯穿着“人”与周边制度环境之间的紧张感不断产生、又逐步消解的过程，最终目标是通过“人”的现代化、“人”与制度环境和谐互动，走向现代化。

（二）城镇化生成的宏观动力机制——产业结构变革

工业化实质是科技推动下的经济结构变化的过程，最显著特征是经济由第一产业主导变成第二、第三产业主导，并由此带动包括劳动力在内的资源重组，重塑城乡的关系和结构。发达国家的发展经历表明，产业结构变革是城镇化的主线之一，城镇化过程就是产业结构不断由低层次向高层次演进的伴生发展过程。从城镇化的宏观动力机制我们可以清晰地看到产业递进对城镇化的推动力。

首先，农业发展是城镇化的初始动力。农业发展为城市人口提供剩余农产品，为城镇化提供基本的物质前提。农业发展为城市提供包括劳动力、生产原料以及工业的原始资金积累等必备的生产要素。农业发展还为城市工业提供了商品销售市场。因此，农业发展为城镇化做好物质准备。

其次，工业化是城镇化的根本动力。工业化进程也是资本和人口在城市高度集中的过程，城市规模和数量不断扩张。工业化之所以能引起如此巨大而深刻的城市革命，因其特殊经济本性使然，即所谓的“最低临界值原则”“初始利益棘轮效应原则”和“循环累积因果关系原则”。“最低临界值原则”对人口规模和市场规模提出要求，“初始利益棘轮效应原则”为居民经济活动提供决策倾向，“循环累积因果关系原则”则使工业和城市本身具有“自强化”趋势。因此在工业化过程中，受其自身经济规律驱动，塑造出不可逆转的人口与资本向城市聚集的倾向，使工业化与城市化呈现十分显著的正相关性。

最后，第三产业为城镇化注入后续动力。随着工业化国家产业结构的调整，第三产业开始崛起，生产配套性服务、生活消费性服务使城市分工进一步细化、深化。由于第三产业的发展成本较高，对人口的规模和市场容量有较高的门槛要求，换句话说，第三产业的发展要求“需求的聚集”，因而第三产业的发展和发达必须根植于人口聚集的城市。

总之，从第一产业为主导向二、三产业为主导的产业变革决定了“城市”产生和发展之必然和必要。

（三）城镇化生成的微观动力机制基础——聚集效应

当各种要素流动到某个空间高度聚集后，城镇出现了，城镇的本质上就是以“聚集”为特征。聚集产生的“聚集效应”反过来进一步推动工业化的发展，在“循环因果累积”作用下，城镇化与工业化形成互动关系。

既然城镇化因工业化而生，那么工业化是否是必然趋势？研究表明，至少三大原因导致工业化必然发生。其一，需求导向。随着经济发展和个体收入的增长，恩格尔系数不断下降，人们对工业制品和服务的需求增长，推动产业结构变动适应需求变化。其二，生产率提高。当第二、第三产业开始扩张，一方面为农村劳动力转移创造就业机会，另一方面也为农业提供现代生产要素，提高农业劳动生产率，第一产业的劳动力比重不断下降，第二、第三产业吸纳更多劳动力，更加壮大。其三，分工深化。专业化分工大大促进生产率提升。随着专业化程度提升，分工更加细化，传统农业生产中部分原属于农业的职能逐步分离，成为非农经济部门，第一产业比例越来越小，第二、第三产业比例越来越大。工业化加速了经济发展的进程，使经济发展发生质的飞跃。人类延绵千年的分散的、自给自足的自然经济因工业化而断裂，生产要素流动的方向、速度、距离都发生根本性变化，原本附着于土地而分散的生产要素开始加速跨越城乡边界向中心城市集中，最显而易见的是农村人口的流失和中心城市人口爆发式增长。工业化引发的生产要素的空间再配置，一方面推动传统经济步入现代经济，另一方面也使城镇化成为必然。

而在工业化与城镇化之间架构起两者互动关系的机制则是聚集效应。聚集效应的研究始于经济学。新古典区位理论的代表 Marshll（1890）、Webber（1909）、Losch（1939）根据厂商倾向“扎堆”的地理集中的现象，认为聚集可以通过规模报酬递增给企业带来内部和外部经济效益的增长，之后Perroux（1955）和Myrdal（1957）将聚集与区域经济增长联系起来考察，分别提出“增长极”理论和“循环累积效应”，认为要素聚集后的产业发展是区域（城市）增长的动力，由此产生极化效应，先发优势进一步在市场机制作用下发生“循环累积效应”，最终形成“地理二元结构”，拉大地区间的差异。Friedmann（1961）拓展了Perroux和Myrdal的研究，将“增长极”与“循环累积效应”融进空间系统考察，认为经济活动的空间组织中通常具有强烈的“极化效应”与“涓滴效应”，并提出著名的“核心－边缘理论”——核心区聚集生产要素，聚集到一定程度后开始向周边扩散溢出，带动边缘地区的增长①。

聚集带来的聚集正收益可以由五方面构成。一是规模报酬递增带来内部和外部经济效益的增长。产业的空间集聚可促进劳动力组织的专业化，产业集群可规避中间商，节省交易成本。二是集聚带来共享。基础设施具有不可分割性，产业和人口集聚可以共享道路、煤气、自来水、排污等公共设施，进一步降低企业生产成本和居民生活成本。三是劳动池效应。人口的集中使厂商更容易匹配到各种水准的工人、技术人员和管理人才，降低搜寻劳动力的成本。四是需求集中带来就业机会。第三产业的发展需要一定的人口规模支撑，人口聚集使需求集中进而促进分工细化，创造更多的就业岗位，是城市能源源不断吸引人口进入的核心利益所在。五是学习创新效应。企业地理上的集中必然会带来竞争，竞争激发创新；地理上的集中有助于厂商之间、厂商与消费者之间产生一种更为自由的信息传播，厂商间互相学习模仿速度加快；消费者对产品的反馈速度快，针对消费者的反馈解决问题更容易产生创新。

城市的聚集性特征使以高效率、高效益为导向的工业化必然发生在城市，城市作为“增长极”，在“循环累积”作用下扩张规模并呈现收益递增。城市化与工业化在聚集效应的作用下交互发展，形成城镇化扩张的动力机制。

---

① 转引自冯邦彦、叶光毓发表于《生产力研究》的“城市经济聚集理论的演变与发展”，2008年1月。

当然，聚集效应是把“双刃剑”，有正效应和负效应之分。正效应主要体现在聚集后的企业各项成本降低。但若城市聚集超出一定的规模，聚集效应则产生负效应，拥堵引发的外部不经济导致成本上升，要素将寻找新的成本洼地，此时的“增长极”开始发挥“涓滴效应”。美国经济学家 Edwin Mills（1972）对美国 1910—1960 年间城市人口和经济活动（包括制造业、服务业、零售业、批发业）密度做了计算，发现从人口到经济密度呈现梯度下降，大都市向外扩散的趋势出现①。

对于任何一个经济体而言，在经济起飞和发展阶段，工业化和城镇化必然共同构成经济发展的双引擎。当然，随着工业化国家产业结构的优化升级，城市第三产业的崛起又将为城镇化提供动力“续航”。

（四）城镇化的保障机制

城镇化作为伴随社会经济增长和结构变迁而出现的社会现象必然与制度安排及变迁密切相关。制度安排与变迁在城市化进程中的核心地位主要从四个方面得以实现（见图 2－1）。

一是有效率的农业发展制度安排。通过有效率的农业发展制度安排，提高农业产出，使农业部门在保证本部门再生产的同时维持农业产品剩余和要素剩余，作为“蓄水池”为工业化、城镇化提供物质基础和要素准备。

二是非农产业发展的制度安排。非农产业的发展对原料、资金、劳动力形成强烈需求，推动国民经济工业化、非农化的制度安排，可为吸收农业剩余原料、剩余资金和剩余劳动力创造必要的拉力。

三是有效率的要素流动制度安排。一个有效的要素流动制度能使农业部门的要素流出推力和非农业部门的要素流入拉力形成聚合力，将要素聚集到效率更高的非农产业，实现要素的优化配置。

四是城市建设的制度安排。促进城市基础设施、住房的配套开发，满足城市非农产业和人口集聚的现实需求和潜在的增长需要。

---

① E S. Mills. Markets and Efficient Resource Allocation in Urban Areas [J]. Swedish Journal of Economics, 1972, 74 (1): 100－113.

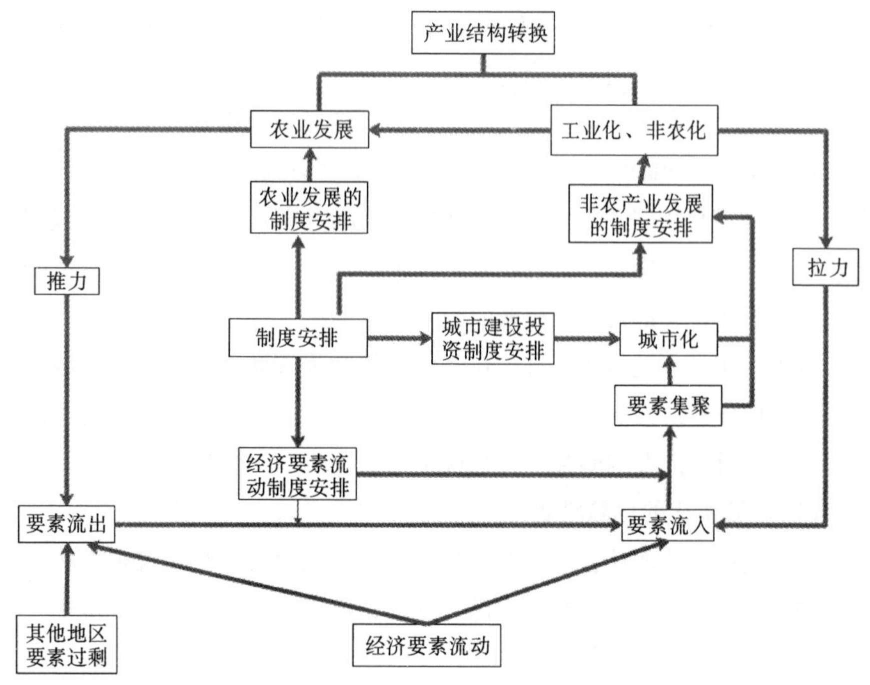

图2-1 城镇化形成及扩张机制

三、城镇化规律的“四维”考量

城市本身由多因素多引力造就，同时又动态变化。城市这一空间载体与其承载的内容之间存在一种互动（反馈）关系，因此城镇化规律可由“时间、空间、量态和质态”四维加以考量。

（一）时间维度

时间维度下的城市化规律表现为人类在发展进程中伴随工业化不可逾越的发展阶段。从马克思主义的历史辩证唯物史观看，城镇化是人类的生产力达到一定阶段的必然产物，是传统的农业社会向现代城市社会发展的自然历史过程。

城镇化的根本宏观动力来自产业结构变革，城镇化发展与工业化进程呈现高度相关性。对城镇化沿着时间轴的考察必然脱离不了工业化进程的这一参照系。城镇化成长与工业化发展的对应关系有“三阶段论”和“五阶段论”之说。

“三阶段论”是1979年由美国地理学家诺瑟姆提出的。第一阶段为城镇化的起步阶段。生产力较为发达的地域开启工业化，直至工业化前期，此时的城镇化进程缓慢推进，城镇化水平在30%以下。第二阶段为城镇化的起飞阶段。生产力发达地区进入工业化中期，城镇化随着工业化进程迅速推进，这一阶段城镇化呈现出快速增长的态势，城镇化水平由30%持续上升到60%左右。第三阶段为城镇化的成熟阶段。当区域经济进入工业化后期，城市化水平提高的边际速度开始递减，最终城市人口比重大体稳定在70%—80%（见图2-2）。

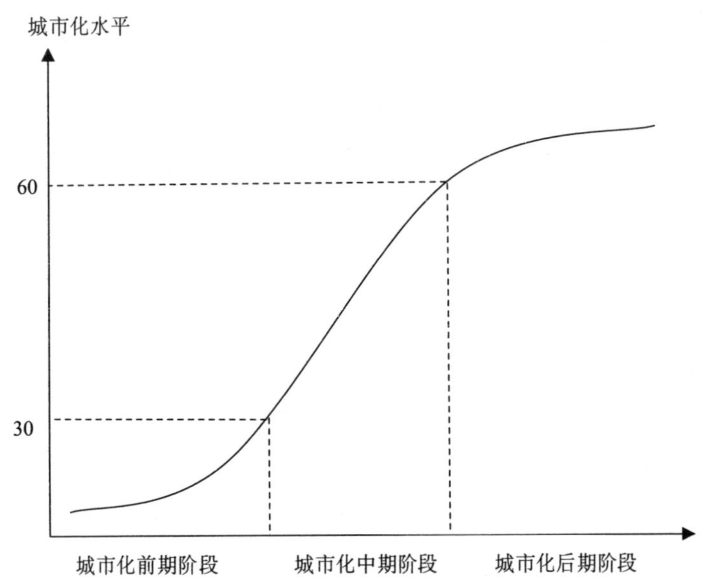

图2-2　诺瑟姆的城市化三阶段

“五阶段论”则以城镇人口增长系数K（K=城镇人口增长规模/总人口的增长规模）作为城镇化阶段的衡量指标。对城镇化成长阶段进一步细化：K<0.5为前城镇化社会，相当于前工业化阶段；0.5≤K<1为城市化初期阶段，同时也处于工业化前期，是城镇化高速成长的起点；K≥1为城镇化的中期阶段，工业化也处于中期，是统筹城乡发展的起点。当城镇化水平高于50%，进入城市社会，经济发展处于工业化后期；当城市化水平

高于60%，进入成熟的城市社会，此时经济进入后工业化阶段。其中，K=0.5、K=1和城市化水平超过50%是城镇化过程中的三大重要转折点。

（二）空间维度

城镇化规律表现为由城市聚集与扩散机制所决定的城市与区域经济运动规律，包括要素、产业等的集聚与扩散。城镇化、逆城镇化、再城镇化等都是城镇化的聚集与扩散机制在城镇化发展不同方向作用力的结果。

城镇化聚集与扩散的动力机制源自聚集效应中“聚集经济”与“聚集不经济”的力量比对。城镇化初中期的“聚集经济”大于“聚集不经济”，表现为中心城市规模扩张。其中，城市化进程中大城市超前增长规律显著，即大城市的聚集力强于中小城市，当大城市因过载产生“聚集不经济”，大城市强劲增长态势减弱，要素开始流向周边的中小城市，周边城市接受大城市的辐射，成为新增长点，形成以大城市为中心的城市群或城市带。城市的聚集和扩散机制使依托在城镇这一载体上所有要素发生空间布局上的集散变化。

（三）量态维度

城市化规律具有量的规定性。城市化规律在量态维度上的表现为在城市人口迁移和流动规律作用下人口数量集散的变化以及由此衍生的城镇数量变化的规律，在数量增减上呈现的阶段性特征。

首先，城镇化进程中具有大城市超前发展规律。表现为大城市的数量增长更快，19世纪初，全世界100万人口以上的城市只有日本东京，20世纪初增加到10个，20世纪50年代增加到75个，到20世纪70年代增加到162个。大城市产生的速度越来越快。

其次，大城市人口占城市人口和总人口的比重提高。1920—1990年，全界100万以上人口的城市人口，占城市总人口的比重由18.8%上升到40.6%，占总人口的比重由6%上升到18.6%。

由于各个国家和地区所处的城镇化阶段不同，大城市超先增长的强度有差异。一般而言，在城市化的迅速发展阶段，也即工业化中期，大城市超先增长规律表现得最为明显。

（四）质态维度

除了量的规定性，城镇化还有质的规定性，表现为城市性状和结构的变动趋势。城市产业结构、规模结构的演变、城市职能、城市生活方式、城市权利等呈现出强烈的有别于农村的特点。

城市在聚集机制作用下，人的“社会属性”与农村分散式布局下相比表示出鲜明的“城市”特征。多元要素在一个较小的空间范围高密度碰撞、交互、迭代使城市成为创新的策源地，从而引发经济、政治、文化、社会的结构性变革，这些变革又驱使身处其间的“人”的思想观念、行为模式、消费习惯等发生内在变化，与城市的运行机制愈来愈吻合。在此进程中劳动生产率不断提升，国家创造财富的能力不断提高，城市文明得以塑造。

四、人口聚集对城镇化发展的影响机理：中国的例子

经济发展的阶段性特点是决定城镇化的阶段性特点的关键变量之一。中国改革开放以来的经济增长奇迹被视作是“制度红利”“开放红利”和“人口红利”共同释放的结果。刘易斯的二元经济结构论成为解释“人口红利”带来中国经济腾飞被引用最广泛的理论。受经济增长后生育率必然下降的规律支配及20世纪80年代以来持续30多年的计划生育政策的双重影响，进入21世纪10年代以来，学界逐渐达成共识：“刘易斯拐点”悄然到来，中国“人口红利”消失。2013年以来，中国经济进入新常态，经济增速放缓、成本约束趋紧、产业面临优化升级，“新常态的新特点决定了中国经济实现新一轮再增长必须从原来的要素驱动、投资驱动模式向全要素生产率驱动转型。”“随着“人口红利”推动增长转变阶段的到来而必然消失。归根结底，劳动生产率的不断提高，才是可持续经济增长经久不衰的源泉”[①]（蔡昉，2013）。

新型城镇化对质量型发展模式提出要求，质量型发展模式本身蕴含着效率的提升。城镇化中乡城人口流动过程是人口再聚集和再扩散过程，人口的集散究竟对劳动生产率影响几何？从人口聚集的视角考察对劳动生产效率影响机理，有助于为新型城镇化下人口的科学合理布局提供调控依据，成为行动指

① 蔡昉．中国经济增长如何转向全要素生产率驱动型［J］．中国社会科学，2013（1）：56－71.

南，从使新型城镇化的路径选择（究竟是分散式还是集中式）更加清晰。

（一）聚集与劳动产生率的关联效应

城镇化首先是一个聚集现象。国外学术界对产业聚集带来的经济成长有诸多论述，并认为产业聚集可促进城市化进程，并有利于经济成长①②③④（如 Russo，1985；Edquist，1997；Lundvall and Johnson，1994；Scott，2006）。赫尔斯利（1990）探究聚集与生产率的关系，认为生产率在城市中心最高，生产率与 CBD 中的企业数量正相关。赫尔斯利和斯特兰奇（1990）建立了企业和劳动者之间相互匹配过程的模型，发现劳动力市场的改善与城市规模的扩大正向关联。

部分学者在考察产业聚集对劳动生产率影响的基础上，进一步分析劳动生产率与就业人数的弹性系数关系或劳动生产率变化与工资的关系（Ogarty and Garofalo，1978；Moomaw，1981；Nakamura，1985），由于各研究的对象不同，采取评估方法不同，得出的弹性系数差异很大，介于1.5%—8%。

另一些研究则认为，聚集与劳动生产率、经济增长成正相关关系是有条件的。"威廉姆森假说"（1965）认为空间集聚在经济发展初期能显著促进效率提升，但达到某一门槛值后，空间集聚对经济增长的影响将变小，甚至不利于经济增长。Henderson（2003）以 70 个国家为样本，利用1960—1990 年的30 年数据建立的动态面板研究结果发现，聚集对经济成长没有显著的影响；经济增长与聚集变量的交叉效果为负相关，一个国家的经济发展水平越高，聚集对经济增长的影响越小⑤。Brülhart and Sbergami（2009）以 1966—1996 年的数据为对象，以城市人口比例为衡量的聚

---

① Rosen，K. T.，M. Resnick. 1980. The Size Distribution of Cities：An Explanation of the Pareto Law and Primacy. Journal of Urban Economics. 2：165 - 186.

② Edquist，C. 1997. Systems of Innovation Approaches——Their Emergenceand Characteristics. pp. 1 - 35 in Systems of Innovation：Technologies，Institutions and Organizations，edited by C. Edquist. London：Pinter. 42 - 59.

③ Lundvall，B. A. and B. Johnson. 1994. The Learning Economy. Journal of Industrial Studies. 2：23 - 42.

④ Scott，A. J. 2006. Creative Cities：Conceptual Issues and Policy Questions. Journal of Urban Affairs. 1：1 - 17.

⑤ Henderson，V. 2003. The Urbanization Process and Economic Growth：The So - What Question. Journal of Economic Growth. 1：47 - 71.

集变数，发现聚集程度对经济成长具有门槛效应：经济发展水平未超过某一个门槛，聚集有正向影响；跨过此门槛后，聚集对于经济成长的效用递减甚至呈负向影响[①]。其结论与“威廉姆森假说”一致。

还有部分外国学者的研究证据不支持聚集经济与劳动生产率之间的正相关关系。如 P. Beeson（1987）利用美国制造业数据，采用两阶段估计方法，得出两者之间的关系不显著的结论。K. H. Midelfart（2004）、Alejandro D. B. （2005）、P. Rice 和 A. J. Venables（2006）分别利用挪威、墨西哥和英国的数据也得出类似结论：经济集聚对劳动生产率的作用并不显著[②③]。

国内学者关于聚集经济和劳动生产率的研究成果也较为丰富，但多将聚集经济视为劳动生产率的一个当然因素，专门探讨集聚经济与劳动生产率联系的文献尚不多见。在有限的相关文献中，也可以划分为支持派和条件派。支持派认为，集聚经济具有促进经济增长和劳动生产率的正向作用[④⑤⑥⑦⑧⑨⑩⑪]（罗勇等，2005；张妍云，2005；范剑勇，2006；张艳等，2007；陈良文等，2008；赵伟等，2008；刘修岩，2009；朱英明，2009；钱水土等，2010；邓智团等，2011）；条件派认为，聚集经济在某些条件

---

① Brülhart, M. and F. Sbergami. 2009. Agglomeration and Growth: Cross – Country Evidence. Journal of Urban Economics. 1: 48 – 63.

② Alejandro D. B. 2005. Agglomeration Economies, Economic Growth and the New Economic Geography in Mexico. Econ WPA in its Series Urban/Regional: NO. 0508001. 28 – 32.

③ A. J. Venables. 2006. Some Tests of Specification for Panel Data: Monte Carlo Evidence and an Application to Employment Equations. Review of Economic Studies. 2: 277 – 297.

④ 罗勇，曹丽莉．中国制造业集聚程度变动趋势的实证研究．经济研究．2005（8）：106 – 115，127.

⑤ 张妍云．我国的工业集聚及其效应分析——基于各省工业数据的实证研究．技术经济与管理研究．2005（4）：23 – 24.

⑥ 范剑勇．产业集聚与地区间劳动生产率差异．经济研究．2006（11）：72 – 81.

⑦ 张艳，刘亮．经济集聚与经济增长——基于中国城市数据的实证分析．世界经济文汇．2007（1）：48 – 56.

⑧ 陈良文，杨开忠．产业集聚，市场结构与生产率——基于中国省份制造业面板数据的实证研究．地理科学．2008（3）：325 – 330.

⑨ 赵伟，赵金亮．生产率决定中国企业出口倾向吗——企业所有制异质性视角的分析．财贸经济．2011（5）：100 – 105.

⑩ 刘修岩．集聚经济与劳动生产率：基于中国城市面板数据的实证研究．数量经济技术经济研究．2009（7）：109 – 119.

⑪ 朱英明．区域制造业规模经济、技术变化与全要素生产率——产业集聚的影响分析．数量经济技术经济研究．2009（10）：3 – 18.

下与劳动生产率存在正相关关系。姚德龙（2008）构建了工业集聚和城市劳动生产率的空间计量经济联立方程，实证检验了现阶段我国工业集聚和城市劳动生产率之间的关系以及相邻城市之间经济活动的外部性，认为工业业集聚与城市劳动生产率之间是互为因果、相互促进的关系，并得出结论认为，我国城市内部的拥挤效应已使城市劳动生产率明显降低。高丽娜（2012）根据中国制造业产业层面数据进行实证检验，结果表明：由于地区空间集聚对技术效率的影响不显著，只是对技术进步具有促进作用，地区空间集聚总体上对全要素生产率只存在作用强度较小的正向影响。

上述相关研究提出了聚集产生的正反效用，有一定解释力，但也存在明显不足：一是关于聚集与劳动生产率的研究（尤其国内的相关研究）多局限在产业聚集的视角，忽视了人口聚集的因素。产业聚集与人口聚集之间固然有关联，但经济发达地区的人口聚集形态多表现为异质性高端劳动力的聚集，而欠发达地区的人口聚集形态可能更多表现为同质性的低端劳动力聚集。仅从产业聚集角度分析聚集对劳动生产率的影响显然不能完全厘清两者的内在联系。二是现有对于人口聚集与劳动生产率关系的文献多以城市化为研究出发点，由于其暗含空间同质性假设亦使其研究与现实存有一定偏差：两个即使拥有同样的人口聚集比例的城市，可能有着较为悬殊的劳动生产率差异和经济发展程度差异，需要制定不同的人口政策。三是已有的研究中理论和现实难以互相印证，甚至有不同的证据支持截然相反的结论，说明聚集和劳动生产率并不是简单的线性关系，可能取决于其他条件或存在一定门槛，但这方面的研究有待深入。

本书在现有文献基础上，试图探讨空间异质性下人口聚集度对我国不同发展水平的省份劳动生产率的影响，并尝试建立计量模型，分析我国的人口聚集度与劳动生产率之间是否存在非线性关系，进而找出人口聚集度的门槛，以便政府在推进以人为核心的新型城镇化战略和制定相应的人口政策时融入空间概念，对不同的地域实行分类指导，以利于资源的优化配置。

（二）人口集聚对劳动生产率的效应

1. 模型设计与变量选取。

人口集聚对劳动生产率的作用机制复杂，人口集聚对生产率既可以产生成本效应等正外部性，也可以通过拥挤效应产生负外部性，导致两者最终的关系很难确定。所以，本书在对中国区域划分的基础上，利用省级面板数据对人口集聚与劳动生产率之间的关系进行实证分析。在借鉴相关文献的基础上，本书设计了回归模型。为了消除异方差对数据波动影响，各变量相应取对数。

$$LnTFP = c + \theta_1 LnG + \theta_2 LnG_{t-1} + \theta_3 LnRD + \theta_4 LnCAP + \theta_5 LnFDI + \theta_6 LnMAR + e \quad (2-1)$$

根据空间计量理论，某地区空间单元的经济特征与邻近地区必然存有一定关联。而现有学术界关于劳动生产率问题相关的研究多采用最小二乘法进行计量回归分析，未考虑地理空间相关性对劳动生产率的影响。因此，在分析中国区域劳动生产率特征时，地理空间溢出效应有必要纳入考察范畴。也就是说，本地区与相邻地区的劳动生产率可能相互受到影响。空间模型有空间滞后模型和空间误差模型两类，前者常被用来估计空间溢出效应，即考察相邻地区该指标的变动对本地区该指标的冲击和影响，后者则主要用于反映相邻地区解释变量误差冲击的相互作用和关系。对于模型的取舍，一般采用 LMERR、LMLAG 等方法检验，但笔者更倾向于分析在特定渠道下的空间溢出效应，因此本书将采用空间滞后模型，即 SLM，进行估计。

空间滞后模型通常的表达式为：$Y = \rho Wy + X\beta + \varepsilon$

其中，等式左边的 Y 为解释变量；等式右边的 X 为 $n \times k$ 的外生因变量矩阵；ρ 表示空间回归系数，用于测算变量间的空间依存关系；W 表示 $n \times n$ 阶的空间关联矩阵；Wy 为空间滞后解释变量，ε 为随机误差项。

不同的空间权重矩阵，反映的是研究对象不同的经济学原理和视角，包括邻接矩阵、反距离矩阵、经济特征矩阵和人力资本矩阵等。国外文献最早的空间计量模型是从邻接矩阵开始的，邻接矩阵在国内应用也最广泛，其检验效果也比较理想。因此，本书考虑空间邻接矩阵来设定。

空间关联矩阵 W 考虑的是不同空间单元之间的地理邻接与否，可以表示为：

$$W_{it} = \begin{cases} 1, \text{当区域 } i \text{ 和区域 } j \text{ 相邻} \\ 0, \text{当区域 } i \text{ 和区域 } j \text{ 不相邻} \end{cases} \quad (i \neq j) \quad i = 1, 2, \cdots, n; \quad j = 1, 2, \cdots, m$$

由于人口集聚与劳动生产率之间的关系存在显著的内生性，即是人口集聚引致较高的劳动生产率还是较高的劳动生产率吸引人口向该地区集聚，两者之间的因果关系难以判定。因此，在回归模型中，首先需要控制模型的内生性问题。另外，考虑到部分指标数据难以获得以及难以量化的因素，笔者在设计模型时去掉了部分控制变量，比如区域资源禀赋、气候状况等，从而可能导致方程的错误设定和内生性偏差，所以本书将采用广义系统矩估计法（GMM）对式（2-1）进行估计。GMM 不仅可以克服传统面板回归模型无法消除因内生性带来的估计偏差，而且能较好处理有限样本的问题。广义系统矩估计法（GMM）可以分为一步和两步估计法，与一步法相比，Windmeijer（2005）发现两步估计法在无偏性方面更优，而且能有效处理截面相关和异方差问题，而劳动生产率更倾向于出现以上情况。

工具变量有效是采用广义系统矩估计法的基本前提。据检验结果的 Hansen 值及工具变量有效性的残差二阶序列相关检验，表明模型的内生性问题得到了很好的控制。考虑到我国不同地域间在经济发展水平、市场环境、人才资源、研发能力等方面的差异，为了更准确地依据区域差异提出有针对性的政策建议，有必要进行区域分组检验。本书拟按东部、中部和西部三大区域进行划分，并利用空间滞后固定效应模型（SLM），估计回归模型，结果见表 2-1。

表 2-1　　2000—2012 年中国（区域）平均 Malmquist 指数

Average Malmquist Index of China in 2000-2012

东部	TFP	中部	TFP	西部	TFP
北京	1.1028	安徽	1.0624	广西	1.0551
天津	1.0964	江西	1.0560	重庆	1.0821
河北	1.0798	山西	1.0667	四川	1.0778
山东	1.1045	河南	1.0707	贵州	1.0495
上海	1.1178	湖北	1.0612	云南	1.0553
江苏	1.1121	湖南	1.0608	陕西	1.0606
浙江	1.1084	内蒙古	1.0855	甘肃	1.0588

续表

东部	TFP	中部	TFP	西部	TFP
福建	1.0952	吉林	1.0584	青海	1.0617
广东	1.1169	黑龙江	1.0776	宁夏	1.0498
辽宁	1.1022	中部平均	1.0624	新疆	1.0714
东部平均	1.1056			西部平均	1.0658

资料来源：作者自行整理和计算。

劳动生产率（TFP）的测度：劳动生产率的高低取决于一定的生产技术水平，而刻画生产技术水平高低的常见方法是前沿生产面法。本书运用 Malmquist 生产率指数测算全要素生产率作为劳动生产率的代理指标（Fare etl，1997），并计算出其生产率的累积增长率。Malmquist 生产率指数用距离函数来表示，专门用于考察决策对象多投入、多产出的效率评价问题。与其他方法相比，该生产率指数具有无需提供要素价格信息、无需对生产无效率项的分布进行假设，无需事先设定生产函数形式等优点，而且能进一步揭示效率的来源，适合用面板数据。

Malmquist 指数从 t 时期到 t+1 时期的表示式为：

$$M_0(x_{t+1},y_{t+1},x_t,y_t)=\left[\frac{d_0^t(x_{t+1},y_{t+1})}{d_0^t(x_t,y_t)}\times\frac{d_0^{t+1}(x_{t+1},y_{t+1})}{d_0^{t+1}(x_t,y_t)}\right]^{1/2} \qquad (2-2)$$

式（2-2）中，(x_{t+1}, y_{t+1}) 表示（t+1）时期的投入产出向量，(x_t, y_t) 表示 t 时期的投入产出向量；d_0^t 表示以 t 时期技术 T_t 为参照期 t 的距离函数；d_0^{t+1} 表示以 t 时期技术 T_t 为参照期（t+1）的距离函数。

Malmquist 指数以 t 时期技术 T_t 为参照的表示式为：

$$M_0^t(x_{t+1},y_{t+1},x_t,y_t)=d_0^t(x_{t+1},y_{t+1})/d_0^t(x_t,y_t) \qquad (2-3)$$

式（2-3）中的 (x_{t+1}, y_{t+1})、(x_t, y_t)、d_0^t 和 d_0^{t+1} 的含义同式（2-2）。

同理，Malmquist 指数以 t+1 时期技术 T^{t+1} 为参照的表示式为：

$$M_0^{t+1}(x_{t+1},y_{t+1},x_t,y_t)=d_0^{t+1}(x_{t+1},y_{t+1})/d_0^{t+1}(x_t,y_t) \qquad (2-4)$$

该指数大于 1 时，表明全要素生产率从 t 时期到 t+1 时期的增长。Malmquist 指数还可进一步分解为不变规模报酬假定下的技术进步指数（TP）和技术效率变化指数（EC）。技术进步与技术效率有不同的概念所指：技术进步蕴含技术前沿外移的意味，也就是在现有技术水平下的最大可能产出的增长；技术效率则指向技术前沿的接近，且越接近技术前沿，效率越高。其分解过程如下：

$$M_0(y_{t+1},x_{t+1},y_t,x_t)=\frac{d_0^{t+1}(x_{t+1},y_{t+1})}{d_0^t(x_t,y_t)}\times\left[\frac{d_0^t(x_{t+1},y_{t+1})}{d_0^{t+1}(x_{t+1},y_{t+1}C)}\times\frac{d_0^t(x_t,y_t)}{d_0^{t+1}(x_t,y_t)}\right]^{1/2}$$

$$=EC\times TP \qquad (2-5)$$

投入变量选取2000—2012年各省（区）固定资产净值和平均劳动力人数，产出指标则选取GDP。选取2000年作为起始年份，主要原因是1998年国务院下发了《关于解决当前户口管理工作中几个突出问题意见的通知》，该通知被认为是我国人口流动壁垒从森严到松动的一个标志性文件，因此将2000年作为考察起始年份，在一定程度上能反映出“市场”力量在人口向城市聚集中逐步增强的一个过程。测算结果见表2－1。

核心解释变量：人口集聚（G）。人口集聚包含人口集聚规模及人口活动分布密度的测度。考虑到不同地理、气候条件对人口聚集的影响。为使数据更具可比性，本书使用人口耕地密度（G）来表示人口集聚度（万人/km^2），即本地常住总人口数与本地耕地面积之比，各省的面积数据来源中央人民政府网站。考虑到人口集中对生产率的影响不会立即体现，一般存在滞后期。因此将滞后一期的人口密度（G_{t-1}）纳入模型，考察人口集聚的滞后效应。

控制变量：本书将影响劳动生产率的四个控制变量纳入计量模型中，分别为要素比例（CAP）、市场结构（MAR）、外商直接投资（FDI）和研发投入（RD）。其中，要素比例指标以工业固定资产净值余额与工业就业人数的比值表示；市场结构指标参考冯根福等（2006）的做法，利用企业数量作为衡量指标；外商直接投资指标采用外商投资和港澳台商投资工业企业总产值占比来表示；研发投入指标则以科技活动经费内部支出占GDP的比重计算。数据来源于各年的《中国工业经济统计年鉴》《中国统计年鉴》和《中国科技统计年鉴》，面板数据时间跨度为2000—2012年。

2. 实证分析结果。

尽管传统的最小二乘法（OLS）当前还是使用最广泛的系数估计办法，

但对于空间面板模型检验而言，最小二乘法会产生系数估计值有偏或无效。因此，本书拟采用极大似然法（MLE）进行模型估计，并使用空间固定效应模型。为防止计量分析中的“伪回归”现象，本书在实证分析前采用 ADF 单位根检验方法对相关变量进行平稳性检验。检验显示，各序列的原水平值为非平稳，但一阶差分后为平稳，均属 I（1）过程序列。采用 Matlab7.6 软件对模型进行检验，结果见表 2－2。

表 2－2　　　　人口集聚与生产率的 GMM 估计结果

GMM Result of Population Agglomeration and Productivity

解释变量	全部	东部	中部	西部
LnG	0.1597 (0.0265)	0.1876 (0.0154)*	0.1554 (0.0965)*	0.1433 (0.1043)**
LnG_{t-1}	0.1788 (0.0043	0.2113 (0.0787)***	0.1829 (0.1123)***	0.1477 (0.1176)***
LnRD	0.1345 (0.0265)***	0.1776 (0.0052)***	0.1112 (0.1154)***	0.0967 (0.0623)***
LnCAP	0.0576 (0.0554)***	0.0612 (0.0454)***	0.0454 (0.0543)***	0.0433 (0.0314)***
LnMAR	0.2022 (0.1154)	0.3156 (0.0809)**	0.2165 (0.0065)**	0.1634 (0.0182)**
LnFDI	0.0876 (0.0865)**	0.0156 (0.0244)***	0.0063 (0.0254)***	0.0047 (0.1732)***
ρ	0.1667***	0.2112***	0.1513***	0.1264***
F 值	6554.3765***	4906.5743***	3430.9096**	4243.0567***
AR（1）P 值	P=0.0156***	P=0.0123***	P=0.0198***	P=0.0134***
AR（2）P 值	P=0.5467	P=0.4954	P=0.5554	P=0.4965
Hansen 检验	Chi2(23)=27.3676 P=0.7541	Chi2(10)=17.5656 P=0.7687	Chi2(14)=16.9815 P=0.7576	Chi2(15)=17.9098 P=0.7123
D－i－Hansen 检验	Chi2(14)=44.7655 P=0.6565	Chi2(6)=12.7655 P=0.6465	Chi2(6)=6.5676 P=0.6678	Chi2(8)=9.7765 P=0.6487

注：括号内的数字为标准误。***、** 和 * 分别表示在 1%、5% 和 10% 的水平上变量显著。

结果表明，模型空间项参数（ρ）估计值通过了1%显著性水平，说明我国劳动生产率地理空间特征显著，地理空间的溢出效应会对临近地区产生外部性，而且模型中空间参数值（ρ）均显著为正，说明中国劳动生产率呈现族群特征，劳动生产率较高的地区比邻，劳动生产率较低的地区邻近。

（1）核心解释变量。根据全国样本检验结果，人口密度与劳动生产率在当期和滞后一期呈现正相关，但未通过显著性检验，意味着中国人口集聚与劳动生产率之间的关系并不确定。但分区域检验表明，不同地区人口集聚对劳动生产率的影响是有差异。对于东部地区滞后一期的人口集聚，人口密度每提高1%，劳动生产率提高0.2113%；对于中部地区滞后期的人口集聚，人口密度每提高1%，劳动生产率提高0.1829%；对于西部地区滞后期的人口集聚，人口密度每提高1%，劳动生产率提高0.1477%。这一结果基本符合现实的观察，即：一定程度的人口集聚有利于提升劳动生产率。按照空间经济学理论的解释是“本地市场效应”，即人口的适度集聚扩大了当地的需求市场，带来产业的聚集；产业集聚又可通过马歇尔所谓的知识溢出、劳动力池和本地市场关联等规模效应的正外部性提升劳动生产率，从而推动经济增长。

（2）控制变量。从要素比例看，对于所有地区而言，增加资本投入极大地提高了劳动生产率，说明现阶段我国资本的产出弹性要远高于劳动力产出弹性。索罗模型可解释该现象，索罗模型认为资本积累将显著提升劳动生产率，进而促进经济增长。所有地区分组中的市场结构变量系数为正，且通过了显著性水平，说明竞争性的市场结构有利于提升劳动生产率。市场竞争中优胜劣汰的法则，一方面督促现存企业努力提高劳动生产率，另一方面淘汰不良企业，重新优化资源配置。外商直接投资对劳动生产率也有明显促进作用，这与学术界多数文献的研究结果基本吻合：外商直接投资可通过产业前、后向关联效应和技术溢出效应提升整个地区的劳动生产率。开展研发活动积极的地区拥有更高的劳动生产率，研发行为显著提高劳动生产率，这与新经济增长理论将内生技术进步作为一个经济体经济持续增长源泉的研究结果相一致。

（三）人口集聚与劳动生产率的门槛效应

由于人口集聚产生的劳动生产率效应非简单的线性相关，而呈现非线性特征，因此人口集聚对于劳动生产率的影响无论是在程度上还是方向上都可能存在一个或几个节点，这几个节点也可称之为“门槛”，找出相应的门槛值，将为政府优化人口分布和集聚规模提供有说服力的理论依据。

1. 门限面板回归模型。

当前关于门槛效应的检验，学术界主要有采用三种方法：第一种为交叉项检验。该方法的优点是能够计算出具体的门槛值，可以检验控制变量对被解释变量的门槛效应，但缺点也显而易见：首先，对检验解释变量自身是否存在门槛效应无能为力；其次，采用何种交叉项形式也难以确定。第二种方法为分组检验。该方法是将所有样本分割成若干组，接着对每个组分别检验。该方法的主要缺陷是无法对各组估计结果的差异性进行显著性检验，并且分组的标准和科学性也难以保证。第三种方法为门限模型检验。该方法能对内生的门槛效应进行显著性检验，还能计算具体的门槛值，使上述两种方法的不足较好地得到解决。本书的研究即利用门限模型检验，在回归模型中纳入选定的门槛变量，建立产业集聚效应的分段函数，并对门槛的个数和数值进行估计。鉴于不同地区人口密度差异较大、各地区劳动生产率对人口集聚的响应亦有差异，并且现实中的人口集聚效应具有显著的时滞性，本书中的模型（1）［即公式（2－1）］将纳入滞后一期的人口密度作为门槛变量。同时，考虑到门槛变量和门槛值可能不止一个，因此在模型（1）的基础上，本书将以滞后一期的人口密度作为门槛变量建立多门槛面板数据模型。据此考察各地区人口集聚的最优规模。

$$LnTFP = c + \theta_1 LnG + \theta_{21} LnG_{t-1} \times I(GINI \leqslant \lambda_1) + \theta_{22} LnG \times I(\lambda_1 < GINI \leqslant \lambda_2) + \cdots + \theta_{23} LnG \times I(GINI > \lambda_n) + \theta_3 LnRD + \theta_4 LnCAP + \theta_5 LnFDI + \theta_6 LnMAR + e \quad (2-6)$$

其中，λ_1，λ_2，…，λ_n为待估算的门槛值，I（g）为指标函数。

2. 检验结果与讨论。

根据 Stata 10.0 统计软件进行门槛效果检验的结果表明，不同地区人口集聚对劳动生产率的影响均存在三重门槛，其影响系数在不同的区间内差异显著（见表2－3）。

表2－3　　门槛效果自抽样检验

Threshold Effect from Sampling Inspection

门槛值检验	东部	中部	西部
第一个门槛	0.4858*** (14.5565)	0.3676*** (20.7876)	0.3143*** (11.5765)
第二个门槛	0.5524*** (9.6987)	0.4143*** (12.0609)	0.3743*** (6.9098)
第三个门槛	0.6043*** (7.6654)	0.4507*** (5.7344)	0.4535*** (4.6765)

对于人口集聚活动而言，是不是人口密度越高，劳动生产率越高呢？门限回归模型检验结果表明：人口集聚对劳动生产率的影响呈现动态非线性特征，且在不同地域其影响系数有所差异，即随着人口密度由小变大，劳动生产率会迅速提高，后提高速度放缓，越过拐点之后，则掉头下降，人口集聚和劳动生产率之间表现为倒“U”形关系。以东部地区为例，人口密度跨过0.4858后，作用弹性从0.0687增至0.1454；跨过0.5524后，作用弹性仍有所提升，达到0.2432；但跨过0.6043后，作用弹性由正转负（见表2－3、表2－4）。

表2－4　　门槛回归结果

Result of Threshold Regression

解释变量	东部	中部	西部
LnG	0.1756 (0.078)**	0.1567 (0.023)***	0.1456 (0.039)***
$LnG_{(t-1)-1}$	0.0687 (0.043)***	0.0443 (0.042)***	0.0324 (0.025)***
$LnG_{(t-1)-2}$	0.1454 (0.058)***	0.1254 (0.038)***	0.0956 (0.025)***
$LnG_{(t-1)-3}$	0.2432 (0.020)***	0.1909 (0.016)***	0.1624 (0.020)***
$LnG_{(t-1)-4}$	-0.0122 (0.014)**	-0.0078 (0.006)**	-0.0028 (0.002)**
LnRD	0.1154 (0.088)*	0.0976 (0.120)***	0.0654 (0.183)***
LnCAP	0.0776 (0.113)***	0.0522 (0.066)***	0.0390 (0.015)***
LnMAR	0.3465 (0.129)***	0.2456 (0.025)***	0.2024 (0.017)***
LnFDI	0.0163 (0.005)***	0.0082 (0.007)***	0.0069 (0.009)***
F	4809.5431***	3576.7898**	2912.0989**
R^2	0.6876	0.6776	0.6635

注：括号内的数字为标准误。***、**和*分别表示在1%、5%和10%的水平上变量显著。

据以上计量模型给出的不同区域人口集聚与劳动生产率“门槛”值之间的数量关系，显然，两者存在区域异质性。由于传统的东、中、西部的划分难以对人口聚集的经济效益作出精准区分，因此，按人口规模与劳动生产率的关系可将中国城市划分为人口集聚适当型、人口集聚推进型和人口集聚过度型三类地区。首先，在人口集聚适当型地区，其人口集聚度与劳动生产率的关系虽为单调递增关系，但此时人口集聚度对劳动生产率的正效应已呈边际递减态势，显然，政府应采取合理控制人口政策防止人口的空间聚集度越过拐点产生效率损失；其次，在人口集聚推进型地区，城市处于倒“U”形上升阶段，人口集聚发挥的正效应呈边际递增，劳动生产率随人口集聚度的上升迅速上升，该类型地区的政府应该采取增加人口集聚向心力的政策，以进一步取得聚集优势；再次，在人口集聚过度地区，人口集聚度越过拐点，拥挤效应显现，劳动生产率下降，此时政府应制定以阻止人口空间集聚为导向的人口政策，避免过度集聚带来的负外部性。

以上研究通过厘清人口聚集度与劳动生产率的关系，为新型城镇化中分类指导的城市人口调控政策提供了实证检验。

第二节　城镇化理论与中国实践

18 世纪中期到 20 世纪初发生在欧美大陆的工业革命瓦解了以农业、家庭小作坊经济为主体的分散式城乡空间格局，在工业化内生的聚集效应作用下，生产要素向城镇聚集，第二、第三产业取代第一产业成为主导产业，工业化与城镇化进入相互促进、互为强化的阶段，并成为人类有史以来推动经济社会进步的最强有力的“双轮”驱动力。事实上，从世界史考察，城镇化的现象在大规模工业化发生之前已经存在，只是其发展处于极其缓慢的状态。无疑，正是大规模的工业化引发了大规模的城镇化。那么，为什么处于同一工业化进程中的同一国度，在某些地理空间发生了聚集？其他地区却没有发生聚集？聚集现象究竟何以产生？其发生的机理何在？这是理论层面应作出的回应，只有从理论上理解聚集现象的产生根源，才能真正把握城镇化的实质。

一、城镇化发展理念的变迁

（一）城镇化理念的理论溯源

城镇化首先是一个聚集现象，聚集总是对应某一地理空间，因此聚集现象从研究伊始就贯穿着地理的视角，从空间区位、非均衡发展两个角度展开。

1. 空间区位理论。

将城镇化放在空间区位的维度进行考察，城镇化被看作工业化的空间表现，因此对城镇化的研究最早源于对企业、产业区位选择的研究。空间区位理论主要涉及古典区位理论（含农业区位论和工业区位论）、中心地理论和市场区位论。

古典区位理论是城镇化“聚集”现象的研究起点，由德国农业地理学家 J. H. Thunen 提出，之后经德国经济学家 A. Weber、地理学家 W. Christaller 和 A. Loseh 进一步发展，到 20 世纪上半期初步形成完整体系。

古典区位论（Thunen，1826；A. Weber，1909）认为，城乡空间结构演变是企业、产业区位的选择过程和结果，聚集经济、规模经济和运输成本是促进生产要素集聚的决定因素，正是企业、产业的集中趋势以及由此引起的要素聚集使城镇得以快速发展。如果说古典区位理论仅从企业成本核算角度分析优势区位的要素聚集现象显得过于简单化，那么，中心地理论（W. Christaller，1933）则从市场、交通和行政三维度分析中心区域的空间分布形态，对特定区域内城镇规模、等级、数量、职能关系及其空间结构规律进行探讨，揭示了城市、中心居民点发展的区域基础及“等级－规模”的空间关系，构建了城镇体系发展的六边形模型，成为最早探索城镇体系空间组织和布局优化的城市区位理论。但该理论“人口分布、消费均质假设”“消费最近中心假设”“运输条件均质假设”都与现实有较大差距，事实上 Christaller 所推演出来的城市阶梯等级体系并不多见，这在一定程度上削弱了其理论说服力。后续的市场区位论（A. Losch，1940）则在中心地理论基础上放松“人口分布均匀假设”，变为“农村聚落非连续均匀分布”，更接近现实。A. Losch 把生产区位和市场需求结合起来，重点强调了市场对工业布局的重要性，指出“是否有较大的市场”是企业选择区位的主要依据。A. Losch 同样证明了“六边形”结构的市场区，但 Christaller 的市场区是职能的最大服务半径，供给方获取最大利润，而 A. Losch 的市场区只满足门槛值需求，无超额利润。该理论实质仍是工业区位论，但却是第一个从市场需求端研究工业布局的理论。

空间区位理论研究企业、产业的区位选择，多数并不是以城镇为研究对象，但是企业、产业区位的选择过程和结果与城镇集聚过程几乎是一枚硬币的两面，并无本质差别。米尔斯－汗密尔顿的城市形成模型可以反映出规模经济、运输成本和聚集经济是促进要素集聚于特定区位的经济力量（见图 2－3）。

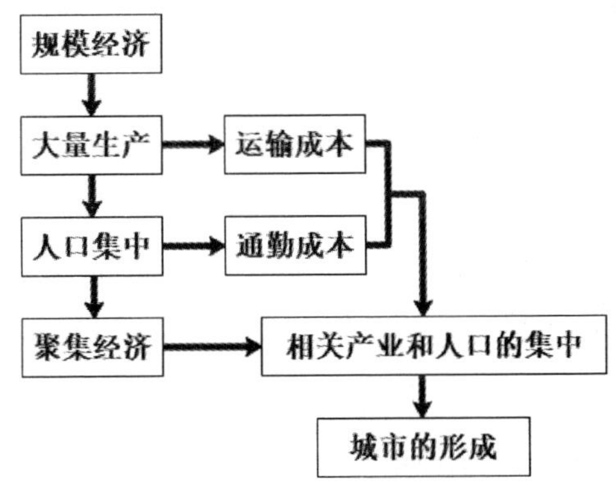

图 2－3　城市形成的米尔斯－汉密尔顿模型①

2. 非均衡发展理论。

随着城市的扩张，城市经济与区域经济趋向融合与重叠。非均衡发展

① 李清娟．产业发展与城市化［M］．上海：复旦大学出版社，2003.

理论从培育区域增长极的重要性入手论述城镇化发展规律，涵盖增长极论、循环累积论、“核心－边缘”论和空间经济学理论。法国的区域经济学家 Fransois. Perroux（1955）的增长极理论以“不平等动力学”为基础，其核心思想是：一些先进的企业或产业在大城市聚集，之后在规模经济作用下，迅速壮大成为“增长极”并逐步向周边地区辐射，带动周边地区发展。“增长极”理论将新古典学派人力与资本流动的看法与熊彼得的创新理论纳入不平衡增长思想，转换为经济空间的概念。从城乡两部门的视角观察，城市显然是经济空间中的“增长极”。其政策含义明确，即发展中国家要实现经济飞跃应该通过工业化、城市化建立“增长极”。

“增长极”理论虽深入探讨了发达地区发展优势形成的机制，强调了建立“增长极”对发展中国家经济起飞的重要性，却忽视了“增长极”可能对周边形成“虹吸效应”，导致周边地区落入“增长陷阱”。结构主义经济学家 Myrdal 对“增长极”的研究不足进行了补充。Myrdal（1957）运用“循环累积因果关系论”解释“贫困的持续再生产”和“发达地区的良性循环”的机制，用“回波效应”和“扩散效应”来说明经济发达地区（增长极）对欠发达地区的双重影响机制，认为发达和落后地区的差距断然不会自动消除，推翻了新古典主义关于要素自由流动，市场机制可以使资源优化配置从而实现经济均衡发展的观点，更具说服力。美国经济学家 Hirschman 于 1958 年提出与 Myrdal 类似的观点，即：“增长极”既产生“极化效应”也产生“涓滴效应”。之后，Williamson 进一步指出，经济发展初期阶段，“极化效应”起主导作用，经济发展到成熟阶段，扩散效应将发挥主导作用，地区差距呈现先扩大后缩小的倒“U”形轨迹。

Friedmann 的核心－边缘理论是空间极化理论结合熊彼特的创新思想构建而成，将“核心－边缘”归纳为一种普遍适用的，可用于解释城乡、区域之间非均衡发展过程的理论程式。从产业演进与空间演变耦合的角度建构发展阶段和区域空间结构的关系，不仅揭示了区域经济发展过程中核心区和边缘区的空间演变规律，也揭示了区域工业化、城市化的一般规律。但该理论忽视区域经济发展中的制度因素和社会文化因素，可能进一步加剧地区差距。

20世纪90年代至今，以Paul R. Krugman、Dixit、Stigliz、藤田昌久为代表的空间经济学的产生。空间经济学在一定程度上吸收了“增长极”理论、“循环积累因果理论”以及“核心－边缘理论”的思想，以不完全竞争、报酬递增和多样化需求假设为研究出发点，把空间要素纳入主流经济学的分析框架，探索经济活动空间分布的内生力量，它以非均衡力为理论支点，论述了空间分异形成的动力机制是向心力和离心力的强弱对比，提出了诸如“区位黏性”“突发性聚集”“驼峰状聚集租金”“多重均衡、“预期自我实现”等一系列富有说服力的洞见。其根本创新之处在于揭示了聚集经济源于规模报酬递增以及产业集聚随运输成本（冰山交易）的非线性变化①。

但是空间经济学研究无外生差异的经济空间、其劳动力要素的收入无差异、农产品的区域交易无成本、消费者偏好无差异、企业的成本函数相同等假设过于严格，尤其无失业假设对现实中发展中国家存在大量剩余劳动力无法提出任何政策建议，是为该理论的美中不足。

以上非均衡理论采用动态的非均衡和结构主义分析方法来研究发展中国家的区域发展问题，揭示了区域经济差异产生的必然性，以及发达地区和落后地区之间极化与扩散的相互作用关系。非均衡理论是一个发端于区域经济发展的理论议题但事实上也对城乡差异及大、中、小城市分野的形成提供了理论支撑。

（二）城镇化的“协调”发展理论

以“聚集”为主要特征的城镇化进程铸就欧美城市的繁荣，但“聚集”激发高效率的同时也逐步引发诸如交通拥堵、环境卫生差、社会排斥、犯罪率高企等一系列问题，新问题对新理论提出要求。城镇化研究的关注点由传统的地理偏好开始转向功能空间研究，对城镇化“聚集”后的“分散”寻找理论支撑和政策主张。田园城市论、卫星城市论和有机疏散论等“协调发展”的城镇化理论应运而生，城镇化发展的研究视角趋向更加多元。

1. 田园城市论。

田园城市论是城镇化发展到一定阶段，因“聚集不经济”衍生出一系

① 安虎森．空间经济学教程［M］．北京：经济科学出版社，2006.

列负面影响的反思与回应，由英国的 Ebenezer. Howard（1898）提出。英国是工业化城市化最早的国家，也是“城市病”最早出现的国家，因此试图抵御和对抗“城市病”的“田园城市”的理念在英国萌芽并不意外。Howard 提出土地社区所有制、规划田园城市的主张，期望以此瓦解土地私有制、消灭大城市，实现城乡一体化。Howard 不仅为理想的田园城市勾画出了具体的结构形态蓝图，更重要的贡献在于将城市发展规划的立足点转移到人民利益至上，提倡社会改革，用城乡一体取代城乡二元结构。

Howard 超越了当时城乡对立思想的禁锢，在城乡关系上做了前瞻性的有益探索，他所秉持的具“人民性”的田园城市理论，为城市发展规划开辟了新理念。

2. 区域整体论。

Lewis. Mumford（1961）继承和发展了 Howard 的“田园城市”理论，形成区域整体理论。Mumford 将城市视作空间维度上的文化磁体和时间维度上的文化容器，认为城市的深层本质在于文化。Mumford 主张建立以人与自然和谐共存为指导理念的城市，其城市结构观是一种有机结构观，他将城市和乡村一同纳入区域视野。所谓的“区域”不仅仅限于城市，还包括农村。他强烈抨击资本主义制度下，城市对乡村要素无度的盘剥，以及以对乡村的剥削换取城市发展的现象。Mumford 主张以区域为单位进行城市规划，以自然性与人类多样性的互补，赋予人类生息的意义，实现城市与区域自然环境相协调，克服现代大城市面临的各种治理问题。其学术观点以“人”的需求为中心，将城市社会的整体发展与作为城市主体的“人”的生活共同纳入城市的价值体系，具有人本主义特征，与当前我国提出的新型城镇化的理念不谋而合。

3. 卫星城市论。

如果说 Howard 和 Mumford 的城市理论更多停留于价值理念层面，那么受到田园城市理论启发的卫星城市论提供了行动层面理念。卫星城市论由美国人 Tai Er（1915）首次提出。1924 年 Unwin 在阿姆斯特丹召开的国际城市会议上提出卫星城设想方案使卫星城市成为国际上通用的一个概念。卫星城市是相对依附从属于某个大城市的派生产物，但在经济、社会、政治、文化等方面又具有一定独立性的城市单位。其目的是为了疏解母城的人口和工业，降低大城市的人口、建筑密度，缓解“城市病”。卫星城市论具有较强实操性，在实践中被广泛运用，经历了“卧城”“半独立卫星城”“独立卫星城”“开放式卫星城”四个阶段，目的都为疏散大城市人口，缓解大城市压力。区别在于“卧城”只疏散人口，不疏散产业，引发交通通勤压力；“半独立卫星城”疏散部分的人口和产业，但规模小，不彻底；“独立卫星城”按比例疏散人口和产业，基本满足人的需要；“开放式卫星城”接收一定程度的母城区的功能，能较有效地疏散人口和产业。

卫星城市从理论上对推动城乡均衡发展、为主城区提供专业化分工服务、延伸区域产业链、聚集人口和产业能够发挥一定作用。但卫星城市的成败最终取决于母城区城市规模和经济实力是否足够大，以及卫星城本身的自然条件、与母城区的交通状况等。在实践中往往因政府对母城和卫星城地理位置、交通条件、文化联系等的关联研判不足，在政策导向、资金投入方面出现失误，规划水平不高，导致卫星城市不能聚人气，沦为“空城”。

4. 有机疏散论。

有机疏散理论主要针对大城市过分膨胀引发的各种弊病而提出。其代表人物芬兰规划设计师 Eliel Saarinen（1938）认为，城市混乱、拥挤、生活环境恶化的实质是功利主义盛行和文化的衰退。Eliel Saarinen 将城市视作有机体，对城市的衰退与更新进行生命哲学层面思考。他不否认卫星城是治理大城市问题的有效途径，但同时认为新建卫星城并非必须，对城市发展及其布局结构调整可以达到一样的目的。“有机疏散”理论提出“对日常活动进行功能性的集中”和“对这些集中点进行有机的分散”的组织形式，以保持城市活力。该理论的运用在疏解大城市的压力方面取得一定收效。但 20 世纪 70 年代以后，一些城市过度地疏散、扩展，次生出能源消耗增多和旧城中心衰退等新问题。

总之，无论是空间区位理论、非均衡发展还是城乡结构转换抑或均衡发展的城镇化理论，无外乎体现两种主张，一是主张集中，二是主张分散（见表 2 – 5）。持集中观点的理论以“宜业”（即效率）为根本价值判断，要素集中后产生规模报酬递增的聚集效应，能极大提高生产力，创造社会财富，促进城镇的繁荣。持分散观点的理论以“宜居”为终极价值判断，意在革除大城市之“弊”，改善城乡二元结构，更重视人的生活质量，精神需要。这两种主张反映的是城镇化的不同阶段，“集中”以效率为先导，发生在城镇化的培育和发展阶段，“分散”则出现城镇化中后期的“聚集不经济”阶段。不同的理论实质是城市不同发展阶段的观察视角，中国未来城镇化道路，必须以时空坐标定位，精确判断中国城镇化的发展阶段，根据不同区域的发展阶段对“集中”与“分散”配置不同的权重。

表2-5　城镇化理论体系

<table>
<tr><th>类型</th><th>出发点</th><th>理论体系</th><th>代表理论及人物</th><th>主要观点</th></tr>
<tr><td rowspan="7">聚集型</td><td rowspan="7">聚集产生的机理</td><td rowspan="3">空间区位理论</td><td>古典区位理论
（Thunen，1826；A. Weber，1909）</td><td rowspan="3">从企业行为（微观）和产业聚集动力机制（中观）角度分析城市的要素聚集现象</td></tr>
<tr><td>中心地理论
（Christaller，1933）</td></tr>
<tr><td>市场区位论
（A. Losch，1940）</td></tr>
<tr><td rowspan="4">非均衡理论</td><td>增长极理论
（Fransois. Perroux，1955）</td><td rowspan="4">从不同角度解释增长极（城市）的形成机制和城市化进程中的经济、人口集中（点状、块状分布）的现象</td></tr>
<tr><td>循环累积因果关系论
（Myrdal，1957；Hirschman，1958）</td></tr>
<tr><td>核心-边缘理论
（John. Friedmann，1966）</td></tr>
<tr><td>空间经济学
（Krugman、藤田昌久，1990）</td></tr>
<tr><td rowspan="4">分散型</td><td rowspan="4">聚集后的分散</td><td rowspan="4">协调发展理论</td><td>田园城市论
（Ebenezer·Howard，1898）</td><td rowspan="4">摒弃单一的经济效率原则，基于克服城市的“聚集不经济”以及“和谐宜居”理念，从城市功能论角度提出城镇化发展的路径</td></tr>
<tr><td>区域整体理论
（Lewis·Mumford，1961）</td></tr>
<tr><td>卫星城市论
（Tai Er，1915；Unwin，1924）</td></tr>
<tr><td>有机疏散论
（Eliel. Saarinen，1938）</td></tr>
</table>

二、1949 年以来“中国式”城镇化的演进路径

1949 年至 2017 年的 68 年间，中国按常住人口计算的城镇化率增加了 47.88 个百分点（见图 2－4）。中华人民共和国成立后，我国城镇化可分为三个阶段：第一阶段（1949—1978 年）为城乡高度分割的计划经济时期，30 年城镇化率仅增加了 9.28 个百分点，年复合增长仅为 1.8%；第二阶段（1978—1998 年）20 年，年复合增长率为 3.1%，1998 年国务院下发的《关于解决当前户口管理工作中几个突出问题意见的通知》，被认为是我国人口流动壁垒从森严到松动的标志性文件；第三阶段（1998 年至今），城镇化率年复合增长率为 3%。

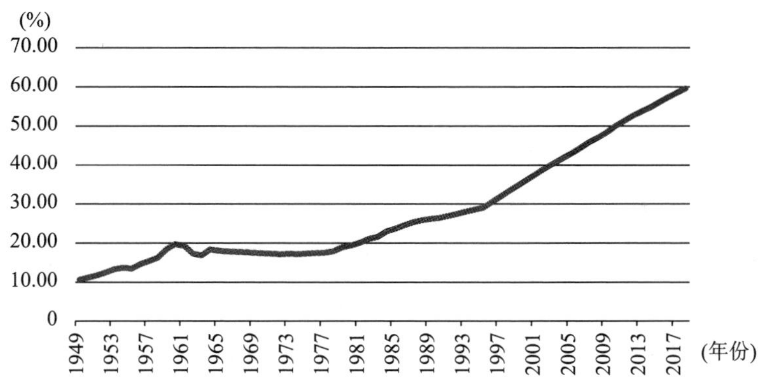

图 2－4　中国 1949—2017 年常住人口城镇化率

1949 年后，中国的城镇化演进轨迹不能完全重合理论上经典的城镇化进程轨迹，而是呈现一定的曲折反复：一方面受经济规律支配，处于工业化进程中的中国城镇化必然被工业化推动，此乃城镇化的内生动力；另一方面中国城镇化的自然进程又不断承受国家城乡发展理念、工农发展战略调整的外在干预力。因此中国的城镇化驱动力方向和大小最终决定于市场机制内生力量和行政外在干预力之间的制衡，同时这两股作用力在人口流动的空间分布、产业结构变迁等方面也有所表现。

（一）人口城镇化与产业非农化由偏离到基本匹配

人口的空间分布实际暗含着产业的分布，换句话说，人口的城乡分布

随着产业城乡分布的变动而变动，通常两者应匹配。我国的人口城镇化与产业非农化之间的匹配度经历了由低到高的过程。尹虹潘、刘资琳（2016）以克鲁格曼的新经济地理的基本分析思路为基础构建中国城镇化的数理模型，验证了改革开放前人口城镇化率远低于产业非农化率[①]。改革开放之后，非农产业率“提高的速度低于城市化率，两者逐渐趋于收敛”的轨迹。说明改革开放前重工业优先战略和多次政治运动下的“人口逆流动”导致人口城镇化与产业非农化出现严重脱节，人口分布与产业非农化出现较大程度的结构性偏离。改革开放之后，随着市场经济体制的逐步确立，要素开始流动，中国开启“工业挂帅”的进程，两者结构的偏离逐步得以纠正。

（二）“配第—克拉克定律”从失灵到响应

配第—克拉克定律认为，随着人均收入的提高，一国的劳动力将从第一产业向第二、第三产业梯次转移。我国1949年以来三次产业结构比重呈现“二一三”，而劳动力结构却呈现“一二三”，两者的偏离有悖“配第—克拉克定律”。“配第—克拉克定律”失灵源于当时的重化工导向与政策的反向强力干预。改革开放后，第二产业带动第三产业，三次产业结构逐步向“三二一”的更高形态演变。随着政府对工业化、城镇化规律认识的深化以及快速工业化形成对劳动力巨大需求的现实压力，户籍制度开始松动，允许农村人口进入城市务工务商，农业和工商业的效益落差诱导农村剩余劳动力大量涌入城市，第一产业劳动力不断减少并向第二、第三产业流动，响应“配第—克拉克定律”，工业化与城镇化进入互动互促时期。

但总体上中国城镇化水平仍滞后于工业化[②③④⑤]（Song，2012；辜胜阻，2014；徐盈之，2016；魏佩瑶，2013）。原因在于：其一，改革开放

---

① 尹虹潘，刘渝琳．改革开放以来的“中国式”城市化演进路径［J］．数量经济技术经济研究，2016（5）．

② Song，H. S. J. F. Thisseand X. W. Zhu. 2012. “Urbanization and / or Rural Industrialization in China.” Regional Science and Urban Economics 42（6）：126 – 134.

③ 辜胜阻等．京津冀城镇化与工业化协同发展的战略思考［J］．经济与管理，2014（4）．

④ 郭进，徐盈之．城镇化与工业化协调发展：现实基础与水平测度［J］．经济评论，2016（4）：39 – 49.

⑤ 李刚，魏佩瑶．中国工业化与城镇化协调关系研究［J］．经济问题探索，2013（5）：72 – 79.

初期至20世纪末，城乡户籍制度约束使大量进城农民无法转化为市民；其二，进入21世纪后，随着住房的市场化、工业用地的紧缺，土地利益凸显，而农村土地制度改革滞后，大量农民不愿意放弃土地的未来利益，故市民化意愿不强。

（三）城镇化的内生动力由受外力压制到逐步释放

1949年后至改革开放前中国城镇化体现了较为强烈的政府意愿。由于对工业化、城镇化是实现现代化的必由之路这一规律的认识模糊不清，系列人口政策的反向干预破坏了市场机制对城乡资源的合理配置，工业化城镇化进程受阻，国民经济增长缓慢。改革开放后，要素流动管制的政策约束开始弱化，社会主义市场机制逐步建立，工业化开始成为主导中国城镇化的内生动力源。中国工业化受自上而下的政府推动与自下而上的乡镇企业、民营企业的双重推动，并通过进入国际分工循环体系参与国际分工。工业化带动下的中国城镇化具体驱动力因此呈现多种模式：如珠三角的“外资工业化推进型”城镇化，通过引进外资劳动密集型产业拉动城镇化；东北的“国企工业化推进型”城镇化，依托东北老国有企业基地和当地能源资源开发促进工业化、城镇化；苏南模式属于“大城市扩散型”城镇化，在上海的辐射下，外资进入与当地乡镇企业共同带动郊区城镇化；温州模式、晋江模式属于本地内生的“乡镇企业推进型”城镇化；云南德宏模式是“边贸发展型”城镇化，由于沿边开放、边贸发展引致的城镇化。

各个城市城镇化的形成具体原因复杂多样，但其背后有共性可循，都是潜藏的“聚集向心力”发挥着作用，向心力多来自第二产业、第三产业的支撑，至于具体是何种产业承担起这样的支撑力，则依赖当地的资源禀赋、地理区位和历史机遇。当然也有的城市的形成扩张是依托行政力量聚集而成。

（四）个人迁徙权从管制到放开

新中国成立后，国家利用严格的户籍管理和人民公社运动管住城乡之间的人员流动。改革开放后，农村家庭联产承包责任制的推广瓦解了人民公社，大量农村富余劳动力需要寻找出路，此时的城市恰逢快速工业化启动，非公经济逐步蓬勃发展，对农村劳动力形成大量需求，农业人口为寻求比务农更高的收入开始往城市流动，从事第二、三产业。期间人口流动政策曲折反复，经历了约20年时间才彻底放开，从起初默认，到后来因城市管理对汹涌而来的民工潮措手不及，采用政策限制农民工“盲流”，再到后来随着中国市场经济体制深化，采用“暂住证”等管理有序放开……直至2003年“孙志刚”事件爆发后，国务院发出《关于做好农民进城务工就业管理和服务工作的通知》（国办发［2003］1号文），取消对农民进城务工就业的不合理限制。该文出台确立了农民在城市就业权的自由，实质上是承认了乡城流动人口的自由迁徙权。农民工通过进城务工获得比务农高得多的经济收入，对农村脱贫解困发挥无可替代的作用，可以视作是工业化进程中的收益向农村家庭的溢出。当然，在个人自由迁徙权得到承认的前提下，乡城流动人口虽然实现了“身体”进城，但长时间仍面临“权利”和“精神”未完全进城的状态。

三、传统城镇化：现代化系统性失调的中国

改革开放以来中国经历了史上最迅猛的城镇化进程。这30多年的城镇化呈现“城市优先”理念和“以增长为导向”的基本特征。辩证地看，这种模式一方面助推中国整体经济腾飞，人均收入不断提高，另一方面也制造出以“半城镇化”为突出特征的“中国式城镇化”，导致中国现代化的系统性失调①。

“城市优先”理念表现在政府在基础设施、公共服务、金融支持等方面长期向城市倾斜。城市拥有的优质公共服务优先保证本地户籍人口，农民流动到城市打工享受不到所在城市市民同等的经济社会地位和保障待遇。城市获取的优势资源在“循环累积因果”效应作用下越来越发达，而农村各种资源获取处于全面弱势地位，缺少发展的基本要素支撑，农村的空心化、萧条现象益发突出。

“增长导向”表现在城镇化过程中过度强调经济效率，忽视了社会建

---

① 叶裕民．中国统筹城乡发展的系统架构与实施路径［M］．北京：中国建筑出版社．2013.

设和生态保护。进城务工的农民被看作劳动力生产要素，对农民工群体的自然人、社会人属性关注严重不足。为经济增长付出过高的自然环境成本，造成生态破坏，人与自然环境之间关系紧张。

传统城镇化的核心问题是该模式催生出乡城流动人口的“半城镇化”现象，并由此次生出一系列矛盾和困境，引发中国现代化系统性失调。具体而言，表现如下三大方面。

（一）唯利型体制：城镇化的“异化”

工业化、城镇化是通向现代化之路的两个车轮，其终极目标是实现“人”的全面发展，物质财富是衡量社会进步的重要标准，但传统城镇化进程中对实现财富“手段”的过度追求，异化了城镇化“人”的全面发展的终极目标。

1. 人与生态环境的紧张。

中国是后发的现代化国家，“压缩型”工业化进程并巨大的人口压力下，解决就业和温饱是横亘在中国发展面前的第一要务。中国的工业化、城镇化进程几乎无暇考虑“人”的发展，由此引发传统城镇化下的“资本逻辑”对“人本逻辑”替代，以物质财富的增长作为衡量社会进步的唯一标准，经济利益的狂热追逐成为单一的行动指向，享乐主义、消费主义弥漫并渗透到社会肌体，以对自然环境的掠夺和改造满足人们的“物”欲。虽然改革开放以来，我们自豪地声称“中国以不到全世界10%的耕地养活了世界20%的人口”，但另一面却是我们用掉“世界35%的化肥，20%的农药”，“3亿亩耕地受重金属污染，占全国农田总数的六分之一”，地下水污染、雾霾肆虐、碳排放量增长……传统城镇化的“唯利是图”使中国在短短几十年间在工业化路上一路高歌猛进，田园风光却被工业车轮碾碎，乡愁何寄？对自然环境的无度索取使中国刚刚欢庆“摆脱贫困”却不得不面对“生态家园的焦虑”，依靠资源、能源投入、无度的索取式、粗放式传统城镇化模式将不能支撑中国现代化之路。

2. 人与社会环境的疏离。

乡城流动人口在“急速城镇化”中被突然抛向城市。从“熟人社会”到“陌生人社会”，从相对稳定的慢节奏社会到多变的快节奏社会，由此产生与城市社会的“距离感”“陌生感”，表现在观念、行为、心理过程等与城市的不协调。城乡二元体制使乡城流动人口的经济属性依附于城市，而自然属性和社会属性仍依附农村。城市里活跃的市场经济一方面创造出各种生存机会，另一方面因竞争如此充分，个人的风险和生存压力也骤然而生。“唯利型”体制下，城市体制设计的“内外有别”使城市对乡城流动人口的包容度（含保障水平）很低，乡城流动人口在城市社会空间往往体会到的是冰冷的金钱关系、人与人之间的交易关系，与流入地人群的隔阂使乡城流动人口容易失去对自我价值的认同，从而与当地社会愈加疏离，无所依靠、无所适从的紧张感油然而生。

（二）分离式消费：内需市场扩张受限

新型工业化是中国走向现代化的必由之路。新型工业化的核心动力来自技术创新，中国巨大内需市场也是新型工业化的有力支撑。2008 年金融危机之后，我国经济的新增长点已经落脚到国内需求。我国有 14 亿规模的人口，内需市场潜力巨大却难以启动，这与在城市里务工的、数量巨大的乡城流动人口的“低端化的异地”消费模式关系密切。乡城流动人口在城市的低收入难以应对城市的高生活成本，在城市的消费仅限于基本生存消费，导致城市的消费规模与常住人口规模不匹配，即城市聚集了“人口”，却未能聚集相应的“购买力”（叶裕民，2013），消费升级的空间被大大压缩，城市的内需市场扩张的支撑力不足。农民工将城市收入的主要开支用于农村建房或去县城购房，引发农村土地被建房大量占用、生态遭到破坏的恶果，而建购房本身对内需市场的实际拉动也极其有限。“低端化的异地”消费模式和消费行为观念使很大部分的内需在市场上悄无声息地消失了，数据表明至 2010 年我国因城乡二元“分而治之”的体制压缩民生消费达 30 万亿元之巨①（唐未兵，2014）。

（三）差异化资源配置：现代化进程中的低端锁定

处于“三重转型”中的中国社会，市场机制初现活力但并不完善，计划经济时代权力配置资源的能力虽弱化但仍“阴魂不散”，不少领域存在

---

① 孙红玲，唐未兵，沈裕谋．论人的城镇化与人均公共服务均等化［J］．中国工业经济，2014（5）：18－30.

市场机制与权力共同配置资源的现象，两者在不同领域配置资源的强弱不同，使传统城镇化进程中出现大量"资源错配"。

1. 城乡资源配置的扭曲。

工业化阶段，城市代表先进生产力，农村代表落后生产力，在经济利益诱导下，农村人进城务工，城市聚集人口、信息、产业和市场等，规模不断扩张，这是世界上城镇化普遍经历的自然过程。但城乡割裂体制下的城镇化强化了城乡之间的"马太效应"，农村愈发孱弱——农村青壮年流失，人口结构堪忧。农村产业主体的弱质和农业本身的高风险、低收益使农业产业效率低下，市场资源更难配置到农村，加之公共服务的"规模效应"使农村落后地区的公共服务供给总体缺乏效率，城乡呈进一步两级分化态势。由图 2－5 可见进入 21 世纪以来的头十年，传统城镇化模式下城市人均收入增长速度始终高于农村，农村人均收入基数本就远低于城市，若增长速度也低于城市，城乡差距将趋向固化。

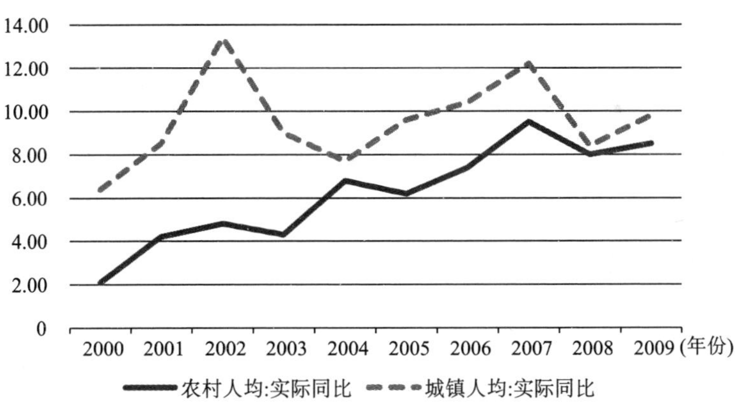

图 2－5　中国传统城镇化下的城乡人均收入增速对比（2000—2009 年）

2. 公共服务资源配置失当引致人力素质低端化。

中国城市长期以来的封闭式运行，使乡城流动人口面临户籍管制下"同城不同权"的多重歧视性政策。工业化集中式的大生产对"制度化"的保障提出要求，然乡城流动人口到城市参与工业化大生产，一方面通过生产领域与城市社会发生有机联结，另一方面城市提供给这个人群有限的权益和保障却不足以覆盖其个人"生老病死"的风险；乡城流动人口一方面被嵌入城市的工业化大机器生产的一个个环节，另一方面在日益激烈的竞争中与“城市土著”因观念和利益发生隔阂。公共资源差异化供给使乡城流动人口仅能实现“温饱”，无余力为自己的人力资源持续投入，同时外界资源导入渠道少，乡城流动人口在城市的低收入、低保障待遇和低培训机会使该群体的人力资本被“低端锁定”。

3. 人力素质低端化掣肘产业升级。

我国已经进入工业化中期，一方面工业化开始走向高端化发展，另一方面要开启服务业时代。农民工的“高流动性”特征使其接受培训的机会天然不足，农民工在劳动人口中占比不低，该群体人力资本缺乏积累和提升将直接降低中国整个劳动队伍的人力资本平均水平，人力资本的准备不足必然拖累新型工业化进程，并进一步限制攀附于新型工业化的生产性服务业的发展空间，前述由户籍壁垒引发的农民工“低端化的异地”的消费模式分散了城市“消费聚集力”，生活性服务业扩张缓慢。服务业作为三次产业中吸纳劳动力最强的产业，其发展不充分将损失大量就业机会，降低城市对人口的吸纳能力，延缓工业化迈向现代化的进程。

综上所述，传统城镇化下，农民工固然拥有了自由迁徙权，在物理空间实现了横向流动，获得了比务农高的收益，却因各项基本权利未能在城市被平等满足丧失了在城市社会空间中向上垂直流动的通道。城市社会问题、“三农”问题、新型工业化进展缓慢问题、内需市场扩张问题、服务业发展慢等问题，看似独立，实则环环相扣，交互作用，恶性循环，共同构成中国现代化的“问题束”，也成为中国走向现代化的“拦路虎”。因此，彻底扭转传统城镇化“以增长为导向”的“城市优先”的理念，从单纯关注经济效率到关注“人”，才能根本消除传统城镇化下的积弊，化解深层次矛盾，使城镇化真正成为实现现代化之根本路径。

四、新型城镇化与传统城镇化：多维视角下的比较

传统城镇化路径是非常态的城镇化，以城乡对立、“人”精神家园的缺失为代价助长城市的野蛮生长。这种低质量城镇化路径的形成是中国在

市场经济体制尚不健全、行政干预不当、城乡资源配置的微观机制被扭曲的情况下，受“压缩型”工业化“赶超战略”驱使的结果。

无论是古典区位理论、非均衡增长理论、均衡发展理论还是发展经济学的城乡二元结构理论，无一不承认城镇化是人类历史发展的必然，人口从乡村向城市的集中是人类经济社会发展史的规律性现象。中国的现代化进程也无法超越城镇化这一历史过程。在经历了30多年粗放式、外延式增长的城镇化之后，中国如何回归常态的城镇化，实现高质量的城镇化成为摆在中国人面前的理论与实践的重大课题。

2012年中国提出“新型城镇化”战略实际上是针对传统城镇化诸多弊端的纠偏。新型城镇化以实现“人”的城镇化为核心，意味着新型城镇化从顶层设计到制度建构再到政策制定，从理念到实施再到贯彻都遵循“以人为本”原则，尊重人的生存权、发展权，通过经济、社会、政治、文化、生态的全面进步，破解城乡二元体制，缩小城乡差距，最终实现城乡一体协调发展。

学界对新型城镇化的“新”体现中国未来城镇化诉求已有不少前瞻性研究。

（一）理念层面的更新

新型城镇化需要对传统城镇化理念进行反思和变革。中国作为发展中大国，面临着摆脱贫困和赶超发达国家的挑战和压力，快速工业化和快速城镇化则是解决挑战和压力的现实途径。然而中国是在积贫积弱条件下“压缩”工业化进程，这一特点引发了全社会的急功近利，效率导向最终被扭曲为“物质利益至上”，并成为主导城镇化的地方政府的行为准则：通过牺牲农村利益来换取城市的增长，通过要素、资源的高投入来拼速度、拼增长；土地滥用、资源浪费、将乡城流动人口单向度地视作劳动力要素萃取其经济资源，忽视“人”多维、立体、社会化的一面……以上种种使城镇化“红利”发生流失，城镇化面临着理念革新。新型城镇化要摆脱“城市优先”“增长导向”，转向“城乡协调”“发展导向”。理念层的转变表明新型城镇化在注重微观效率的基础上更加重视公平，从数量型的城镇化模式转向质量型的城镇化模式，并推动城乡协调发展。

（二）主导层面的转换

从政府主导到市场主导。长期以来，在计划经济体制下我国的城镇化受国家政策主导，社会主义市场经济体制确立后，城镇化一方面受市场调节，另一方面仍受到国家行政干预，因此传统城镇化的动力主要来自政府。由于对城市本质和城镇化的规律缺乏清晰认识，改革开放前城镇化多被动服从国家政治考量下的各种政策，改革开放后，经济的发展战略制定着眼于工业化而未把城镇化纳入统筹考虑，城乡体制性壁垒未及时铲除，导致城镇化滞后工业化。新型城镇化的动力将更多交给市场来调节，“让市场在资源配置中起决定性作用”，政府专注于新型城镇化的公共产品和公共服务相关的制度供给。

（三）主体层面的更迭

主导的转换意味着城镇化的主体更迭。新型城镇化的主体将从单一政府转移到企业和个人。直面市场的企业比政府更具敏感性和高效率。传统由政府供给的基础设施建设和公共服务方面都可以尝试政企合作。企业将成为新型城镇化的生力军。当前有部分地区，如成都的蛟龙镇，北京市郊的郑各庄等，在“民营城镇化”上作出了积极而成功的探索——通过有效的制度安排和契约精神能实现更低成本、更高效率的城镇化。新型城镇化构建中将重塑社会结构，由此引致社会流动和新的社会分层，底层群体上升流动空间将得到拓展，社会阶层逐步由“金字塔”型向“橄榄型”过渡。

（四）动力的不同

传统城镇化以工业化为主要驱动力，新型城镇化依靠“四化同步”推进。传统城镇化是低成本、要素驱动的传统经济增长模式，新型城镇化则是技术与效率驱动的新经济增长模式。传统城镇化下大城市空间延展，小城镇化过度分散；新型城镇化通过构建大城市圈（群）带动中小城市协调发展。

（五）城市管理的转型

传统城镇化城市管理理念下，政府是“管理型”政府，随着城市规模扩大，政府管理责任的无限性与政府管理能力的有限性发生矛盾，要求新型城镇化一方面使政府回归“服务型”政府的本位，另一方面要推动政府向市场、社会放权，从以政府为单一中心的“城市管理”向政府、市场、社会等多中心的“城市治理”转型。

（六）政府作用的差异

传统城镇化下政府“越位”和“缺位”现象并存，政府过度干预经济领域，对公共服务的供给不均衡（优质公共服务资源过度集中城市，乡村严重缺乏）。新型城镇化下，政府要开出两张清单——“权利清单”和“责任清单”，以“权力清单”约束政府权利配置资源的行为，以“责任清单”规定政府在公共服务方面的责任。

传统城镇化与新型城镇化在以上六个方面的差异对比见表2－6。

表2－6　　　传统城镇化与新型城镇化对比一览表

差异层面	传统城镇化	新型城镇化
理念层面	城市优先，增长导向	城乡协调，发展导向
主导层面	政府主导	市场主导
主体层面	政府为主体	企业、个人为主体
动力层面	工业化	“四化”同步
管理转型	单中心的城市管理	多中心的城市治理
政府作用	越位、缺位	权利清单、责任清单

五、新型城镇化的研究进展

新型城镇化战略新思维初步建构，但具体的实施路径无论在理论还是实践上都尚未达成共识。我国的城镇化一方面受城镇化一般规律的支配，另一方面受到中国特定的历史社会条件的约束，如何剥离繁琐的现象，找出一条适合中国国情的新型城镇化的路径，是理论界必须要作出回应。

当前学界对新型城镇化的研究，大致形成以下几个视角。

（一）区域尺度的视角

1. 立足城市研究新型城镇化。

从城市本身发展的角度，包括理论研究和应用研究。理论研究主要从城市形成和扩张机制的角度，研究城市的内在发展动力、城市圈、城市带形成机理①（吴旭晓，2013）；描述与阐发新型城镇化的目标、要求、途径和特征②③④⑤（黄亚平，2013；张占斌，2013；倪鹏飞，2013；姚士谋，2015）；综述新型城镇化指标体系的构建及水平测度等⑥⑦（吕丹，2014；徐林，2014）。应用研究围绕“效率”与“公平”两大主题展开。在“效率”的视角下，有的从资源配置的角度切入，考察包括土地、劳动力、资本等生产要素如何在新型城镇化中达到帕累托改进；有的从制度供给的角度，考察诸如财政制度、土地制度、产业规划面临的困境和破解；还有的从市场角度对城市中的各要素市场进行单个市场或两个及两个以上市场关联进行考察。“公平”主题则侧重对新型城镇化中城市公共资源的配给、公共服务的投入机制的研究；对城市各群体和群体间关系的研究，尤其对“流动人群”给予了高度关注，议题涉及该群体的自然属性、经济属性和社会属性等方方面面，以及实现市民化、实现社会融合的障碍与解决对策等。

2. 立足农村研究新型城镇化。

从农村视角研究新型城镇化，形成两大热点领域：一是关注新型城镇化的城乡统筹，将就地城镇化、发展小城镇作为振兴乡村的着力点⑧⑨（焦晓云，2015；倪建伟，2017）。二是关注农村“空心化”现象，讨论在城

---

① 吴旭晓．新型城镇化效率演化趋势及其驱动机制研究［J］．商业研究，2013，55（3）：44－51.

② 单卓然，黄亚平．“新型城镇化”概念内涵、目标内容、规划策略及认知误区解析［J］．城市规划学刊，2013（2）：16－22.

③ 张占斌．新型城镇化的战略意义和改革难题［J］．国家行政学院学报，2013（1）：48－54.

④ 倪鹏飞．新型城镇化的基本模式、具体路径与推进对策［J］．江海学刊，2013（1）：87－94.

⑤ 姚士谋，张平宇，余成，等．中国新型城镇化理论与实践问题［J］．地理科学，2014，34（6）.

⑥ 吕丹，叶萌，杨琼．新型城镇化质量评价指标体系综述与重构［J］．财经问题研究，2014（9）：72－78.

⑦ 徐林，曹红华．从测度到引导：新型城镇化的“星系”模型及其评价体系［J］．公共管理学报，2014（1）：65－74.

⑧ 焦晓云．新型城镇化进程中农村就地城镇化的困境、重点与对策探析——“城市病”治理的另一种思路［J］．城市发展研究，2015，22（1）.

⑨ 倪建伟．就地城镇化的新近进展、现实困境与破解策略——山东省德州市新型城镇化第三次专题调研报告［J］．农业经济问题，2017（6）：7－8.

市的“虹吸效应”下，农村如何面临要素流失，是否产生贫困，及如何避免萧条。大部分文献认为，在城镇化进程中，农村“空心化”不可避免[①②]（刘彦随，2010；周祝平，2008），从经济因素、政策因素、社会因素、管理因素等方面考察农村“空心化”发生的驱动诱因，发现经济和政策驱动是“空心化”最主要的驱动因素，并从产业支撑、政策配套、教育扶持以及环境整治等方面提出应对之策[③]（吴信如，2018）。

3. 立足县域经济研究新型城镇化。

乡城流动人口的城镇化选择地有所分化，部分农民工就近、就地城镇化意愿提升。研究表明，农民工回流居住的区位选择主要是县（区）的主城区而非农村（朱宇，2015），县域作为中国多层次城镇化的重要空间载体之一（陆杰华，2013），是城市与农村的过渡地带及统筹城乡的重要节点[④⑤]（杨传开、宁越敏，2016；程必定，2013），其城镇化的空间潜力有待再挖掘。研究县域城镇化的形成的共识为：要以产业集聚、创新驱动推进县域城镇化；县域城镇化既是有序、平稳推进农业转移人口市民化、根治“半城镇化”，又是推动农村现代化进程的关键一环[⑥⑦]（焦晓云，2015；陈小卉，2016）。

（二）学科视角

1. 经济学视角。

侧重效率的角度，支持新型城镇化走大都市圈的观点，实证研究为该观点提供具有说服力的证据支持[⑧]（陆铭，2016），但该观点易被视作新版的“城市优先论”受到质疑。事实上，该观点并不否认农村发展的重要

---

① 刘彦随，刘玉．中国农村空心化问题研究的进展与展望［J］．地理研究，2010（1）：35－42.

② 周祝平．中国农村人口空心化及其挑战［J］．人口研究，2008（2）：45－52.

③ 陈修兰，吴信如．新型城镇化背景下农村空心化现状及其影响因素研究［J］．西安财经大学学报，2018（12）：70－80.

④ 李健，杨传开，宁越敏．新型城镇化背景下的就地城镇化发展机制与路径［J］．学术月刊，2016（7）：89－98.

⑤ 程必定．新市镇：中国县域新型城镇化的空间实现载体［J］．发展研究，2011（6）：24－28.

⑥ 陈小卉，汤海孺，武廷海，等．县域城镇化的地方实践与创新［J］．城市规划，2016，40（1）.

⑦ 焦晓云．新型城镇化进程中农村就地城镇化的困境、重点与对策探析——“城市病”治理的另一种思路［J］．城市发展研究，2015，22（1）：108－115.

⑧ 陆铭．大国大城：当代中国的统一、发展与平衡［J］．复旦学报（社会科学版），2017（2）：196.

性，反而认为农村要获得发展必须依托城镇化的进程，城市的发展最终将通过“溢出效应”带动农村发展。该理论的逻辑自洽，但目前在中国实践中只能被局部印证。中国整体“城强农弱”的两极化特征一直未明显缓解，“三农”问题是否会因大都市圈的发展而进一步受到冲击仍有待观察，大城市的“地理溢出效应”难以奏效究竟是大都市圈理论在中国“水土不服”抑或是中国特殊国情的扰动？以上理论与现实的罅隙留下理论工作者继续探索的空间。

2. 社会学视角。

社会学对城镇化的研究可分三类：一是侧重人口学视角，以新型城镇化背景观察人口流动（乡城流动、城城流动）的动力机制的变化、流动分布趋势、流动群体的人口学特征的演变等①（段成荣，2013）；二是利用分类、多维视角分析推进新型城镇化的各项公共政策对不同地域、不同流动人群效应的差异，提炼出流动人群面临的种种社会问题，议题面十分宽泛：如户籍制度，居住证制度对城乡差异的影响，流动人口的社会保障问题，社会融合问题，家庭婚恋问题，留守老人、留守儿童、流动儿童问题，教育问题，就业市场、人力资本和犯罪问题等等；三是从更宏大的社会分层、社会流动以及社会结构角度，研究中国的社会分层机制、社会结构形成的关联因素，以及如何改进社会分层机制，提高社会流动性，提供流动人口在城市的上升空间，防止社会结构过于僵化等。

3. 政治学与法学视角。

政治学与法学的视角多是基于治理和权利。如新型城镇化中如何更好地实现城市治理、社区治理，如何界定和实现城市空间权利。“治理”主题的文献多强调制度优化和多元治理，依据新型城镇化的内涵要求，将新型城镇化纳入国家治理现代化的分析框架，提出变“碎片化”改革为整体集成制度创新②（罗光华，2014），变“外生型”城镇化为“内生型”城

① 段成荣. 当前我国流动人口面临的主要问题和对策——基于2010年第六次全国人口普查数据的分析［J］. 人口研究，2013.

② 罗光华. 新型城镇化治理模式选择［J］. 人民论坛，2014（35）.

镇化[①]（张明斗，2016），构建“制度之治”跨越传统城镇化下的“运动式城镇化”[②]（汪大海，2013）；在推动新型城镇化的治理动力方面，提出自下而上地推动社会治理体制创新和自下而上的包括企业、民众在内的多元主体参与[③]（王春光，2014）；在实现城市权利空间的公平正义方面，提出“经济理性”让位“社会理性”，要建立“市民化的平等社会”[④]（张文明，2014），变“权力主导”为“权利主导”，不可让城镇化沦为经济增长的工具[⑤]（于建嵘，2013）。

（三）路径视角

新型城镇化的理念已经达成共识，但对具体路径当前学界尚有争议。主要有以下几派观点。

1. 大都市圈论。

大都市圈是规模较大的中心城市向周边城镇辐射，形成的大中心城市与周边中小城市融合发展的城市群。大都市圈观点以城市的“聚集”本质为逻辑起点的非均衡理论为基石，认为城市中心先在“聚集经济”作用下发挥“聚集正效应”，提升效率，再在“聚集不经济”及一定的市场条件和行政政策作用下使要素向周边扩散。中心城市作为龙头城市起到促进周边中小城市城镇化深化的作用，整个区域形成在功能上相互联系的城镇化体系，由不平衡向有关联的平衡发展（陆铭，2016）。该观点旗帜鲜明地反对就地城镇化论和小城镇发展论[⑥]（石忆邵，2013）。

2. 就地城镇化论。

文献中就地城镇化观点的支撑出自两方面考虑：其一，从人口流动趋

---

① 丛茂昆，张明斗．内生型城镇化：新型城镇化的模式选择［J］．南京农业大学学报（社会科学版），2016（3）．

② 汪大海，张玉磊．从运动式治理到制度化治理：新型城镇化的治理模式选择［J］．探索与争鸣，2013（11）：17－24．

③ 陈光金，张翼，王春光，等．新型城镇化与社会治理［J］．学术研究，2014（12）：35－44．

④ 张文明．新型城镇化：城乡关系发展中的“人本”回归［J］．华东师范大学学报（哲学社会科学版），2014，46（5）：97－107．

⑤ 于建嵘．新型城镇化：权力驱动还是权利主导［J］．探索与争鸣，2013，1（9）：8－12．

⑥ 石忆邵．中国新型城镇化与小城镇发展［J］．经济地理，2013，33（7）：47－52．

势角度判断省内流动成为城镇化的主要趋势①（曹广忠，2015），县域内流动将成为未来人口流动的主流②（杨传开、宁越敏，2016），小城镇将在新型城镇化中充当主力③（郑庆昌，2013）；其二，从统筹城乡角度，人口大尺度的跨地域空间流动存在城镇化成本高、大城市“城市病”凸显和城乡两极分化等弊端，与其在“城市病”和“城乡两级分化”严重后再花大气力调整，不如通过人口等要素的均衡分布，避免“城市病”和城乡两级分化的产生。通过城市边缘的扩张、农民在本地职业的非农化，将中心镇及周边较发达农村按城市的工作生活居住进行改造，实现就地城镇化。

3. 中等城市论。

中等城市论试图在新型城镇化中改善城乡对立局面，实现城乡协同发展。在经济层面，有的学者强调发展县域经济，以县域经济作为统筹城乡重要联接点，做大做强县域经济。有的学者强调注重小城镇的功能发展，把小城镇打造为小城市；在社会层面则提出要加强基层的基础设施建设和推动教育、医疗、社会保障等公共服务的均等化。

综上所述，大都市圈的观点侧重让市场发挥作用，对大城市聚集力、容纳度和辐射能力具备高度信心，否认“城市病”和城乡两级分化现象与大都市圈之间有必然的因果关系，将其归因是城市管理不善和政策偏向的结果。大都市圈观点认为，大城市发展后的扩散效应会使要素从核心区向边缘区流动，农村和小城镇恰恰需要依托大城市的发展才能实现自身的发展，城镇化必然是一个从不均衡到均衡的动态过程。大都市圈观点固然逻辑自洽，经济学的计量实证也提供证据支持，但仍受到不少批驳。意见相左的学者认为，作为核心区的大城市发展起来后并不能导致要素必然向边缘区扩散，核心区与边缘区的经济落差可能长期存在④（安虎森，2014）。

---

① 曹广忠．中国流动人口空间格局演变机制及城镇化效应——基于2000年和2010年人口普查分县数据的分析［J］．地理学报，2015，70（4）：567－581.

② 李健，杨传开，宁越敏．新型城镇化背景下的就地城镇化发展机制与路径［J］．学术月刊，2016（7）：89－98.

③ 郑庆昌．中国特色新型城镇化与小城镇建设［J］．福建农林大学学报（哲学社会科学版），2013，16（2）：14－18.

④ 颜银根，安虎森．中国分割的经济空间：基于区域间经济增长溢出的实证研究［J］．当代经济科学，2014（4）：47－57.

就地城镇化的观点不认可人口密集的大城市生活方式，认为人口密集导致的“拥挤效应”将降低生活品质，让农民离开生长的地方到陌生的都市，还要面临心理上的剧烈震荡，以上都不契合新型城镇化的“人本主义”，不如分散地发展，改变农村生产生活形态，向城市靠拢，直接将农民变市民，农村变小城镇。该观点被认为是对城市本身的“聚集”本质缺乏认识，分散的城镇化将导致土地使用的极大浪费，基础设施、公共服务、环境保护等成本过高，不可持续。

中等城市论吸收了大都市观和就地城镇化观的部分思想，但这种综合性思想落实到具体实施层面仍未达成共识，缺乏明晰的操作步骤。

城镇化质量的高低取决于资源空间配置能否优化，而资源空间配置能否优化最终有赖于城镇化道路的选择和对城镇化演进机制的把握。从中国的城镇化实践看，改革开放至20世纪90年代，中国走的是一条分散的城镇化道路，更接近“就地城镇化”的思想，这条道路实施的是一条貌似低成本的城镇化道路，但这种低成本伴随着粗放式发展的特征，不可持续，最终非但未达成缓解城乡差距的目的，反而加剧城乡关系的紧张并引发了乡村的环境污染、生态破坏，最终代价高昂。

中国的城镇化道路的政策取向决定城镇化的路径，是要选择追求短期增长的低成本转移农村剩余劳动力为导向，还是选择有利长期增长的要素集聚优化为核心的效率导向？面对我国当前的资源能源约束，环境承载力脆弱的现实，“效率”导向的集约式增长无疑有利于可持续发展，通过大城市的“涓滴效应”带动周边城市群的“均衡城镇化”道路应是新型城镇化的首选，以此优化要素空间配置，带动产业结构的升级，提升产业竞争力，走上“集约绿色高效”的城镇化道路。

第三节　“物”的城镇化对“人”的城镇化的背离：理念、体制与制度

新型城镇化中提出“人”的城镇的要求，是秉持“以人为本”的城镇

化理念，从政策层面关注城市中的“人”的需求，学术界对该问题的研究主要聚焦三方面：一是“人”的城镇化的本质论，基于哲学层面的解读，从人本主义价值取向阐释“人”的城镇化的哲学意味，追溯理论本源试图揭示“人”的城镇化的本质[①]（张文明，2014）；二是“人”的城镇化的认识论，涵盖“人”的城镇化提出的原因、包含的内容、“人”的城镇化的指标构建、具体地域的“人”的城镇化测度及“人”的城镇化的对策研究等[②③]（单卓然，2013；唐未兵，2014）；三是“人”的城镇化作为研究视角，如“人”的城镇化与政府职能、与公共服务、与户籍制度、与聚集创新等等。上述对“人”的城镇化的研究已形成部分共识但也尚存分歧。比较一致的看法是“人”的城镇化的公平正义取向。主要的分歧在于具体的解读：“人”的城镇化中的“人”是什么“人”？如何理解“人”的城镇化？有学者将“人”定义为农业转移人口（或乡城流动人口）这一群体[④]（魏后凯，2013），也有学者定义为所有在城市的“人”，包括流动人口和原来的城镇人口[⑤]（方辉振，2013），最宽泛的定义是将“人”的城镇化中的“人”视作全体国民（包含所有城乡居民）。对“人”的不同界定导致了对“人”的城镇化的理解差异，继而产生两种观点：一种持“转型论”，认为“人”的城镇化是针对传统城镇化下“物”的城镇化而提出，是“物”的城镇化的转型，其中一些研究直接将这种转型视同农民工市民化[⑥]（魏后凯，2013）；还有的研究则将“转型”提炼为生产方式、生活方式、社会关系、思想观念、人与自然等方面[⑦]（黄春，2015）；另一

① 张文明．新型城镇化：城乡关系发展中的“人本”回归［J］．华东师范大学学报（哲学社会科学版），2014，46（5）：97－107.

② 单卓然，等．“新型城镇化”概念内涵、目标内容、规划策略及认知误区解析［J］．城市规划学刊，2013（2）：16－22.

③ 唐未兵，等．论人的城镇化与人均公共服务均等化［J］．中国工业经济，2014（5）：18－30.

④ 魏后凯，苏红键．中国农业转移人口市民化进程研究［J］．中国人口科学，2013（5）：21－29.

⑤ 方辉振，黄科．新型城镇化的核心要求是实现人的城镇化［J］．中共天津市委党校学报，2013（4）：63－68.

⑥ 魏后凯，苏红键．中国农业转移人口市民化进程研究［J］．中国人口科学，2013（5）：21－29.

⑦ 黄春．新型城镇化向“以人为本”全面转型析论［J］．青海社会科学，2015（5）：77－83.

种对“人”的城镇化的理解持“发展论”的观点，认为“人”的城镇化不仅体现为生产方式、生活方式、社会关系、思想观念、人与自然等转型，更应重视提升人的发展能力，“人的发展和参与才构成城镇化的真正动力”①（任远，2013）。

“人”的城镇化中的“人”究竟指的什么“人”？笔者认为要准确把握这个“人”的指向必须回到新型城镇化战略提出“人”的城镇化的初心，才能避免在研究中因对象边界不清导致政策的天马行空。事实上，国家层面提出“人”的城镇化是基于当下流动人口“半城镇化”的突出现象，因此“人”的城镇化中的“人”更合适的界定应是“流动人口”指向而非“全体国民”指向。流动人口包含“乡城流动”“城城流动”和“城乡流动”三大类，从这三大类的构成看，乡城流动人口占绝大部分比重，鉴于本书对象是乡城流动人口，因此本书将“人”的城镇化中的“人”做进一步的狭义界定，定义为乡城流动人口。“人”的城镇化是中国特有国情语境下的词汇，那么中国的“人”的城镇化是基于何种背景？包含何种价值取向？涵盖哪些内容？以上问题厘清，政策才有的放矢。

一、为何提出“人”的城镇化

城镇化是人类社会发展的必经阶段，处于该进程中的“人”也不断被城市空间里的制度和文明淬炼着现代性。其中，乡城流动人口群体尤其值得关注，该群体多从乡村社会走进城市社会，乡村与城市两个空间承载的自然景观、经济社会结构、人文传统等原本就存在明显差异，而中国的城乡二元体制进一步造就了城乡的制度鸿沟（部分发达城市周边的农村不在此列，这部分农村实际上已经在城市扩张中实现就地城镇化）。那些从农村到城市谋生的流动群体在城市要面临诸多不适应及由此引发的巨大的心理冲击。中国的城镇化具有自身的特殊性，改革开放后的“压缩型”城镇化一方面表现为土地向城市集中，城市的不断向近郊农村扩展；另一方

① 任远．新型城镇化是以人为核心的城镇化［J］．国家行政学院学报，2014，15（3）：15.

面，农村剩余人口大量涌入城市，以上两个特征实质是“物的城镇化”或者说是“空间城镇化”的体现，土地和人都向城市空间集中。但是进入城市的人口，尤其是乡城流动人口却因“分而治之”的城乡体制壁垒，长期不能获得城市户籍人口同等的国民待遇和权利。成为城市“无根”的“流动”人口。

“人”的城镇化提出的大背景是中国改革开放以来城镇化进程中出现的“物”城镇化与“人”的城镇化的脱节，脱节的实质是“物”的城镇化对“人”的城镇化理念的叛离，由此引发的矛盾若未及时化解，则很可能阻滞中国城镇化乃至现代化进程。

（一）流动人口经济属性与社会属性的分离：“物”的城镇化与“人”的城镇化脱节

“物”的城镇化最直观地表现为土地与劳动力两种要素在城市空间的集聚。改革开放以来，社会主义市场经济体制的确立释放了计划经济下被束缚的要素活力，随着工业化的快速推进，农村剩余劳动力从第一产业向第二、第三产业转移，人口向城市集中。至2018年年底，城市常住人口的城镇化率达59.58%，同时在工业化的推动下，城市中心不断向外围扩张，近郊的农村实现就地城镇化，城市的范围不断扩张，统计显示，2005—2016年，除极少数年份，城市用地规模弹性系数（城市用地增长率/城市人口增长率）长时间高于1①。与此同时进入城市的流动人员，因为无法达到流入地城市的落户条件，只能享受城市里非排他性公共服务，排他性公共服务则与户籍人口的待遇存在较大落差，尤其表现在劳动权利、受教育权利、社会保障力度等方面的“身份隔离”。

1. 受教育权利差别化。

当前乡城流动人口随迁子女可以在城市接受教育，但仍然存在各种入学障碍，被抱怨最多的是一、二线城市的入学手续繁琐。在本课题的访谈中，曾与一位一线城市的乡城流动人员谈及关于孩子入学的话题：

Q：孩子上几年级？

① 为什么中国的城镇化是人地非协调的？——土地财政与土地金融耦合下地方政府行为的视角［J］. 中央财经大学学报，2018，372（8）：115－122.

A：小学二年级。

Q：在这里读书吗？

A：小孩送回老家了。

Q：现在不是有政策允许农民工孩子在流入地上学吗？

A：有是有。要盖好多个章的呀！哪有那个时间去办这些手续，没有跑一个月办不下来的。没办法，还是得送回去。

一线城市的多个乡城流动人员访谈对象都谈及随迁孩子上学的“玻璃门”现象——看得见摸不着，虽然也个别有访谈对象孩子顺利入学，但坦言是“托了关系”的。近年的城镇化进程中，农民工的境况总体在不断改善，随迁子女在流入地的教育权利如今也已经有了书面的政策支持，但北京、上海这样的超一线城市还面临调控人口的任务，因而乡城流动人口是首当其冲要“被调控”出局的，政策“打架”现象尤为突出。流动儿童入学仍存在各种隐形门槛，聚集乡城流动人口多的大城市流动儿童并未真正摆脱“入学难”。另外，即便在流入地上学，城市里优质教育资源的大门对农民工子弟也基本关闭，尽管很多城市明文规定要求优质校必须有分配给农民工子弟的“学位”，但这些“学位”多被当地人经“合规运作”后占据，农民工的孩子根本没有入学优质校的可能，只能进入办学水平和条件相对差的学校，或者干脆是“农民工子弟学校”。

身处城市的流动儿童，一方面父母文化水平低，缺乏科学教育理念，又忙于生计，无暇关注孩子成长，家、校教育质量低下，另一方面，这些孩子不能被优质的学校教育资源覆盖，导致不少农民工孩子不仅没有“习得”城市文明，反而在城市的浮华中染上网瘾、混社会等恶习，丧失了在城市向上流动的可能，并成为城市中的危险隐患。

2. 劳动权益维权难。

从职业分布看，劳动力市场上“依人设岗”的分割现象依然存在，乡城流动人口仍多数分布在职业金字塔的底层，从事或高风险或强度大或收入低的职业。从劳动权益看，劳工保护仍严重缺位，比较普遍和突出地表现在三大领域。一是任意延长工作时间。在对乡城流动人口访谈中，一位沿海省会城市医院里的工人在接受访谈时说：“月收入近4000元，全年无休，每天工作满12小时，如要休息也可以，但要扣钱”；另一位当学校保安的乡城流动人员也有类似说法：“每天工作12小时，加班没有两倍工资，如果想休息，要扣钱”。延长工作时间且无加班补贴现象在乡城流动群体所在的职场中大量存在，且成为保住饭碗必须遵循的“潜规则”。二是职业防护不力。多年来，尤其20世纪八九十年代，乡城流动人口从事高职业病风险的行业，如采矿、打石头、制鞋的粘胶环节等，绝大多数得不到有效的劳动保护，发生职业病后向雇主索赔难、追责难。三是欠薪。“欠薪”现象近年在政府重拳治理下虽有明显减少，但仍时有发生。一名在沿海省会城市受访的湖南籍农民工说：“在一家物业做卫生半年，拖欠3个月工资，后来准备辞职，辞职前仍不给钱，最后去经理办公室把桌子掀了，椅子砸了，才拿到钱。”

3. 社会保障待遇“身份化”。

我国社会主义市场经济条件下的社会保障制度发端于90年代中期，当时是作为国有企业改革的配套措施登上历史舞台，因此整个社会保障制度呈现“碎片化”地“渐进式”覆盖，社保制度被分割为不同人群的小制度。近几年来社会保障制度整合改革一直持续，但仍存在“城镇职工”“企业职工”“城乡居民”三大类，社会保险待遇水平也基本沿着“城镇职工”“企业职工”“城乡居民”梯次下降。尤其“城乡居民”社会保险的保障力度很弱。现代化、组织化、规模化的生产方式往往需要制度化的社会保障作为后盾支撑，而乡城流动人口的社会保障多属于保障力度最弱的“城乡居民”社会保险。社会保障不足，使那些从农村到城市本就在陌生环境中努力调试的流动人口更缺乏安全感，极大地冲淡了他们对城市的情感。

4. 居住空间被排斥。

目前的城市住房保障系统仍将流动人口群体排除在外。乡城流动人口在流入地的居住问题须自行解决，方式主要为两类，一是雇主提供的集体宿舍，二是租住城乡结合部和城市棚屋区，前者生活条件简陋、不便利，后者居住条件多处于“脏乱差”状态。课题调研中，发现大部分乡城流动人口居住条件极差，有的租住在旧新村的杂物间，甚至一家几口蜗居在不足 10 平米的房间，根本谈不上体面生活。流入地当地居民也不愿在乡城流动人口聚集地居住，这种居住隔离更为本地人与乡城流动人口制造了物理屏障，也更易引发双方的疏离感。

5. 城市政治权利虚置。

政治权利是乡城流动人口融入城市的重要标志。乡城流动人口个人素质不高使其对个人权利的行使缺乏明确意识，属于仍需被启蒙状态，并且尚有较大比重乡城流动人口在经济上处于温饱阶段，无余力行使城市中的政治权利。虚置的政治权利使乡城流动人口难以在流入地产生归属感，不利缓释城乡差异带来的不适。

传统城镇化下，乡城流动人群成为最“分裂”的群体：“人”的经济属性归属城市空间，社会属性仍依附农村空间。“人”之属性分裂，成为城乡两端社会秩序失调的根源。城市这端，属于边缘群体的农民工个人权益难以得到保障，长期的父母、配偶、子女分离，往往引发婚恋问题、流动儿童问题、健康问题、犯罪问题、治安问题等，成为城市的不安定因素，推高社会管理成本；农村那端，出现大量的空巢老人、留守妇女和留守儿童；老人难颐养天年，留守儿童身心健康成长受影响。这些本就弱势群体的家庭更容易发生意外和灾难，家庭结构格外脆弱。

（二）城镇化“物”的单向度引发经济链与社会链风险

1. 经济链风险。

（1）“三农”问题不能彻底解决。城镇化是解决我国“三农”问题的根本出路。我国农业总产值占 GDP 的比重不足 10%，但农业从业人员的比重远高于 10%（2016 年农村常住人口 5.8 亿），农业劳动生产率仍有较大提升空间。解决“三农”问题必须要提升农业劳动生产率，必须转移农村人口。目前进入城市的农业转移人口流而不迁的“半城镇化”现象，极大阻碍了农业转移人口融入城市，进入城市的农业转移人口为留有“后路”，不愿意放弃家乡的土地，甚至不愿意将土地进行流转。由此农村各地仍不同程度地存在土地碎片化现象，土地的规模化、集约化经营程度不足，农业生产的规模经济无法充分发挥。尽管国家通过给予农业大量补贴来确保产量，但由于缺乏规模经济，生产成本居高不下，在国际市场缺乏竞争力。从国际经验看，一个国家劳动力流动障碍越小，其农产品出口竞争力越强，其中的原因是：农业劳动力少，人均耕地面积大，从而更具规模经济优势。从我国现有国情看，若不能通过“人”的城镇化把大部分农民转变为城市市民，从而解决土地不能规模化、集约化问题，则“三农”问题必定没有解决出路。

（2）产业转型升级受阻。现代社会的核心竞争力不再完全依附土地、资本、劳动力这些传统要素，更加倚重技术、管理和制度等现代要素，现代要素的培植以优质国民教育为基础。乡城流动人员作为城市边缘群体，优质基础教育供给短缺，孩子得到的学校教育质量并不高，文化科技素养水平不能胜任未来社会对复杂劳动的需求。而农民工子女又是下一代较为庞大的群体，如果这部分群体未能在教育中提升个人素质和技能，则中国产业转型升级需要的技术型产业工人队伍储备不足，进行导致产业转型升级进程延缓。

（3）内需难以激发。我国正处于转变经济发展方式过程中，提振内需是保持经济活力的主要着力点。一般而言，消费需求是收入的函数，收入也是消费需求最大的约束条件，乡城流动人员与市民相比整体收入偏低，消费率也相应偏低；而社会保障力度弱、公共服务水平低又进一步提高了该群体的储蓄倾向，更加压低消费需求。乡城流动人口市民化的滞后，至少使这 2 亿多人的消费需求难以启动，影响了整体国民的消费率提高。我国长期以来靠投资拉动的模式已经式微，消费拉动是未来经济增长的新增长点。拖延农民工市民化进程不利于释放乡城流动人口的消费需求，促进消费升级。

2. 社会链风险。

（1）社会阶层流动性降低甚至趋向固化。社会阶层实质是“社会地位差异结构”，各个社会的流动筛选机制决定社会阶层。血统、关系网、推荐、考试、文凭制度、选举制度、市场竞争等是常见的“地位准入机制”。其中，“血统、关系网、推荐”具有“先赋性”，“考试、文凭制度、选举制度、市场竞争”具有“后致性”。乡城流动人员是城市中的“陌生人”，几乎不拥有“先赋性”资源，而在城市“同城不同权”的差别化待遇使

“后致性”的地位准入几乎失灵，处于全面弱势地位的乡城流动人口向上流动的通道并不通畅。从基础教育开始，流动儿童几乎注定成为“输在起跑线上”的群体。他们的人力资本积累先天不足，因而在很大程度上丧失了在城市中向上流动的可能性，这些具有农村身份却生长在城市的“城二代”对城市生活充满向往和迷恋，不愿回到经济文化较落后的家乡，但城市尚缺乏一整套促进乡城流动人口“在地化”的有效制度设计，且他们的个人能力不足以适应城市需要，导致社会阶层的相对固化，进而影响城市活力，甚至形成城市“新二元结构”。

（2）社会不稳定因素增加。中国改革开放后靠低廉的土地、劳动力等要素价格走低成本劳动密集型产业之路，从而在世界产业分工体系中占据一席之地，收获了经济的高增长，提升了劳动力收入，但总体来看这种低成本优势在一定程度上是以劳动者尤其乡城流动人口的“低人权”换取的。乡城流动人口在城市中处于“外来人”与“农村人”的双重弱势，是权益易被侵害的群体。劳动力市场理论认为，乡城流动人口与本地户籍人口在同等个人条件下，本地户籍人口从事的职业阶层要略高于农民工，农民工多半挤在劳动市场的最底层，干最累最脏的活；被雇佣方欠薪、任意克扣工资、随意延长加班时间、不按规定支付加班费等现象并不鲜见。收入与社会保障水平“双低”使农民工群体在城市中易产生不安全感，一旦遇到失业或天灾人祸，极有可能面临生存危机，而处于生存危机中的人往往容易成为社会的安全隐患。尤其乡城流动人口的“城二代”面临难以真正融入城市原住民群体的困境，处于非城非乡的边缘状态。他们多存在角色认知模糊，既不属于“农村人”，也不属于城里人，进退失据导致他们归属感缺失，从而也增大了社会的不安定因素。

二、“人”的城镇化因何迷失

我国“物”的城镇化与“人”的城镇化的脱节表面看是城乡户籍制度造成，但户籍制度背后是国家经济增长导向及与该导向相配套的体制和制度共同作用的后果。

（一）“唯GDP”增长理念下经济增长模式的偏差

中国自近代以来长期属于低收入水平国家，贫困面积大，举国上下，增长经济的意愿十分强烈。1978年改革开放后，一方面社会主义市场经济体制逐步确立，计划经济体制下被束缚的要素活力充分释放，另一方面党和国家将工作重心转移到经济建设上，中国进入一个以经济增长为中心的发展阶段。但改革中的急于求成导致“发展是硬道理”被简单窄化为“GDP是硬道理”，落到实践中即为一切以经济增长为出发点和落脚点，粗放式经济增长模式大行其道，忽视了发展应是全面、均衡、绿色和集约。粗放式经济增长模式通过单一的、大量的传统要素，如劳动力、土地、资源能源等的低成本投入推动整体经济快速前进，但随着经济体量增大，这种经济增长模式越发不可持续并反过来掣肘经济进一步增长。在“唯GDP”的实用主义指引下，产生一个重要负面影响：那些转移到城市的农业剩余劳动力只被看作生产要素，被获取其经济属性，缺少其作为“社会人”应获得的社会属性的关切，即“人”被“物化”。

（二）政绩考核体制强化“唯GDP”发展理念

在简单且易于操作的“唯GDP”发展导向下，政府的政绩考核过于倚重对经济指标和数据的考核，引发各地方政府明里暗里的“GDP锦标赛”——经济考核指标被层层分解，各级政府各部门全员动员招商引资成为常态，很多非经济职能部门忽视本部门的主要职能，也将工作任务中心转移到招商引资上，社会建设、政治建设、文化建设和生态建设等统统退而求其次。当经济指标成为官员评价和升迁的主要依据时，“唯GDP”导向被进一步强化，“经营城市”的倾向也随之出现，政府在城市发展中更多考量“成本－收益”。因而地方政府更希望乡城流动人员作为劳动力要素在城市“无成本或低成本”使用，从而缺乏推动农民工市民化的激励。

（三）制度的扭曲为“唯GDP”发展理念提供支撑

1995年分税制改革后，地方政府财权与事权不对称。地方政府除了发展经济任务外，还担负着地方基础设施建设、公共服务等的各项投入。分税制改革将大部分税源上收中央，因而各级地方政府财政收入不足以支撑各项公共产品投入。处于发展中的城市，土地要素愈加稀缺，于是卖土地成为地方政府简单方便的生财之道。出于对地方财政收入增长的追逐，地方政府不断跑马圈地，一方面土地城镇化速度不断加快，另一方面土地财政使城市房价不断飙升，推高了乡城流动人口在城市的生活成本，更难依靠劳动所得置业安居。“房子在哪家就在哪”是中国人固有的传统观念，在买不起房的城市里，农民工对未来没有清晰的预期。在课题组的对一、二、三线城市的访谈中发现，50 岁以下的农民工多对未来感觉迷惘，普遍的说法是“走一步算一步”，只有少数明确表示“打工的城市房价太高，今后肯定回去”。在对未来预期并不确定的情况下，农民工多将自己定位为“过客”，被动接受命运安排。可见财税制度、土地制度等制度安排在强化土地城镇化的同时，弱化了“人”的城镇化。

“人”的城镇化与“物”的城镇化的背离，归根到底是发展理念的问题，经济增长的最终目标是人民过上富足幸福的生活，然而“以经济建设为中心”并非“唯经济建设为中心”。经济建设仅是手段，然而相关制度下，手段发生异化，变成了目的，反而造成诸多影响。这种“反客为主”的异化是工具理性对价值理性替代的结果。而“人”的城镇化正是要求价值理性的回归。

三、何谓“人”的城镇化:“人”的现代化的实现

(一)“人”的现代化是“人”的城镇化的内在规定性

城市是人类社会发展至今最复杂的空间结构，这个紧凑致密的空间集中展现了人类文明进步的优秀成果（尤其是变革意识、契约精神、规则意识等)，因而城市往往成为“现代”的代名词。反观乡村，相对于城市的“聚集”本质，乡村由于生产资料土地的分散性，“人”的相对闭塞，农业看天吃饭的特性又使乡村人多被动接受命运、害怕变革，因此乡村人常被冠以“小农意识”的标签，也往往被看作“传统”的代名词。尽管简单地将城市等同现代，将乡村等同传统并不精确，城市中也有非现代性的东西，如人与人之间漠不关心、工作压力大、身不由己、“人”被工具化等，乡村也有值得传承和现代性认可的特征，如人情味、仪式感等。但总体而

言，现代化的特征更多地在“城市”场域中被体现，也更契合城市精神。乡村更多体现为落后与不开化。因此“人”的现代化是要通过“人”的城镇化才能得以实现，“人”的现代化可以被视为“人”的城镇化的表征。

现代化进程中大面积的“失范”现象高发于传统社会向现代社会转型中的过渡期，即城镇化加速发展阶段、乡村人口大量涌入城市的阶段，里格斯称之为“棱镜社会”①（里格斯，1964）。这个阶段中问题丛生：大量贫民窟、就业率低、道德水准滑坡、社会犯罪高发等。任何问题事实上都仅是结果的表征，根本原因在于“棱镜社会”的传统性与现代性失调：“城市人”与“乡村人”之间文化的不兼容；“乡村人”对城市的生活方式、消费观念的不认同；“乡村人”对生产方式的不适应等。当然，这种不兼容、不认同和不适应并不绝对，落实到小群体也有程度强弱的差异，呈现光谱系一般的过渡，但总体上城镇化进程中“传统性”与“现代性”的冲突与矛盾不可避免，如果处理得好，则城镇化的进程较为顺利，若处理不好，则城镇化进程受阻。新型城镇战略之所以一再强调“人”的城镇化，就是传统城镇化长期未能协调好乡城流动人口从传统性向现代性的过渡。

（二）“人”的城镇化的递进目标

我国按常住人口计算的城镇化发展速度虽然快，但“人”的城镇化未能同步且大大滞后，因此根据现有“人”的城镇化发展阶段，“人”的城镇化包含以下两大阶段性目标。

1. 从“身体进城”到“权利进城”。

乡城流动人口已经实现个人迁徙的自由权，“身体进城”无障碍，当下要侧重通过制度建构渠道实现与市民同等的经济、社会和政治权利。尤其在排他性的公共服务方面，应逐步拉平乡城流动人口与城市户籍人口在教育培训、社会保障、住房保障、劳动权益等方面的基本待遇水平，实现基本公共服务均等化。换句话说，政府基于经济发展阶段而承载的公共服

① Bent F T. Administration in Developing Countries: The Theory of Prismatic Society, by Fred W. Riggs [M] // Administration in developing countries : the theory of prismatic society. Houghton Mifflin, 1964.

务供给，不仅要全覆盖而且要体现公平正义原则，让有能力且有意愿留在城市的乡城流动人口能在城市体面工作生活。鉴于乡城流动人口这一群体数量仍比较庞大，从名义城镇化率和户籍城镇化率的差别，可以估算当前仍有2亿多乡城流动人口及其随迁家属短时间内不可能全部加入城市户籍，因此现有阶段让乡城流动人口享受城市福利大体可以沿着两条线索展开：户籍制度改革和推广居住证制度。户籍制度改革应遵循不断降低落户门槛的思路，让有意愿且有能力城镇化的乡城流动人口有更多机会加入城市户籍从而获取同城同待遇。居住证针对因各种原因暂时不能获取城市户籍的乡城流动人口，通过居住证加载城市公共服务功能，让该群体在城市体面工作和生活，初步实现城市空间权利的公平正义。

2. 从“权利进城”到“精神进城”。

“权利进城”是乡城流动人口融入城市生活的基础，“人”的城镇化的最终目标是乡城流动人口精神层面的“城镇化”，落实到乡城流动人员个体，则可进一步表征为“人”的现代化过程，即接纳城市文明，适应城市具现代化特性的生产生活方式的过程。

从现实看，所有的人，无论身处乡村的人群还是乡村进入城市的人群抑或原本在城市的人群，其身上并不拥有完全的“传统性”或“现代性”，均是两者并存的综合体，只是乡村人多些“传统性”，城市人多些“现代性”而已。因此，乡城流动人口的“人”的城镇化要实现城镇化中的先进制度与“人”的现代化素质相匹配，就需要构建相应的扶植机制，通过制度化渠道帮助城镇化进程中的乡城流动人口逐步减少传统性、增加现代性，消除个人身上乡村“传统性”与城市“现代性”之间的紧张感，成为具有现代意识的现代公民。

但是“人”的精神世界的改造必然是比较缓慢甚至漫长的，需要经过一代甚至几代人，尤其我国仍是发展中国家，有大量待转移农村人口，城乡二元结构突出，国民素质参差不齐，因此“人”的城镇化过程一定是分层次、分阶段、分步骤的。

综上所述，推动乡城流动人口实现“人”的城镇化的过程是人与制度互动的过程，是借助城市公共生活的参与平台，让乡城流动人口通过制度化的渠道获得平等的经济、社会和政治权利，塑造具有公共精神、权责意识的现代公民、实现“人”的现代化的过程。

本书之后相继展开的篇章试图利用流动人口数据梳理人口流动的脉络，运用结构化思维把握乡城流动人口内部异质群体间的城镇化意愿影响因素及社会融合状况，精准施策。最后以新型城镇化时代新背景、传统城镇化向新型城镇化转变的过渡性特征为衬托，对照“人”的城镇化相关政策实施进展，引发“人”的城镇化政策数量与政策实施效果之间反差的疑问，从客观存在的“文化堕距”和政策利益相关各方的博弈角度回应这一疑问。根据制度动力变迁理论“观念—制度”的过程考察，以“增权赋能”为核心，为乡城流动人口提出“人”的城镇化的制度设计方案。

第三章

流动中国：城镇化进程中的人口流动

第一节 人因何流动

任何理论的萌芽、发展都来自对现实世界所观察到的各种现象的追问。人口迁移理论也不例外。人口迁移理论的产生和进展与人类近现代史上工业化、城市化中人口空间再分布和产业空间的再布局密不可分。起源于工业革命至今仍在持续中的人口空间再分布、产业再布局背后的动因、机理如何？给宏观层面的经济社会带来影响几何？给微观层面的各市场主体，包括个人、企业、政府等带来何种变化和冲击？人口流动迁移未来的趋势如何？以上问题引起不同学科背景的理论工作者们的兴趣。

一、人口流动迁移理论及述评

西方较早开启工业化进程，工业化进程中劳动力流动速度加快，规模不断扩大的现象引起理论界关注。西方的人口流动迁移理论、模型和假说十分丰富，其中对考察乡城流动人口现象具有一定影响力的理论有：推拉理论、城乡二元经济结构理论、迁移投资与收益理论、农业人口迁移理论、人口再分布与经济发展理论、经济因素人口迁移模型、人口移动转变学说、劳动力市场分割理论、新经济迁移理论和社会资本理论等。

（一）人口流动迁移的相关理论

1. 推拉理论。

“推拉理论”模型在人口迁移领域被广泛应用，最初源于雷文斯坦（1889）的“迁移定律”，认为人口流动迁移的目的在于改善经济状况。在迁移定律的基础上，唐纳德·伯格（1959）提出较为系统的人口迁移理论——推拉理论。推拉理论认为，在个体理性选择假设下，人口倾向从不利于生活条件改善或个人发展的原居住地迁出，迁入有利于自身生活条件改善或个人发展的地区。由此形成人口流动迁移的两股来源不同、方向一致的作用力：其一是迁出地的推力，是引起人口流动迁移的消极因素；其二是迁入地的拉力，也是引起人口流动迁移的积极因素，两者共同作用，最终形成了人口的流动迁移。最初的推拉理论认为，人口流动迁移是由于迁出地和迁入地的工资差异，之后在“推－拉”这一分析框架内，“推力”和“拉力”的来源不断丰富，包括收入、职业、生活条件、社会环境等。“推拉理论”对人口流动现象进行了初步归因，但仅停留于人口流动的“现象级”的规律性总结，对人口流动背后的深层次机制的挖掘与探讨显然不足。

2. 新古典经济理论。

新古典经济理论主要代表是刘易斯、拉尼斯－费景汉、托达罗的城乡人口流动模型。刘易斯首先构建了二元经济结构发展模型，为人口迁移理论研究提供了经济学分析框架。之后，在刘易斯理论基础上，拉尼斯、费景汉、托达罗进一步研究，逐步丰富了人口迁移理论。

刘易斯（1955）从经济结构视角将发展中国家分为以传统农业为代表的落后部门和以工业为代表的先进部门。由于发展中国家资本稀缺且农业部门劳动力十分丰富，农业的劳动边际生产率可以降低至零甚至负数，因此农业部门沉淀大量劳动剩余。作为先进部门的城市工业相比农业部门拥有较高的工资水平，收入的落差自然使农业部门的剩余劳动力向城市流动，这也是刘易斯认为人口乡城流动的主要动因。在此流动过程中，刘易斯认为只要拥有农业剩余劳动力这一前提，城市工业部门的劳动力即可实现无限供给，在工资不变条件下扩大再生产。以上是刘易斯对发展中国家工业化初始阶段劳动力流动的分析。而当农业剩余劳动力吸收完毕后，经济发展将进入新阶段，在该阶段农业劳动生产率提高，同时劳动力也成为稀缺要素，原先落后农业与先进工业的二元结构趋向一元。其进程可由图3－1说明。

刘易斯的城乡二元结构理论首次将经济增长过程中工业化、资本积累和劳动力转移有机结合起来考察，纳入统一分析框架，动态描述了三者之间的互动关系，对研究发展中国家的工业化、城市化及该进程中的人口流动提供了一个全新的理论视角。

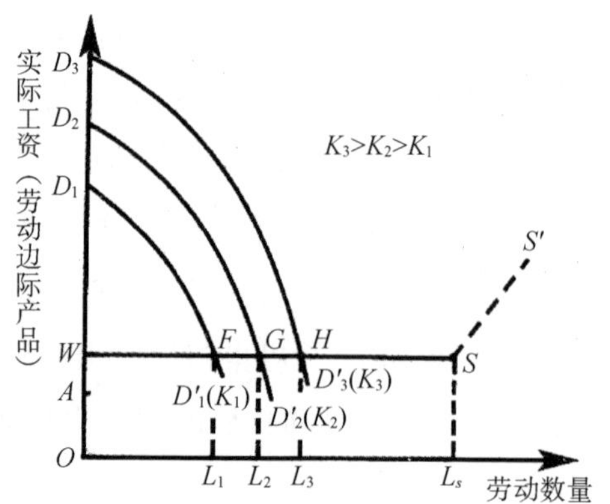

图 3－1　刘易斯城乡人口流动模型

拉尼斯、费景汉（1957）沿袭了刘易斯二元经济结构的分析起点，同时指出刘易斯模型的两大缺陷：一是忽视了农业在工业化进程中的重要性；二是忽视了农业劳动力向工业流动的先决条件是农业拥有剩余产品。拉尼斯和费景汉发展并深化了刘易斯的理论，建立了修正后的刘易斯模型。

拉尼斯和费景汉将发展中国家经济发展区分为三阶段。第一阶段，当农业的边际劳动生产率为零，此时农业部门的剩余劳动力流出且不减少农业总产出，因劳动力流入工业部门，工业部门扩张；第二阶段，当农业总产出因农业劳动力减少而减少时，将引发农产品价格和城市工资上涨，工业部门劳动供给曲线弹性渐小，剩余劳动力吸收完毕前，其流动受阻，工业部门扩张停止；第三阶段，出现扩张的工业与停滞的农业并存。因此在拉尼斯－费景汉模型中，为避免第二、第三阶段的劳动力转移进程受阻，须具备两大必要条件：一是保证农业生产率增长，二是农业生产率与工业生产率要同步平衡增长。满足这两大条件，劳动力转移过程才不致停滞，国民经济二元结构才能顺利向一元转换。

拉尼斯－费景汉模型是对刘易斯模型的继承批判和发展，在政策上提醒发展中国家工业化进程中不可忽视农业，工业部门的技术创新要防止因资本密集的倾向而挤出劳动力。该理论对发展中国家劳动力的城乡顺利流转，进而消除城乡二元经济结构，实现经济增长有一定的借鉴意义。

西方发达国家工业化、城市化进程中伴随生产要素的重新配置，劳动力从农业中的释放，深化了分工，反过来促进工业化、城市化。刘易斯、拉尼斯、费景汉以发达国家的历史经验为蓝本，构建的劳动力转移模型试图解释工业化进程的人口流动机理。但刘易斯－费景汉－拉尼斯模型对发展中国家城市失业与农村劳动力过剩并存的现实缺乏说服力。托达罗模型则对该现象作出理论回应。托达罗引入了心理预期因素，认为并非城乡实际收入差异而是预期收入差异促使人口流动。托达罗论证了就业概率、工资水平及迁移成本是决定乡城人口流动的主要诱因，农村剩余劳动力将权衡城市收入与就业概率，将两者计算出的城市收入加上迁移费用再与农村收益对比，从而作出是否从乡到城流动的决策。因此托达罗模型表明，在城乡预期收入落差很大情况下，人口流动率完全有可能高于城市工作机会增长率，农村剩余劳动力与失业并存现象有其合理性。

以上三种劳动力转移模型为发展中国家的人口流动提供了理论解释框架，但其研究假定各自存在缺陷：刘易斯模型暗含的工业部门就业创造率、劳动转移率与资本积累率成正比例关系这一假设不存在，实际上现代工业部门资本增量后，会倾向资本密集型，就业机会不会同步增长；刘易斯模型和拉尼斯－费景汉模型均假设农村存在剩余劳动力，城市无失业，该假设不符合实际情况；刘易斯和拉尼斯－费景汉两个模型中现代工业部门工资水平保持不变的假设也缺乏现实意义；拉尼斯－费景汉模型假定在第一、第二阶段，尽管农业生产率提高，农业劳动者收入保持不变的假设，难以被发展中国家印证。托达罗模型中，农业部门无剩余劳动力假定和城市失业人口无返流农业的假定均不符合现实。当然，三种模型的不足之处得到批判的同时，不可否认它们对发展中国家人口流动与工业化、城市化的关系研究作出了突出的贡献。

3. 新迁移经济理论。

新迁移经济理论对新古典经济学理论的假设和结论提出挑战。新迁移经济理论不认可新古典经济理论把收入看作是同质的，质疑其暗含的“不论经济地位，收入效用不变”的假设。新经济学迁移理论认为人口流动迁移不仅可以提高绝对收入，更可通过与其他参照家庭相比，提高在流出地的经济地位，减轻被剥夺感。家庭的相对被剥夺感主要来自与参照家庭收入的比较。如果自己家庭收入没变化，而其他家庭收入提高，那么被剥夺感就产生了，由此也产生了通过迁移提高收入的激励。

该理论认为迁移决策并非个人作出，取决与自身利益相关的群体，如家庭的总体考量。基于家庭整体利益，不仅追求家庭总收益的最大化，还寻求风险最小化。于是家庭可通过不同成员在不同劳动力市场的方式起到分散风险的作用——部分在当地，部分在本国的其他地方，甚至部分在国外。若当地市场导致家庭缺少增收机会，也将进一步增强成员迁移的动力，迁移是提高所在社区里收入地位的一个途径。

4. 迁移投资与收益理论。

舒尔茨（1961）的人力资本投资理论将迁移费用视作人力资本投资，迁移发生取决于迁移成本与效益之比，迁移成本包括现金和非现金成本。如果迁移效益不足以覆盖迁移成本，那么迁移就不会发生。舒尔茨进一步解释了迁移人口中呈现的年龄分布特征，年龄大的迁移由于所能增加收益的时间短，预期收入较少，效用低，倾向不迁移；相反，年龄小的迁移所能带来新增收益时间较长，预期收入较高，因而更具迁移倾向。斯达科进一步运用舒尔茨的人力资本理论解释迁移动因，认为迁移行为的发生取决于迁移净收益，即迁移的行为被看作“投资”行为，是个体对迁移投资的核算。

5. 农业人口迁移理论。

农业人口迁移理论由戴尔·乔根森（1967）提出，并建立了乔根森模型。该模型将存在“农业剩余”“农业总产出与人口增长一致”视作农村剩余劳动力转移的前提条件。在此前提下，乔根森指出农业人口向非农部门流动的根本原因在于消费结构的变化：人们对农产品的需求量缺乏弹性，而对工业品的需求则是无限的，因此随着消费需求变化，将导致工业品需求大大高于农产品需求，生产要素将配置到工业部门，于是剩余劳动力从农业转移到工业是消费需求变化的必然结果。

6. 人口再分布与经济发展理论。

该理论由库兹涅茨（1951）提出。库兹涅茨将人口流动、再分布视作是迁移人口对经济机会变化的适应性结果，认为区域经济发展水平差异是人口流动的最重要的驱动力。其中，库兹涅茨尤其突出了技术在其中起到的决定性作用，认为在农村部门，农业技术进步减少了农村劳动力的经济机会。在城市部门，工业制造业技术进步会通过工业化、城镇化对人口布局发生影响，故人口流动是适应区域、行业经济水平差异的一种机制，这种机制长期看有利于经济结构调整。因此，库兹涅茨主张降低人口迁移成本，使人口分布与生产力发展水平相协调，有利于经济长远发展。

7. 经济因素人口迁移模型。

通常人们认为迁移最重要的诱因是经济因素，其中区位选择、预期收入、就业机会等问题将贯穿迁移决策始终。卡林顿建立了一个基于经济因素考量的简单人口迁移模型，利用均衡分析方法将迁移决策过程的经济因素囊括进去。

该模型假设个人能自由选择在城市或农村居住，当到城市工作的未来收入的预期贴现值大于在农村工作的预期贴现值与迁移成本之和，则迁移将发生。在此迁移过程中，卡林顿的模型显示：随着某区域迁移人口持续增加，准迁移人口的迁移成本将逐步下降，卡林顿给出的理由是：先迁移人口会为后来者找工作、进入收入更高的领域等提供信息和便利。这样的迁移过程将持续到城乡边际收入差距小到潜在农村移民迁移与不迁移无差距为止。对于均衡状态下的农村潜在移民而言，城乡收入差距的贴现值恰好等于迁移成本加农村收入损失的预期贴现值。

8. 人口移动转变学说。

由美国地理学家韦勒·布泽林斯基提出。认为人口迁移规律要与经济社会发展以及人口出生死亡率相结合进行考察。泽林斯基将经济社会发展阶段划分为工业化前传统期、工业化转型早期、工业化转型晚期、发达的后工业化期及现代化社会期，并就各阶段的经济社会发展状况和出生死亡率系统总结了经济社会不同阶段人口迁移流动的类型和规律。

工业化前传统期，生产力水平低，出生率和死亡率都高，人类活动空间改变多为与灾害、宗教、战争等有关的非永久性迁移。在工业化转型早期，生育率迅速提高，开始出现大规模由乡到城的人口迁移，城市化开始发展，流动类型丰富，人口结构分化，人口扩张对城市和交通尚未形成压力。在工业化转型晚期，人口出生率下降，乡城人口迁移率下降，短期流动形式复杂多样。到发达的后工业化阶段，人口自然增长率稳定，人口迁移总量减少，国内迁移主要是来自欠发达地区的无技能或半熟练工人，熟练工人和技术人才的国际间迁移流动明显。由于交通设施改善，短暂流动增加，流动原因多为经济、娱乐等目的。到现代化社会阶段，经济社会发展到较高阶段，交通更加便利，城际间的人口迁移仍保持一定增长，流动形式发生变化，部分流动形式占优，另一些则收缩。

9. 社会资本理论。

20 世纪 30 年代，社会学家意识到网络对提高国际迁移的重要性（Gamio，1930），利用已经迁移的亲人朋友的社会关系，未迁移者可获得有助迁移的信息和资源。Charls till（1967）指出这些关系为迁移者提供了支持，Mac Donal（1974）称其为“迁移链”，Mildred（1973）则称之为“家庭朋友效应”，Edward（1975）将其视作经济的“迁移资本”，Massey（1987）则首次将迁移网络作为社会资本的一种形式。该理论常用于分析国际移民现象。

迁入地区的首个移民没有社会资本可以利用，其迁移成本高昂，尤其是没有合法身份的异国迁移。当首个移民留下了，之后潜在的朋友亲戚迁移成本会逐步下降。这是由于亲友结构的天然特点，每个新移民都能产生一套目的地的社会纽带——移民不可避免要与家乡未移民发生联系，后来者利用亲友关系找到工作或在目的地得到帮助。

社会网络使迁移成为一个分散风险或实现效用最大化的极具吸引力的策略。若移民网络发展得很好，迁移者容易获得目的地的工作和相对稳定的收入回报。每个新移民拓展的社会网络均降低了迁移费用和迁移风险，最终使移民分散，家庭劳动收入来源变得无风险和无成本。

10. 劳动力市场分割理论。

劳动力市场分割理论阐释了迁移者就业稳定性和流动迁移行为之间的互动关系。该理论认为，由于社会和制度性因素的作用，劳动力市场被分割成了两部分。主要劳动力市场能够提供较高的工资、较好的福利，较有利的发展前景，就业人群多为人力资本较高的本地人口或较为突出的流入人口。次级劳动力市场的工资低、环境差、不稳定，就业人群多为落后地区或农村地区迁入的人口。

在劳动力市场分割的情况下，虽然流动人口的工资水平和生活条件相比迁出地得到了改善，但是在流入地被长期限制在边缘或高危行业，故存在流动的不稳定性，通常会向更好地区流动，或者返回原居住地，或者等待寻求合适的发展机遇。不同的地区存在不同程度的劳动力市场分割，因而人口在不同地区之间的流动也增加了人口流动的复杂性。

（二）综合的解释框架

上述理论呈现的因果机制在多重集合层面。各种解释并不自相矛盾。

古典的推拉理论强调流入地和流出地的工资差异是迁移的动因，经济因素确实是人口流动迁移的主要因素，但推拉理论更多是对人口流动“现象”进行规律性的描述，缺乏假设检验和严密的论证，在理论的科学性上存在缺陷。

刘易斯、拉尼斯－费景汉和托达罗模型均以发展中国家工业化、城市化进程中的城乡二元结构为研究基点，皆具结构主义色彩；三者都以人口流动为主线，通过人口流动透视工业化、城市化进程中的城乡关系，涉及工资、收入、农业、工业、资本、技术等。但在分析方法上，刘易斯采用了新古典经济学的边际分析方法，模型中将资本积累视作经济增长的决定性因素，显然又继承了古典经济学的思想。拉尼斯、费景汉则批判性地发展了刘易斯模型，新古典经济学的分析比重增大。托达罗引入心理预期对失业与农村剩余劳动力流出并存的现象展开分析，表现出明显的新古典经济学的倾向。

迁移投资与收益理论提供了一个微观分析框架，从古典经济学一般均衡角度分析人口迁移决策中的“成本－收益比”。乔根森的农业人口迁移理论在新古典主义框架内分析了工业对农业部门的依赖，并从消费需求与工农产品的关系得出人口流动的原因。该理论运用新古典经济学分析方法，以新假定和新角度考察人口乡城流动，提出消费需求变化导致人口流动的观点，有耳目一新之感。但该理论继承的是马尔萨斯的人口论观点，而马尔萨斯的人口论已被证明不符合发展中国家实际；其次，该理论对粮食需求收入弹性为零的假定，也与现实相去甚远。由于假设前提不尽合理，削弱了其理论的说服力。

库茨涅茨的人口再分布与经济发展理论将人口流动迁移作为地区间经济发展差异的结果，人口流动迁移与经济发展不平衡也存在互动效应，人口流动的合理有序有助于缓解区域差异。

卡林顿模型依然未跳出城乡二元结构框架，但对迁移过程中经济因素的考虑比之前的研究者更为全面和细致，用贴现的概念衡量迁移决策的行为更加准确，同时他捕捉到了经济学研究往往忽略的移民区域随着移民增多，移民成本不断下降这一现象，并作出了合理解释。在农村向城市迁移过程中，新移民寻找工作多得到已在城市落脚的移民的帮助，这较好地解释了移民聚集、扎堆的现象，揭示了移民中人口迁移中存在的正外部性。该理论描述了不同历史发展阶段人口流动迁移的主要特征，有一定说服力。但对人口流动迁移的驱动力研究不足，对人口数量变化的把握也有片面之处。

以上理论均遵循古典经济学的理性人假说，将人们迁移动机归因个体利益的最大化。但着时代的变迁和发展，此类归因受到了挑战。新迁移经济理论作出新补充，认为人口流动的个人决策不仅与个人收入水平的改善有关，同时与家庭息息相关，并受到更大生活单位的影响，如地区、国家等。短期的人口流动决策是在追求整个家庭最大经济利益和最小风险的考量下作出的，这在周期性往返迁移中可以得到验证。该结论对于家庭观念较重的国家和地区具有一定解释力①。新迁移经济理论提出“相对剥夺感”概念，用以解释家庭成员通过走出去获得更多收入的激励来自与本地其他家庭收入的比较。

在绝大多数的迁移理论中，经济因素被认为是最核心的因素，分歧主要在于经济因素如何引发迁移的因果链。随着迁移人群规模的扩张，人们发现迁移行为的产生并不仅局限于经济因素，其中社会资本理论是迁移行为的社会学解释中比较具有代表性的理论。社会资本理论早期用于解释国际移民现象。移民社会网络形成社会资本，降低后来者的迁移风险，从而使迁移更具吸引力。因此从社会资本理论可以引申出：若能构建一套降低迁移风险的制度，则可以动态地创造从富余到稀缺的地区的新的劳动力流向，这也为政府调控、规制人口流动的可能性提供了理论支持。

二、中国人口流动迁移的研究热点

处于城镇化进程中的中国，尤其 20 世纪 80 年代后，人口流动迁移已

① Massey D S, Espinosa K E. What's Driving Mexico - U. S. Migration A Theoretical, Empirical, and Policy Analysis [J]. American Journal of Sociology, 1997, 102 (4).

成为中国“现象级”事件，“三重转型”中的中国人口流动迁移与西方国家的人口迁移相比，迁移背后的经济社会环境错综复杂得多，派生出诸多具有中国特色的学术研究点，大致形成“人口流动决策机制分析”“人口流动分布特征的研究” “人口流动与经济社会交互影响研究” 等三大研究领域。

（一）人口流动决策机制研究

学者们对人口流动决策机制的研究多采用实证研究方法，依据实践观察到的影响因素进行回归分析。已有的成果中，变量选取既有共识也具差异，差异主要源自研究者的学科背景和研究偏好。比较经典的变量有人力资本、家庭结构、地区间的经济收入差异、移民的社会网络等；近年来环境导向、生活方式选择等因素也被纳入到移民决策的研究中。

从个体角度来看，农民外出决策的主要影响因素包括经济收入、人力资本、工作机会的选择等①，其中影响最深远的仍然是“推拉理论”，在国内外文献中都不鲜见。从“推力” 和 “拉力” 存在的形态来看，这些力的来源多种多样，发挥多元的功能②③④⑤⑥⑦⑧。但经济因素仍是被普遍认可的最重要的影响因子之一，发达地区对于欠发达地区劳动力有着天然的吸

---

① De Jong G F：Expectations，Gender，and Norms in Migration Decision – Making [J]. Population Studies. 2000，54 （3）：307 –319.

② Hooghe M，Trappers A，Meuleman B，et al：Migration to European Countries：A Structural Explanation of Patterns，1980 –2004 [J]. International Migration Review. 2008，42 （2）：476 –504.

③ Ryan L：I had a sister in England：Family – led migration，social networks and Irish nurses [J]. Journal of Ethnic and Migration Studies. 2008，34 （3）：453 –470.

④ Gubhaju B，De Jong G F：Individual versus Household Migration Decision Rules：Gender and Marital Status Differences in Intentions to Migrate in South Africa [J]. International Migration. 2009，47 （1）：31 –61.

⑤ Stöhr T：Siblings' Interaction In Migration Decisions：Who Provides For The Elderly Left Behind? [J]. Journal of Population Economics. 2015，28 （3）：593 –629.

⑥ Huinink J，Vidal S，Kley S：Individuals' openness to migrate and job mobility [J]. Social Science Research. 2014，44：1 –14.

⑦ Bover O，Arellano M：Learning About Migration Decisions From The Migrants：Using Complementary Datasets to Model Intra – Regional Migrations In Spain [J]. Journal of Population Economics. 2002，15 （2）：357 –380.

⑧ Shen Jianfa. Internal Migration and Regional Population Dynamics in China [J]. Progress in Planning，1996 （45）：123 –188.

引力，迁移个体衡量流动前后的价值期待，为了追求更高的经济回报发生流动和迁移。但越来越多的研究发现，优质的医疗、教育等公共资源成为除经济因素外越来越重要的一股“拉力”[①]（肖周燕，2010）。

值得注意的是，李强（2003）等的研究强调了推拉理论在中国运用时的特殊性。这种特殊性表现在户籍制度扭曲了流动人口的流动决策，导致一般意义上的推拉规律在中国失效。在户籍制度影响下，流动人口的决策不仅基于经济、社会环境等方面的考虑，同时也有生活预期、心理定位和生命周期等方面的考量[②]，进而在乡城流动人口中分化出留居城市和未来返乡两种生存策略。因此，农村人口流动指数与人口总量、流出存量呈负相关，与经济总量、流入存量呈正相关。农村人口流动是农村人口应对人口压力的一种表现，流动方向由人口压力梯度决定[③]（高更和，2015）。

早期对人口流动的研究仍限于个体迁移，近年来家庭化迁移越来越成为明显的趋势[④]（顾朝林，1999）。统计显示，2014 年家庭式迁移比重已达 70%[⑤]（盛亦男，2013），家庭式迁移得到理论界越来越多的关注。盛亦男（2013）从理论上阐释了传统文化和制度是影响乡城家庭式迁移的两大根源，前者是家庭式迁移的推动因素，后者因尚未打破城乡二元体制和中国土地制度安排成为家庭式迁移的阻碍因素。不少学者或从劳动力个体特征层面（性别、年龄、文化程度等），或从家庭层面（如子女个数、婚姻状况等）、或从社会层面（社会网络）、或从经济层面（收入、迁移距离与成本等）实证考察各个因素对家庭式迁移的正向或负向的关联[⑥⑦]（崇

---

① 肖周燕．人口迁移势能转化的理论假说——对人口迁移推 - 拉理论的重释［J］．人口与经济，2010（6）：77 - 83.

② 李强．影响中国城市流动人口的推力与拉力因素分析［J］．中国社会科学．2003（1）：125 - 136.

③ 高更和，罗庆．中国农村人口省际流动研究——基于第六次人口普查数据［J］．地理科学．2015（12）：1511 - 1517.

④ 顾朝林．中国大中城市流动人口迁移规律研究［J］．地理学报．1999（3）：204 - 212.

⑤ 盛亦男．中国流动人口家庭化迁居［J］．人口研究，2013，37（4）：66 - 79.

⑥ 崇维祥，杨书胜．流动人口家庭化迁移影响因素分析［J］．西北农林科技大学学报（社会科学版），2015（5）.

⑦ 熊景维，钟涨宝．农民工家庭化迁移中的社会理性［J］．中国农村观察，2016（4）：42 - 57 + 97 - 98.

维祥，2015；钟涨宝，2016）。城乡的家庭式迁移对城市流动人口公共服务提出更高要求，构建“家庭友好型”社会政策环境[①]（吴帆，2016）成为提升城镇化质量的重要切入点。

（二）人口流动分布特征的研究

首先，总量特征变化。中国流动人口从80年代起逐渐增长，到1992年，中国特色社会主义市场经济体制确立后，私营企业蓬勃发展，流动人口呈井喷式增长，持续到2010年后流动人口增长态势趋缓，从2010年的5.4%降低到了2016年的1.9%[②]，2015年后学界基本形成中国农村剩余劳动力到达“刘易斯拐点”的共识。

其次，流动人口空间分布非均衡程度加剧[③]（王海龙，2016）。我国人口分布总体遵循“胡焕庸线”，而流动人口的区域分布也基本遵循“胡焕庸线”：自西向东逐步稠密。从农村地区流入城市、从较落后地区流入较发达地区的现象较为普遍，流动人口流出流入地分布与地区所处地理经济版图直接吻合，体现“强者更强”的特征。中部和西部地区的迁出水平则具一定区域差异[④]（蔡昉，1995）。西部地区相比于中部地区的迁移成本高，且西部地区人口存在更强的闲暇偏好，在一定程度上抵消了收入增加对流动的正向效应。

最后，人口流动的分布特征出现新特点。其一，省内聚集和回流聚集成为新趋势[⑤]（余运江，2016）。尽管跨省流动规模很大，但近年来省内流动人口的规模更大，尤其中西部地区城市的省内流动强于跨省流动，说明人口在向东部发达城市流动的同时也出现较大规模的回流，且较多回流至家乡省会城市或本省经济较发达城市。东部地区2012年农民工增长率2.7%，同期西部地区农民工增长率达6.2%，增速是东部地区的两倍多，

---

① 吴帆．中国流动人口家庭的迁移序列及其政策涵义［J］．南开学报（哲学社会科学版），2016（4）：s103－110.

② 国家统计局农民工监测数据。

③ 王海龙．1982年以来中国人口流动对经济的影响研究［J］．工业经济论坛．2016（6）：670－677.

④ 蔡昉．人口迁移和流动的成因、趋势与政策［J］．中国人口科学．1995（5）：8－16.

⑤ 余运江．中国流动人口空间分布格局与集聚状况研究［J］．南方人口．2016（5）：57－69.

西部流动人口增长呈追赶之势；其二，进一步考查东部人口流入聚集地则发现，大部分的东部城市群大规模的人口流入和人口流出并存，该双向流动对城市群内部人口不均衡性的改善发挥重要作用，在一定程度上促进东部地区和发达城市的人口流动动态平衡①（纪韶，2014）。

（三）人口流动与经济社会交互影响研究

学者们关于人口流动对经济社会的影响这一议题的观点较为一致，从辩证角度看，人口流动对经济社会发展具有正负双重效应。

一方面，人口流动有助于推动现代化进程。人口流动能够加快城镇化速度，带动农村经济发展，有利于城乡间的要素交换和商品流通进而带动就业、收入提高以及促进社会融合②③④（徐林，2016；陈国成，2009；陈任禹，2003）；大规模的人口流动甚至可能改变人口重心、经济重心和城市体系结构。流动人口移动的过程意味着人口由落后地区进入发达地区，生产效率和收入水平提高，消费习惯和消费水平改变，传统的农业生产方式转向工业化和信息化，因而势必推动地区甚至整个国家的城市化和现代化进程⑤。

另一方面，人口流动引发城乡治理困境。从流入地看，流动人口短时间涌入可能扰乱流入地的经济社会秩序：大规模的人口流动加重了流入地基础设施的负荷，加大了城市的环境和资源的承载压力，同时流动人口的不稳定性可能对城市的治安产生隐患，加剧流动人口和城市本地人口之间的矛盾和冲突，增大流动人口的融入难度，提高城市管理难度。从流出地看，人口流动对流出地产生巨大冲击：青壮年流失，偏远农村和乡镇空心化、凋敝化现象突出，并滋生出留守儿童、留守老人等社会问题，以上种种给农村基层社会治理带来严峻挑战⑥⑦（崔雯雯，2010；付晓东，2007）。

---

① 纪韶．中国城市群人口流动与区域经济发展平衡性研究［J］．经济理论与经济管理．2014（2）：5－16.

② 徐林．流动人口对经济增长影响的实证研究［J］．四川行政学院学报．2016（4）：67－72.

③ 陈国成．流动人口对社会经济发展的影响［J］．内蒙古农业大学学报．2009（5）：121－123.

④ 陈仁禹．河南省人口流动特点及对社会经济发展影响［H］．河南科学．2003（1）：122－126.

⑤ 付晓东．中国流动人口对城市化进程的影响［J］．中州学刊．2007（6）：89－94.

⑥ 崔雯雯．流动人口对社会经济发展的影响及对策研究［J］．现代经济信息．2010（6）：155.

⑦ 付晓东．中国流动人口对城市化进程的影响［J］．中州学刊．2007（6）：89－94.

但在人口流动的利弊权衡中，学者们认可利大于弊——人口流动给城市和乡村带来的失序状态只是暂时的，并且中国城镇化出现大量问题不单纯是城镇化进程中的人口流动引发，更深层次的原因与中国城乡分而治之的分割体制有关①②（刘传江，2011；关信平，2014）。

总体上看，中国发端于20世纪80年代的乡城流动大潮，通过增加流入地区的城镇人口数、减少原居住地的农村人口数来实现两地的城镇化水平提高③。因此，人口流动在一定程度上重构了中国的城镇化体系：一方面，流动人口对特大城市的偏好在一定程度上强化了特大城市在城镇体系中的突出地位，加剧了中等城市和大城市之间的规模分化；另一方面，中西部地区的人口流动具有分散化特点，因而这些地区的城镇化布局相对更均衡。但从增长极理论角度看，中西部城市极化效应尚未完全发挥，其城镇化布局的均衡只能是低水平的均衡。

第二节　中国的人口流动：1949年以来的历史、现状与未来

历史上看，前工业化社会大规模人口流动多来自战争、饥荒、自然灾害、国家动员等外在冲击，在没有外在冲击的情况下，人类大规模的人口流动的内驱力则与工业化、城镇化高度相关，工业化引发城市对劳动力要素的需求，在务工比务农的劳动报酬更高的利益诱导下，人口会由农村流入城市，并催生城镇化现象。新中国建立以来，中国的人口流动规模、方向均受到内在的工业化需求的自发力量和外来政府行政干预的双重作用力。

---

① 刘传江，董延芳．农民工市民化障碍解析［J］．人民论坛，2011（26）：42－43．

② 关信平．中国流动人口问题的实质及相关政策分析［J］．国家行政学院学报，2014（5）：70－76．

③ 刘涛．中国流动人口空间格局演变机制及城镇化效应［J］．地理学报．2015（4）：567－581．

一、新中国成立以来我国不同时期的人口流动（1949—2010 年）

（一）20 世纪 50 年代至 1978 年：服从国家意志的人口流动

新中国成立至改革开放前夕，我国人口流动的显著特点是以国家有组织、有计划的迁移为主，自发迁移少。城乡之间严格的人口户籍管理制度支撑了国家对人口流动的管控，但归根到底对人口流动的限制实质是计划经济体制下的产物。

这一时期城乡之间人口流动渠道狭窄，以政策调控下的流动为主，期间发生的两次较大规模的人口迁移，均配合了国家战略政策的需要。

第一次发生在 20 世纪 50 年代。1957 年之前国家未实施人口流动管控政策，随着新中国成立后国民经济复苏，乡村人口自发流入城市。数据表明，1950—1957 年，我国城镇人口新增 4184 万人，其中 60. 8% 属于机械增长①。1957 年后，由于农村人口大量流入城镇，城镇粮食供应吃紧，当时优先发展就业弹性低的重工业导向使城镇就业容量不足。1957 年底国务院发出《关于制止农村人口盲目外流的指示》，开启了人口流动管制，1958 年出台的《中华人民共和国户口登记条例》则标志着人口流动进入严管时代，城乡人口流动壁垒形成。从流动区域看，20 世纪 50 年代是新中国成立后的第一波乡城流动大潮，流动方向依当年的国家经济战略布局，从东南沿海向以工业开发为重点的内陆和东北流动。为促进边疆地区和落后地区发展，政府动员青年投身边疆和落后地区建设，1949—1958 年 10 年间，共计 114 万人前往黑龙江、新疆、云南、海南等地，1958—1960 年又有 99. 7 万退伍军人及其 44. 6 万的随迁家属迁移到开发度低的落后地区②（见图 3 - 2）。

第二次人口大流动发生在 20 世纪六七十年代。20 世纪 50 年代末“大跃进”的浮夸风造成劳动力向非农领域转移，城镇人口激增，城镇就业压力骤增，国家开始通过一系列政策安排动员乡城流动人口返乡，扭转城镇

---

① 钟水印. 人口流动与中国经济社会发展［M］. 武汉大学出版社. 1999：108.

② 钟水印. 人口流动与中国经济社会发展［M］. 武汉大学出版社. 1999：108.

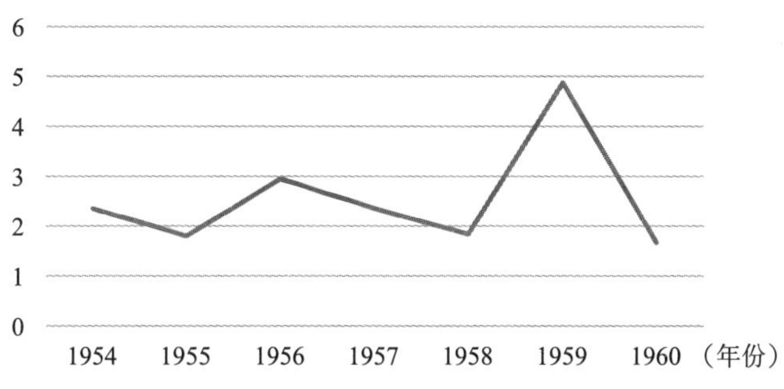

图 3－2　中国 20 世纪 50 年代人口净迁移率

人口膨胀过快局势。1964 年国务院发布《关于动员和组织城市知识青年参加农村社会主义建设的决定》，再次将农村作为缓解城镇就业难、农产品供应短缺的“避难所”。旋即，持续 10 年之久的文化大革命于 1966 年开启，上山下乡的青年构成流动人口的主力。据统计，当时仅知识青年就达 700 万人，约占全国城镇人口 1/10①，这部分人群陆续于 70 年代末、80 年代初大规模返城。此后，人口流动持续发生，规模不断增大②（见图 3－3）。

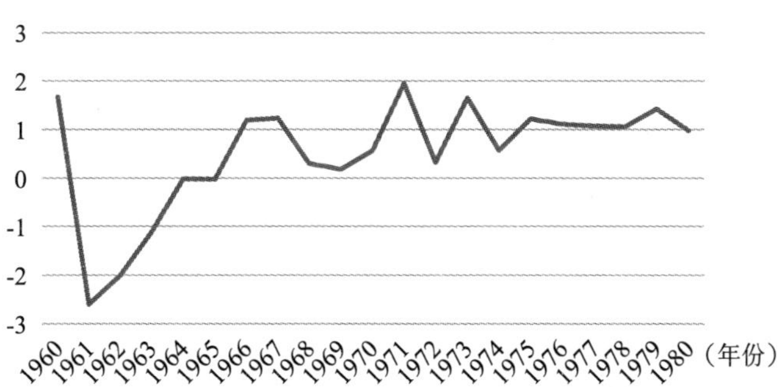

图 3－3　中国 20 世纪六七十年代人口净迁移率

该阶段总体表现出三大特点：一是以乡城间流动为主，人口在乡城之间大进大出，经历了从自由流动到严格控制的过程；二是人口的地域流向呈现从东南沿海向内陆、边疆流动，客观上促进了偏远地区生产力发展；三是大进大出的人口流动主要贯彻国家意图，服从国家高度计划的经济人

---

① 崔禄春．论“文化大革命”前的知识青年上山下乡［J］．北京党史．1999（3）．

② 赵乐东．新时期人口流动和流动人口的统计学研究［J］．经济经纬．2005（6）：80－83．

口布局以及政治运动需要，市场和社会力量引发的自发流动规模小、频率低，流动数量少。

（二）20 世纪 80 年代：经济复苏引发人口流动小高峰

20 世纪 80 年代，国民经济经过调整和改革逐渐恢复活力，乡镇企业发展迅速，加上我国人口政策逐渐放宽，大量农村人口向城镇流动，人口流动迁移的活跃度明显提高，1982 年，流动人口仅 657 万人，1987 年骤增至 1810 万人，1990 年进一步增长到 2135 万人，8 年间年均增速达 7%①（见图 3－4）。当时人口流动以省内流动为主，跨省流动规模不大。据统计，20 世纪 80 年代中末期，我国平均省内迁移率为 20%—30%②（见图 3－5）。同时，率先启动改革开放进程的经济发达的地区，如北京、上海、广东等地大量吸引人口流入，中部地区处于净迁出状态，西部地区的人口外流尚不明显。

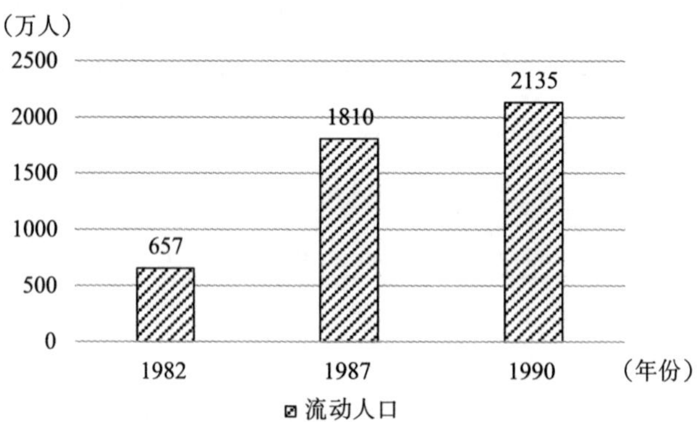

图 3－4　1982 年、1987 年、1990 年流动人口

根据 1987 年全国 1% 人口抽样调查数据分析，当时社会性流动人口约为 1000 万，占流动人口总数的 56%，社会性流动人口比重下降。由此可见人口流动已从改革开放之初城乡间人口政策严格管制下的社会性流动为主的时代，开始进入市场化的追求个体经济收益的经济性流动为主的时代。

① 国家人口和计划生育委员会流动人口服务管理．中国流动人口发展报告［M］．北京：中国人口出版社，2010．

② 中信建投房地产小组．零和博弈下的城市之战．金融界．2015（10）．

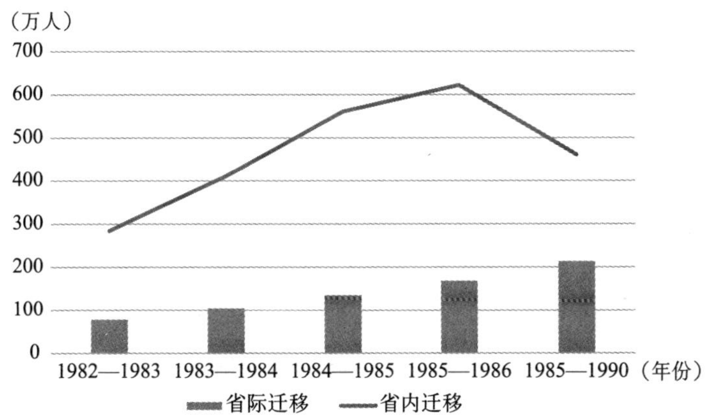

图 3－5　20 世纪 80 年代的省级和省内人口流动

（三）20 世纪 90 年代：人口流动呈“三大一小”分布

20 世纪 90 年代随着社会市场经济体制的确立，人口流动总量快速提升，流动的原因更加多元化，“务工经商”人口在流动人口中所占比例大幅提升。人口流动的分布也随着地区经济发展水平差异发生变化。总体而言，此时的人口流动呈现“三大加一小”态势，“三大”是指北京、上海、广州三省（市），“一小”是指新疆维吾尔自治区。北京、上海、广州三地由于经济条件和地理区位优势，吸引大量人口流入集聚，新疆维吾尔自治区受益西部大开发的政策引导作用，主要吸引西部和中部地区人口流入。

（四）2000—2010 年：流动人口规模急剧扩大

我国人口流动在进入 21 世纪之后开始迸发式增长。当一个国家或地区流动人口占总人口的比重稳定大于或等于 10% 时，可以确定该国家和地区进入移民时期。我国进入 21 世纪以来，每年都有超过 1 亿的流动人口，表明我国进入移民时期。第六次人口普查数据显示，2010 年我国流动人口总数达 2. 21 亿，约占人口总数的 16. 6%，相比于 20 世纪 80 年代初，我国流动人口规模增加了 30 多倍，流动人口的总量和比例都大幅度提高，人口流动的地区分布范围更广，流向更复杂。东部地区人口聚集力依然维持强势，流入人口占全国总流动人口的 82. 4%；中部地区处于人口净迁出，流动人口大多流向东部地区，跨省流动人口占比 32. 1%；西部地区的内部流动人口占本地区流动人口的大多数。与此同时，人口流动中心更加多级，北京、上海、广东、天津等地人口吸引作用持续增强，浙江、福建、江苏成为新的人口流动聚集中心。

二、2010 年至今中国流动人口的流动新特征

（一）流动人口总量已达到峰值，开始进入缓慢下降通道

根据 1982—2017 年流动人口规模的变化情况可以看出，我国流动人口总规模在 2015 年达到峰值后，开始下降，增速渐缓。流动人口增速下降的主要原因有三。其一，总人口的自然增长率下降。由于潜在的流动人口基数变小，增量下降，进而增长速度降低。其二，政策释放效应。新型城镇化处于推进中，中小城市户籍已经向农村放开，吸纳部分流动人口在中小城市落户。其三，区域平衡战略推动。新农村建设、乡村振兴和小城镇建设吸引流动人口回流。尽管 2016—2017 年流动人口规模下降，但流动人口的总规模仍然从 2010 年的 221.4 亿人增长至 2017 年的 244.5 亿人，增长超过 2300 万人（如图 3 –6 所示）。

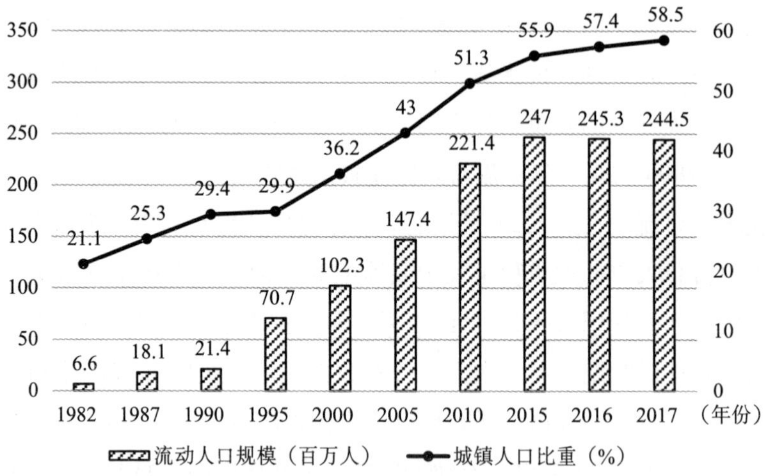

图 3 –6　我国流动人口规模和城镇人口比重变动趋势

数据来源：《中国流动人口发展报告 2018》。

资料来源：根据 1982 年第三次全国人口普查、1987 年全国 1% 人口抽样调查、1990 年全国第四次全国人口普查、1995 年全国 1% 抽样调查、2000 年第五次全国人口普查和 2005 年全国 1% 人口抽样调查、2010 年第六次全国人口普查、2015 年 1% 人口抽样调查数据计算。

（二）流动人口空间分布仍趋集中，但聚集城市有所更迭

流动人口聚集从“东西差异”转向“南北差异”，人口重心进一步南移。首先，与2000—2010年相比，2010年以来中西部人口回流使中西部常住人口与东部常住人口差距收窄，中西部出现更多的省内流动，流动人口的分布似乎均衡了，但事实上的人口流动方向更加集中，向一线、二线、三线及省会城市集中的现象更加突出（见图3－7）。其次，“南北差异”自2015年起显现。此前，南部城市新增人口比例约占60.7%，北部约占39.3%，2015—2017年，南部城市的新增人口占全国新增人口比重达78.7%，北部城市该比重仅为21.3%，南北相差近56个百分点。人口流入与人口流失可细分为以下类别。

1. 人口流入城市。

（1）龙头型城市。北京、上海、广州和深圳是当之无愧的龙头型城市。北京、上海的人口体量在全国数一数二，但面临人口调控，暂不列入人口流入类城市。广州和深圳属于一线城市，产业结构正处于第二产业比重下降、第三产业比重进一步提升阶段，第三产业对人的聚集力更强，因而这两个龙头城市仍有较大的产业吸纳空间支撑人口的持续流入。

（2）聚集提升型城市。大都市圈效应初显。主要包括东部沿海的二线和三线城市。长三角、珠三角在上海、广州、深圳的辐射带动下，周边相对发达地区城市（如上海周边的苏州、常州、无锡等，广东的佛山、东莞等，浙江的宁波等）形成城市群内部产业分工，在龙头城市的“涓滴效应”下，提升城市的聚集力，形成对流动人口的“拉力”。

（3）内陆“向心”型城市。主要包括中西部地区的省会城市（如成都、西安、贵阳、重庆、南昌、昆明、长沙等）。一方面，这些区域正处于“极化阶段”，不断虹吸周边城市要素，成为人口净流入城市；另一方面，随着西部大开发、中部崛起战略的推进，东南沿海产业逐步向内陆转移，中西部地区经济提速增量，流动人口回流或向中西部流动比例有所增加。数据显示，2015—2017年东部农民工净输入为1.2%，增幅回落，中部和西部的农民工净输入分别达2.6%和4.6%（参见表3－1）。

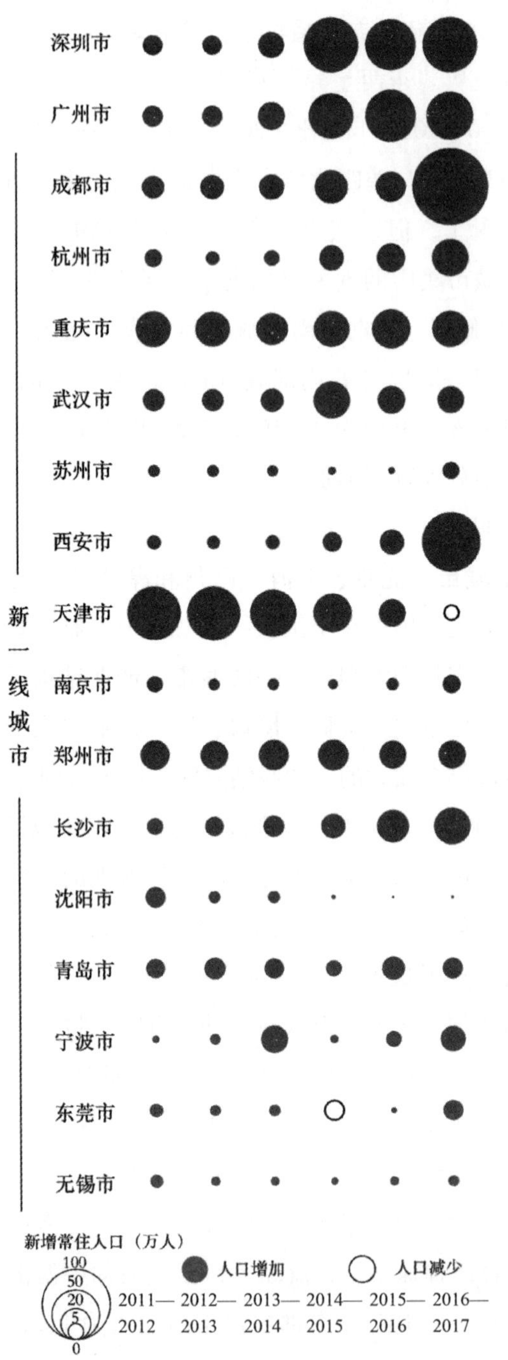

图 3－7　2011—2017 年重点城市常住人口逐年增量示意图

表 3-1　　农民工在输出地和输入地的区域分布　　（单位：万人）

地区	2015 年	2016 年	2017 年	增量	增速（%）
按输出地分					
东部地区	10300	10400	10430	130	1.3
中部地区	9174	9279	9450	276	3.0
西部地区	7378	7563	7814	436	5.9
东北地区	895	929	958	63	7.0
按输入地分					
在东部地区	16008	15960	15993	-15	-0.1
在中部地区	5599	5746	5912	313	5.6
在西部地区	5209	5484	5754	545	10.5
在东北地区	859	904	914	55	6.4
在其他地区	72	77	79	7	9.7

注：其他地区指港、澳、台及国外。

2. 人口流失城市。

（1）“铁锈地带”型城市。东北三省是中国“铁锈地带”的典型，类似美国当年的底特律、芝加哥等城市，因旧的重工业和能源资源型产业衰弱，新产业尚无法代位接棒，产业空间“塌陷”导致人口空心化。此外，东北三省作为共和国老工业基地，市场经济观念不强，旧体制顽固、牵绊也引发人口流失。2017 年黑、吉、辽三省人口分别减少 12.18 万人、20.29 万人以及 4.6 万人，合计减少 37.07 万人。部分中小城市人口流失更快，年均减少达 10 万人。

（2）政策压缩型城市。2017 年和 2018 年北京常住人口分别下降 2.2 万人和 16.8 万人，其中 2018 年降幅达 0.6%，上海 2017 年也迎来人口首降，常住人口减少 7.52 万人。京沪人口下降主要原因是人口调控政策。京沪作为一线城市，人口过度聚集，成为中国城市中的“巨无霸”，由于现有自然环境承载力不足和社会治理水平不高，产生“聚集不经济”，引发诸多“城市病”，在一定程度上抵消了城镇化带来的消费者福利。

（3）区域边缘型城市。区域边缘型城市多处于相对落后地区区域中心城市的周边，中西部地区尤为典型。由于中西部整体经济相对落后，中心城市通过汲取聚集周边要素成长，成为区域龙头，由此造成周边三线、四线城市人口严重流失。显著地表现为西部二线或省会城市周边的中小城市人口净流出。

尽管北京、上海在近年人口调控政策强力干预下，流动人口有所减少，总人口微降，但从长远看，随着产业结构的进一步调整以及科技进步，其经济社会自然环境的承载力会扩容增量，北京、上海有望再次进入人口净流入增长榜单。

三、中国人口流动对经典劳动力流动模式的遵循与分异

新中国成立以来，中国人口流动从20世纪50年代到70年代末有20年时间受与计划经济相适应的计划调拨控制，人口流动的自然规律被行政力量扭曲。直至1978年后，人口流动的管制逐步放松，行政力量逐步退出，让位于市场力量，人口流动的特点开始反映人口流动的一般规律，同时也呈现出中国国情的特殊性。

（一）中国人口流动对经典劳动力模式的遵循

新中国成立初期和改革开放后是中国人口流动管制宽松时期，这两个阶段，中国人口流动从乡到城，从落后地区到发达地区的流动方向表现出“经济－人口”的高相关关系，大体印证了库茨涅茨的“人口再分布与经济发展”理论。尤其改革开放以来，中国快速工业化进程中的“民工潮”亦强烈印证了刘易斯的“城乡二元经济结构”下，人口流动与工业化、城市化之间的关联：20世纪80年代，我国流动人口主要集中在东北老工业基地等资源丰富地区。进入90年代之后，东南沿海、沿江地区发展迅速，长三角、珠三角成为流动人口主要聚集地。近年来，中部崛起和西部大开发战略实施，中西部地区流动人口中的省内流动人口数量增加，跨省流动人口数量减少，相应地，东部地区流动人口规模有所收窄，人口流动呈现“分散下的集中”的多中心格局。进入21世纪，乡城流动人口的家庭式迁移增多，出于家庭整体收益考量的新迁移经济理论以及社会资本、人力资本、劳动力市场分割等引发的迁移理论都能部分解释中国当下的乡城人口

的迁移行动。

（二）中国人口流动与西方经典劳动力流动模式的分异

改革开放市场化导向确立之后，中国人口流动的表现与发达国家一致：体现了从乡到城，从“分散”到“极化”到“再分散”的过程，但中国人口流动的逻辑起点、影响机制却与西方经典模式有一定差异。

首先，经济社会结构及背景差异。中国不仅存在城市先进部门与农村落后部门的二元差别，即使城市中也并存先进部门和落后部门，区域生产力发展的不平衡也使城乡二元结构在发达地区与欠发达地区表现形式有所不同。“城乡二元结构论”固然在一定程度上揭示了城乡劳动力流动的本质，但中国人口流动之复杂仍不能简单用“城乡二元结构论”涵盖。

其次，劳动力供求的前提假设不同。刘易斯“二元结构”中劳动力的无限供给和需求是既定前提，但不符合中国场景。从劳动力的供给侧看，20 世纪八九十年代，农村积累大量低素质劳动力，工业化初期，大量劳动密集型产业尚能容纳低端劳动人口，但随着工业化深化，低素质劳动力不能对接发达地区产业转型升级需求。从劳动力的需求侧看，劳动力队伍中的科研技术人才和高端技术工人补给不足；同时中国的劳动力市场还面临着计划调控向市场调节的转型，户籍制度等阻碍劳动力流动的体制束缚。因此刘易斯的劳动力无限需求的既定前提在我国也不成立。

再次，影响机制有所差异。改革开放之后，尤其 1992 年社会主义市场经济确立后，中国乡城人口流动行为基本受市场机制支配，但处于同一城市的本地人和乡城流动人口通过身份管理、户籍管理和各种限制性规定被事实上划分为不平等的两个阶层，再通过与身份、户籍挂钩的福利进一步边缘化乡城流动人口。这种城市内部的“类二元体制”本质是一种城市空间内的“社会排斥”，被边缘的乡城流动人口对流入地城市往往难以产生“认同感”，加大了乡城流动人口群体流动的“平滑性”，“循环流动”现象应运而生。“循环流动”可以视作城乡分割体制扰动正常市场要素配置机制，由此内生出“半城镇化”现象继而引致的异常流动。故中国乡城流动人口迁移轨迹与西方经典乡城流动人口迁移轨迹既重合又有偏离，偏离的影响机制来自“二元分割”的体制性障碍。

四、中国未来 10 年流动人口向量的研判

（一）未来 10 年流动人口数量走向

依据诺瑟姆的城镇化发展“S”形曲线，30% 的城镇化率为城镇化初期，30%—70% 的城镇化率为城镇化快速发展期，70%—80% 为城镇化的成熟稳定期。其中，快速发展期又以 50% 为界，细分为城镇化的加速发展阶段和降速发展阶段。2018 年中国的城镇化率为 59. 58%，处于城镇化快速发展期的降速发展阶段。据测算，2030 年中国城镇化率将达到 70%，城市人口达 10. 2 亿[①]。按 2017 年 8. 1 亿的城镇人口，未来 10 几年中国城市仍要增加 2 亿人。

中国城镇人口增加主要由三部分构成：自然增长 + 乡城迁移 + 行政区划变动。任泽平（2018）利用 2012—2016 年的中国城镇人口数据分析，发现人口增量在以上三大来源的占比分别为 18. 6%、35% 和 46. 5%。照此推断，未来 10 年中国仍有 1 亿的乡城流动人口进入城市。

“聚集”依然是未来 10 年中国城镇化进程的主题词。尽管有人预言，中国进入高铁时代，高铁沿线的中小城市可能获得发展机遇，带来人流、物流、资金流并重塑大中小城市的人口格局。但李迅雷、杨畅（2017）考察了京沪高铁沿线城市，对其开通高铁前后的人口、GDP、财政收入和居民可支配收入四个指标进行对比，意外发现，事实上，沿线三四线城市在开通高铁后，其交通便利的优势并未带来经济利益上的好处，反而进一步拉大了省内发达与不发达地区的经济差距。从人口指标看，36 个城市有 21 个常住人口减少。可能的原因是便捷的交通进一步加大了中心城市对周边小城市的资源的虹吸。

（二）未来 10 年中国流动人口的“3 +2 +14”格局

由于中国的城市规模等级更接近位序 - 规模（刘盛和，2015），因此通过城市群内联动发展将是未来中国城镇化成长的主要路径。《中国“十

---

① 联合国. 2018 年版世界城镇化展望［R］.

三五”规划纲要》提出建设19个城市群（京津冀、长三角、珠三角、海峡西岸、山东半岛、长江中游、成渝、关中平原、哈长、辽中南、中原、北部湾、山西中部、呼包鄂榆、黔中、滇中、宁夏沿黄、天山北坡、兰州—西宁等）。截至2016年，该19个城市群GDP达67万亿，常住人口占比73.7%，城镇化率60%。

19个城市群中的“3+2+14”格局指：“3=京津冀+长三角+珠三角”“2=成渝+长江中游”“14=19-3-2的剩下的城市群”（任泽平，2018）。其中，京津冀、长三角和珠三角继续保持传统增长极优势，将成为我国参与国际竞争的最重要的平台；成渝和长江中游城市群辐射5个省份，将从原先的劳务输出地转身成为中部西部起飞的主要支撑；另外14个城市群中，可细分为五个量级：第一量级为“亿级类”，山东半岛城市群人口已近1亿人，有望与“3+2”共同组成6个“亿级”人口的城市群；第二量级为“5000万级类”，涵盖海峡西岸经济区、北部湾、哈长和中原，人口基数约在5000万左右；第三量级为“3000万级类”，主要在中西部和东北，包括辽中南、关中、黔中及滇中，人口在2000万到4000万之间；第四量级为“1000万级”，集中在西部和西北部的呼包鄂榆、兰州-西宁、山西中部三大城市圈；第五量级为“500万级”的小城市群，主要包括天山北坡和宁夏沿黄。

据任则平（2018）测算，我国19大城市圈2030年的常住人口占比约达74.6%，比2016年增加约1个百分点，其中“3+2+山东半岛+中原”的人口增量约占全部人口增量的3/5。

城镇化现象内生于以“规模经济”为特征的工业化进程。20世纪80年代后中国开启现代工业进程，产业结构的变动、经济发展水平势差为人口流动注入持续动力，人口流动基本符合“经济-人口”分布规律。基于效益导向的产业空间布局优化的要求，未来的单体城市竞争将转变为城市群的竞争，并在市场引力作用下引发人口向城市群集聚，城市群内部大中小城市人口规模的合理配置，是实现“产业-人口”的匹配协调，走“集约内涵式增长”的新型城镇化之路的必要条件。

第三节　中国新型城镇化的道路选择：适当聚集下的均衡城镇化

城镇化中的人口流动实质是人口再分布的过程，直接导致城市人口规模的变化，进而引发城镇体系空间格局的变化。中国改革开放40年走过的是一条非均衡的城镇化发展道路，人口向城市尤其向大城市转移的特征十分突出，但进入21世纪后逐步出现以“过密化”为特征的“大城市病”和以“空心化”为特征的“中小城镇病”，前者可称作“过度城镇化”，后者则可称作“低度城镇化”。若按70%的城镇化目标，未来10年中国城镇化仍需接纳近2亿的农村转移人口，消化2.1亿的乡城流动人口。在此进程中如何克服当下城镇体系中的“大城市病”和“中小城镇病”，选择一条有利于流动人口有序流动、有利于实现城镇体系人口合理分布的城镇化路径，是中国新型城镇化必须作出的选择，也是学术界必须作出的理论回应。

一、均衡城镇化是中国特色新型城镇化道路的必然选择

尽管官方的《新型城镇化纲要》中已经提出中国要走“大中小城市协调发展”的城镇化道路，但学界对于“小城镇”或“大都市”或“大中小城市均衡”发展的城镇化道路仍存一定争议。

走“小城镇化”发展道路的观点认为，大城市生活成本高，农民就地城镇化还能照应家庭，是符合中国国情的低成本的城镇化。这种观点忽视了以“小城镇”为主导的城镇化道路的另一面，即小城镇的“分散”与城镇化本身要求的“集中”之间的内在矛盾事实上。中国曾经历过这方面的教训：20世纪80年代到90年代初，当时中国提出“小城镇”发展战略用

“分散”思维发展乡镇企业[1]，虽然就地转移了部分农村剩余劳动力，但由于规模不经济，不仅企业缺乏竞争力，而且浪费大量资源能源，污染环境。这种通过低水平的工业化发展“小城镇”的城镇化道路已被实践证明是不可持续的。

走“大都市”发展道路的观点抓住了城镇化的“聚集”本质，侧重经济效益的考察，认为城市聚集带来的“规模效应”能提升大城市综合效益。持该观点的学者多以日本、韩国和美国为例证，这些发达国家都是“大都市圈”式的发展。但值得捋清的是，城镇化是一种趋势，发达国家走过的路只能证明城镇化的本质规律是走向集中，并不意味着走“大”城市的道路一定也符合中国国情；另一方面，本书的第二章对中国的人口聚集与劳动生产率关系的研究也表明，城市人口规模大小与效益之间并非必然的线性关系，人口集聚对劳动生产率的影响呈现动态非线性特征且在不同地域影响系数有所差异，即随着人口密度由低变高，劳动生产率会呈现迅速提高，后提高速度放缓，越过拐点之后反而下降的倒“U形”门槛效应。因此仅看到城镇化中“规模”带来的正效应，从而主张“大城市”发展道路也失之于片面。

中国的城乡二元结构异常突出，人口众多，这一国情决定了要在城镇化一般规律指导下走有中国特色的新型城镇化道路。城市规模等级体系有两种形态：一种是“位序－规模”分布城市体系，大、中、小城市从大到小，呈金字塔状；另一种是“首位”分布城市体系，即人口最多的城市超大规模，第二位的城市与之相比落差甚大。周一星（1995）认为，这两种形态并无孰优孰劣，“更多表现了城镇化发展阶段的不同，交替发生作用。城镇化规模分布可能从低级首位型发展到低级均衡型，再向中级首位型发展，然后是中级均衡型，又到高级首位型，然后是高级均衡型，如此循环往复……”[2] 笔者认为，判断城市规模体系的合理性本质上应看城市间是否能实现协调分工，无论是“位序－规模”型还是“首位分布”型，有利于城市功能协调的人口规模才是适宜的城市规模，才能实现大中小城市

---

① 费孝通．小城镇大问题［J］．江海学刊，1984（1）：6－26.

② 周一星．城市地理学［M］．商务印书馆，1995.

“1 +1 >2”的“协同效应”。对中国而言，14 亿人口的规模不可能仅靠少数几个超级城市实现城镇化，必须采取多层级的递进方式，使城市对农村的辐射力向多层级城市渗透；农村对城市的压力在多层级城市中消化；不同层次素质的劳动力在城市多层级中逐步适应。这种多层级体现在城市规模上就是大、中、小城市协调发展，也是中国特色新型城镇化道路的现实选择。

二、中国当前城镇体系格局的现状

2017 年中国的城镇化率达 57.35%，按照《国家新型城镇化规划（2014—2020 年）》的目标，2020 年中国城镇化率将达到 60%。有学者预计 2030 年中国城镇化率将达到 68.38%[①]。城镇化进程中，各城市自身地理位置、要素禀赋、政治地缘、经济社会制度、人文因素等方面的差异，势必形成不同的城市规模[②]体系。适当的城市规模体系，意味着一个经济体内的大、中、小城镇职能合理分工，大城市的辐射带动效应显著，区域经济一体化程度高，区际间差距较小。

表 3 -2 显示的是 21 世纪以来中国不同等级规模城市数量及人口分布比重。由于近 20 年我国大规模撤乡改镇，1985—2012 年，乡从 82450 个减少到大约 13000 个，建制镇从 9140 个增长到约 19881 个[③]，但许多建制镇仍与城镇差别较大，并不能属于真正的城市人口，故国内部分人口研究的文献采用城区和镇区的口径。事实上，一些城市人口大幅增加，并非机械式增长所致而是原本计入农村的人口由于行政区划变动所致。因此，为避免高估城镇人口的倾向，本书选择以市辖区人口作为城镇人口的统计口径，统计口径偏小，但本书的研究重点是衡量各城市人口变动趋势，故并不影响研究结论。

表 3 -2 表明，2000—2015 年，200 万以上的大城市人口增长最快，其

① 高春亮，魏后凯. 中国城镇化趋势预测研究［J］. 当代经济科学，2013，35（4）：85 -90.

② 城镇规模通常有土地和人口两种指标衡量，由于人口的数据比较容易获取，也更具综合性特征，因此本书指的城镇规模是以人口数量衡量。

③ 田明. 农业转移人口的流动与融入［M］. 北京：科学出版社，2015（18）.

表 3－2　　中国不同等级规模城市①数量及人口分布状况

城市规模分类标准	2000 年			2005 年			2010 年			2015 年		
	城市个数	城市市辖区人口	人口比重（%）	城市个数	城市市辖区人口	人口比重（%）	城市个数	城市市辖区人口	人口比重（%）	城市个数	城市市辖区人口	人口比重（%）
20—	3	51. 89	0. 18	4	70. 1	0. 19	2	34. 44	0. 09	3	54. 8	0. 12
20—50	66	2574. 44	8. 88	61	2363. 53	6. 41	49	1870. 88	4. 74	44	1689. 33	3. 75
50—100	103	7234. 73	24. 97	108	7878. 74	21. 38	110	7944. 31	20. 11	92	6886. 67	15. 30
100—200	70	9715. 24	33. 53	75	10373. 54	28. 15	81	11136. 87	28. 20	93	13101. 41	29. 10
200—400	14	3908. 72	13. 49	25	6406. 18	17. 39	30	7719. 37	19. 54	38	10413. 92	23. 13
400 +	7	5490. 41	18. 95	14	9754. 47	26. 47	15	10790. 3	27. 32	16	12868. 54	28. 59
总计	263	28975. 43	100. 00	287	36846. 56	100. 00	287	39496. 17	100. 00	286	45014. 67	100. 00

数据来源：《中国城市年鉴》（2001—2016 年）相关数据整理而成。

① 该表的城市规模划分采用魏后凯 2014 年发表的《中国城镇化进程中两极化倾向与规模格局重构》一文中的划分标准。

中400万以上大城市从2000年占总人口比重的18.95%增长到28.59%，200万—400万的城市人口比重从13.49%增长到23.13%，都增长了10个百分点。但200万人口以下的城市人口比重则不断下滑，其中，100万—200万的城市人口比重从2000年的33.53%下降到2015年的29.10%，下降4.43%；100万以下的城市人口下降速度更快，50万—100万这个等级的城市人口占总人口比重从24.97%下降到15.30%，下降幅度近10%，20万—50万等级的城市该指标也下降了5个百分点。

进一步整理2000—2015年城市人口规模的基尼系数（见图3－8），可以看出2000年以来以人口测算的城市规模基尼系数不断扩大，从2000年的0.4339扩大2015年的0.4698。结合城市数量来看，大城市数量与中等城市数量之间出现明显的分异，100万以上的城市数量表现出良好的成长性，100万—200万、200万—400万、400万以上的城市从2000年到2015年每5年一个节点，呈现递增态势。而100万以下的城市数量在同一时段持续下降，反映人口从中、小城市向大城市聚集，大城市人口膨胀，中、小城市人口收缩，城市格局两极化的趋势明显。

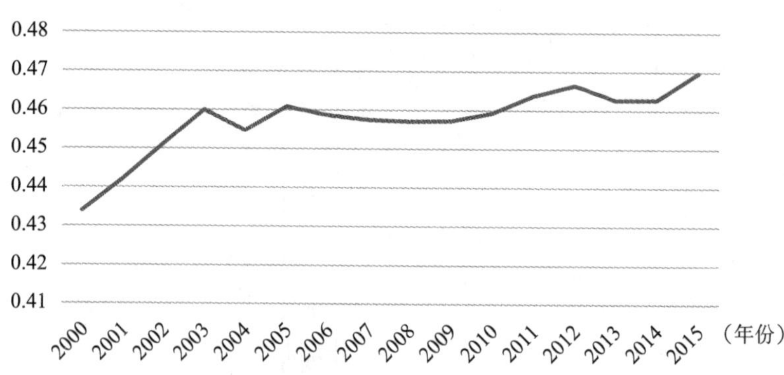

图3－8　2000—2015年城市人口规模基尼系数变化

资料来源：《中国城市年鉴》（2001—2016年）相关数据计算。

对于城市规模分布问题，近年国内学界有所关注。主要研究集中于验证我国城市规模分布是否符合位序－规模法则①②（曹跃群，2011；刘盛

① 曹跃群，刘培森．中国城市规模分布及影响因素动态分析［C］．2011中国城市规划年会．2011.

② 戚伟，刘盛和．中国城市流动人口位序规模分布研究[J]．地理研究，2015，34(10)：1981－1993.

和，2015），城市规模与经济绩效之间的关系[①]（罗文英，2015），以及城市规模演进分析、城市规模分布特征[②]等（江曼琦，2006）。针对我国城市规模两极化格局，刘爱梅（2011）较早形成理论文章，对两极化产生的理论依据进行了梳理，并着重分析我国城市规模分布两极化的成因，但遗憾的是刘爱梅对两极化的如何治理未及深入分析，对两极化的理论透视也偏于简略[③]。魏后凯（2014）利用2000—2011年的描述性统计数据勾勒出我国10年来城镇规模体系两极化态势，并就其产生机理、负面影响和对策进行较为全面和深入的探讨，是一篇关于中国城镇规模两极化格局分析较为透彻的文章。但因篇幅所限，该文对两极化形成的理论阐释、特征概括以及如何通过合理构建城市规模推进均衡城镇化等问题未能覆盖。戚伟、刘盛和（2016）发现，中国不同等级城市附着的流动人口的相对规模呈现等级越高、流动人口聚集数量越多的特征[④]，但该文献落脚于不同规模等级城市的市民化压力的分类，但并未涉及流动人口向等级规模大的城市聚集的成因。王小鲁等（1999）、金相郁（2004）分别采用成本－收益法、聚集经济法和最小成本法核算中国最优城市规模，研究发现中国的现有城市规模绝大部分未达标，就此提出优化城市规模改善资源配置的政策建议[⑤⑥]，但他们对最优城市规模的测算均忽视了城市与所在城镇体系之间的关系。

城市之间规模差距持续拉大，从一个侧面反映出大城市对小城市要素的剥夺以及小城市要素的不断流失，小城市缺乏成长性，区域间差距扩大，区域的协同发展机制难以发挥，尤其是能吸纳农村转移劳动力的中等城市未在此过程中同步增长，形成城市规模体系的结构性缺陷。

---

① 罗文英，沈文伟．长江三角洲城市群城市规模分布与经济规模分布的比较研究［J］．现代城市研究，2015，36（7）：58－62.

② 江曼琦，王振坡，王丽艳．中国城市规模分布演进的实证研究及对城市发展方针的反思［J］．上海经济研究，2006（6）：29－35.

③ 刘爱梅．我国城市规模两极分化的现状与原因［J］．城市问题，2011（4）：2－7.

④ 戚伟，刘盛和．中国城市流动人口及市民化压力分布格局研究［J］．经济地理，2016，36（5）：55－62.

⑤ 王小鲁，夏小林．优化城市规模　推动经济增长［J］．经济研究，1999（9）：22－29.

⑥ 金相郁．最佳城市规模理论与实证分析：以中国三大直辖市为例［J］．上海经济研究，2004（7）：35－43.

三、城镇结构失衡的空间经济学理论分析

城市本质是一种“聚集”现象。从地理空间视角可以发现，城市的这种聚集是间断、不连续的，可称为“块状”聚集。现有的研究均表明，块状聚集与经济绩效之间呈现高度的正相关，聚集程度高的“块”，经济效率高；聚集程度低，甚至不能形成“块”的地方，经济效率低。正是聚集程度的高低造成了城乡之间和大、中、小城镇之间的分野。那么，城市的这种聚集究竟怎么发生的？为什么甲处发生聚集形成发达的大城市，而与甲处毗邻的乙处却是光景完全不同的欠发达地区？这个问题构成城市形成的空间理论的意识原点。按时间线索，城市形成理论可依次分为“古典城市与劳动分工说”“古典区位理论”“新城市经济学”和“空间经济学（新经济地理学）”四大理论板块①（尹伯成，2007）。其中，发轫于威廉·配第、亚当·斯密时代的“古典城市与劳动分工说”属于内生性的城市经济学派，从劳动分工视角审视城市的“聚集”现象；以杜能、韦伯、克里斯蒂纳等为代表的“古典区位理论”属于外生性的城市经济学派，借用地理学和物理学而非纯经济学原理解释城乡区位形成；而以阿朗索、米尔斯、迪克希斯、斯蒂格利茨等为代表的“新城市经济学”及近年来“空间经济学”的崛起标志内生性城市经济学派的复归。迪克西特、斯蒂格利茨（1977）构建了一个更贴近现实的规模递增、垄断竞争市场模型，克鲁格曼（1990）在此基础上将古典区位理论纳入传统经济学的一般均衡框架，通过对初始区域无差异的假设，对区域的“聚集”以及区间差距的形成提出一系列更清晰而富有说服力的阐述②。

空间经济学对区域差异的“块状”特征的研究，实质是对城市“聚集要素”这一现象的研究，即为何可流动要素会在某一特定空间高度集中，其中机制何在？空间经济学认为发达与欠发达地区出现不连续的空间分

① 赵红军，尹伯成．城市经济学的理论演变与新发展［J］．社会科学，2007（11）：6－15.

② Krugman P R，Venables A J. Integration，Specialization，and the Adjustmen，Production trends in the United States since，1870/. National Bureau of Economic Research，1993：54－55.

布，意味着区域间存在某种非均衡力。该理论的代表人物克鲁格曼（1990）在垄断竞争市场的 D－S 模型[①]基础上将古典区位理论纳入传统经济学的一般均衡框架构建“核心－边缘”模型，考察这种均衡力的交互作用。研究发现，区域空间的“块状”分布是集聚力（向心力）和排斥力（离心力）共同作用的结果。其中，集聚力由需求导向的循环累计因果链和成本导向的循环累计因果链共同形成，排斥力则来自促进经济分散的“市场拥挤效应”。

克鲁格曼构建的用于观察要素流动的核心－边缘模型可更严谨而清晰地说明区域间均衡力，即聚集力和要素流动之间的循环累计过程。首先，核心区是产业集聚、经济活跃度高的地区，边缘区是产业不发达、经济活跃度低的地区。假设有南部和北部两地区、农业和工业两部门、劳动力一种要素，则核心－边缘模型的结构如图 3－9 所示。

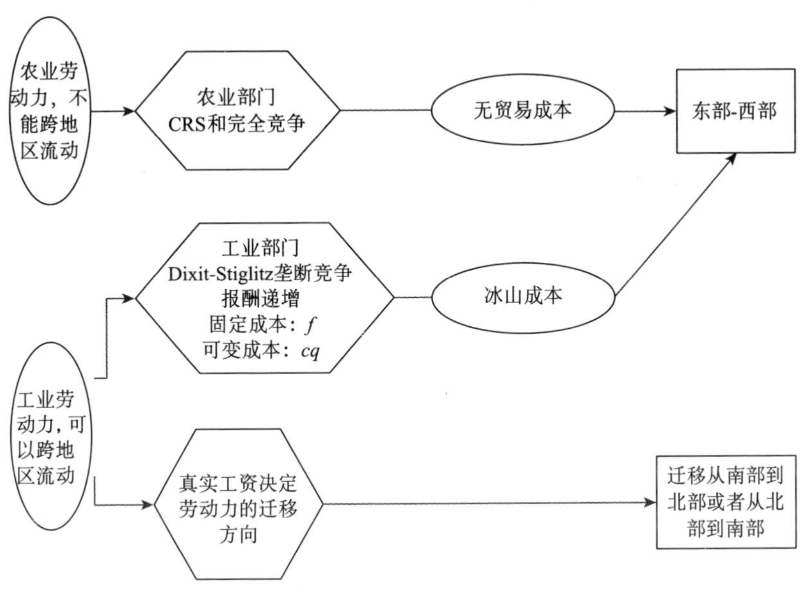

图 3－9　核心－边缘模型结构图

注：CRS——规模报酬不变。

转引自踪家峰的《城市和区域经济学》，北京大学出版社 2016 年出版，第 58 页。

---

① 该模型采用较为特殊的不变替代弹性函数形式，解决消费者选择的离散性和市场连续性的问题。

该核心－边缘模型中，假设农业部门只使用劳动力这一要素生产，且劳动力均质分布，不能跨区流动，农业生产产品同质，为完全竞争市场，规模报酬不变，两地区的农产品贸易成本为零。工业部门只使用劳动力这一生产要素，劳动力可跨区流动，为垄断竞争市场（D－S 模型[①]），规模报酬递增，两地区存在工业品贸易成本（冰山成本模式[②]）。核心－边缘模型中实际工资水平引发劳动力要素流动，并由此影响企业选择和产业聚集。劳动力流动的方程式为：

$$\frac{d\lambda}{dt}=\lambda(1-\lambda)(\omega\omega_1-\omega_2) \tag{3-1}$$

式（3－1）中，λ 为南部工人比重，1－λ 为北部工人比重，ω_1、ω_2分别为南部和北部的实际工资，实际工资决定劳动力流动方向，继而决定产业分布。在 λ＝1 或 λ＝0 时聚集均衡，λ 的变化意味着产业区位变化。该劳动力流动方程通过研究 λ 与 ω 之间的关系来研究产业的集聚。

在空间经济学中，贸易成本（代表区间要素流动的障碍，涵盖运输成本、制度成本等）是影响产业聚集形态的重要变量。贸易成本的变化可能产生多重均衡，在核心－边缘模型中，存在对称均衡或核心－边缘均衡两类。如图 3－10 所示的核心－边缘模型。

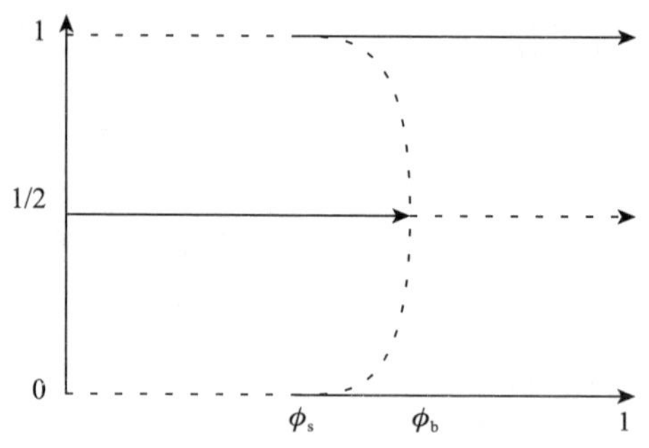

图 3－10　核心－边缘模型的战斧图

转引自虎森的《空间经济学》，经济科学出版社 2006 年出版，第 49 页。

---

① D－S 模型，即 Dixit－Stiglitz 模型。该模型采用较为特殊的不变替代弹性函数形式，解决消费者选择的离散性和市场连续性的问题。

② 萨缪尔森提出，把运输成本看做运输产品在途中因“融化”或“蒸发”发生的损失。冰山成本模式与 D－S 模型结合可大大简化空间处理。

该图中实线为稳定均衡，虚线为不稳定均衡。其中 ϕ_s 为均衡的维持点，即维持核心 – 边缘的最低贸易成本，ϕ_b 为突破点，低于该点对称均衡将不复存在。从图 3 – 10 可以看出，对称结构到聚集结构的转变是“突发性”非渐进的，可称之为“突发性聚集”。ϕ_s 与 ϕ_b 之间的区域存在三重均衡，如果没有足够大的外在冲击，则难以实现一种均衡向另一种均衡的转变，如果外在冲击足够大，使经济系统从原有的均衡状态跳跃至另一种均衡状态，此时外部冲击消除，经济系统则不会恢复到冲击前的均衡，此谓“区间黏性”。

三种长期均衡是不同作用力的结果，包括促进经济集聚的需求导向的循环累计因果链和成本导向的循环累计因果链，以及促进经济分散的是市场拥挤效应，具体作用机理如下：

1. 需求导向的循环累计因果链。

假设两地区处于对称均衡结构，由于南部工资高，工人转移到南部，于是南部的消费增加，市场规模扩大，在其他条件同等情况下，企业选择市场规模大的区位。企业的转移使南部就业增加，进一步刺激了消费，扩大了市场，提高了对劳动力的需求，激励人口更多转移到南部，形成循环累计因果链，也称“本地市场效应”。

2. 成本导向的循环累计因果链。

仍假设两地区处于对称均衡结构，工人从北部迁移至南部，南部增加了产品种类，北部减少了产品种类，在其他条件相同的情况下，南部的生活成本降低，北部的生活成本提高。这一机制同样是自我强化的，不断激励人口从北迁移到南，最终从对称转变为聚集结构。

3. 市场拥挤效应。

这是打破均衡的分散力。由于南部集聚太多的企业，加剧了竞争，压缩了利润，工人工资下降，导致工人回流，经济系统恢复对称均衡。

对于区域间非连续的“块”状聚集现象，国内多利用非均衡发展理论从培育区域增长极的重要性入手，论述城镇化进程中区域差异的形成机理，主要包括“增长极论”“循环累积论”“中心 – 外围”论等。但多数研究流于模式上的阐述，对各种模式的内在机理研究不足，没有根本性地回答“为什么”的问题。以克鲁格曼、藤田昌久等为代表的空间经济学理论，以不完全竞争、报酬递增和多样化需求假设为研究出发点，将空间要素纳入主流经济学一般均衡的分析框架，探索经济活动空间分布的内生力量和动力机制。其创新之处在于揭示了聚集经济与规模报酬递增以及产业集聚随运输成本（冰山交易）的非线性变化。同时，空间经济学将国际贸易、区域经济、产业经济、城市经济、经济增长都融进同一框架内讨论，更能揭示一个复杂空间经济现象背后的机制，其非连续过程、非线性的模型与新古典经济学平滑的连续过程的模型相比，其核心结论对区域经济格局的形成更富解释力。

中国当下大小城市之间的“马太效应”，同样可视为是非对称的“核心－边缘”结构，以空间经济学理论视角对该结构生成机制进行探讨，有助理解中国城镇化两极化格局形成的内在逻辑。

四、“非均衡力”对中国城镇两极化格局形成的机理分析

中国城镇格局的两极化倾向与国家城镇化规划中对“大、中、小城镇和小城镇协调发展”的目标显然背道而驰，折射出当下城镇化推进中的偏颇之处。本节侧重以空间经济学理论的“非均衡力”为逻辑起点，尝试从“过度聚集”“拥堵效应失效”和“个人意愿”三个层面分析中国城镇体系两极化格局形成的深层次原因。

（一）“循环累计因果”作用下聚集效应的过度发挥

在区域之间资源禀赋、区位条件大致相同情况下，中心区崛起在很大程度上取决于历史的路径依赖。“最初存在的极小的不对称性经过不断的、循环式积累后会逐渐扩散，最终导致区域之间出现极大差异。因此，历史上偶然性往往能决定区位优势”① （克鲁格曼，1993）。我国的中心城市初始可能依托历史、政治、商业、能源资源、企业家精神等某一（或某些）禀赋与机缘先发展起来。如 1978 年东部沿海 14 个城市率先开启改革开放

① Krugman P R，Venables A J. Integration，Specialization，and the Adjustmen，Production trends in the United States since，1870 ⁄. National Bureau of Economic Research，1993：54－55

大幕，吸纳农村和乡镇等落后地区的劳动力，东部这些中心城市人口增长一方面扩大了本地市场，在“本地市场效应”下进一步聚集可流动要素；另一方面，聚集降低了东部本地居民的生活成本（不需支付异地运输的成本），产生“价格指数效应”。无论是“本地市场效应”还是“价格指数效应”，自身都具有自强化的“循环累计因果效应”，引发东部中心城市规模不断扩张，处于“极化”阶段，而城镇体系中的中、小城镇缺乏聚集要素的先天条件，面临要素流失。城市体系的“核心－边缘”格局初步形成。

20 世纪 90 年代户籍制度松动以后，更可以观察到，我国北、上、广深等一线城市进入了一个“滚雪球”式的发展阶段，在全国范围内吸纳生产要素，这就是在“循环累计”的正反馈机制作用下，大城市聚集效应的过度发挥形成聚集“黑洞”的结果。

（二）“大城市偏向”政策下市场拥挤效应失效

空间经济学的模型包含向心力和离心力，认为区域的空间分布状况是两者交互的结果。期初核心区在向心力的作用下，不断聚集要素，达到饱和后，离心力始大于向心力，“拥挤效应”起主导作用，核心区要素发生外溢。尽管我国北、上、广、深一线城市究竟仍处于聚集经济阶段还是已到达聚集不经济阶段，学界分歧较大，但不可否认的是，一线城市劳动力成本高企、房价畸高、交通拥堵已是不争的事实。但为什么人口并未在“市场拥挤效应下”分流？原因可能是传统因素引发的“拥挤效应”失效。

城市偏向理论①（Lipton，1977）曾批判由于城市精英聚集、阶层较高，可对政府政策施以一定影响力，争取到更多的公共产品，获得比农村更强的发展能力。中国当前的城乡二元体制无疑是历史遗留下来的城市偏向的后果，但值得注意的是中国近年城镇化推进中出现的“大城市偏向”。中国的“强政府”模式使政府掌握很多的经济社会资源，由于大城市中的精英们拥有更多的信息，更接近权力中心，具备更强的游说政府的能力，从而使大城市在获取教育、基础设施、医疗卫生等公共资源方面居强势地

① Lipton, M. Why Poor People Stay Poor: Urban Bias in World Development, London: Cambridge, Mass.: Harvard University Press. 1977.

位。另一方面，“聚集效应”使公共产品在大城市比小城镇拥有更好的共享性，从而进一步激励政府在基础设施、医疗教育等方面投入的“大城市化”倾向。

观察中国城市体系的行政坐标，大城市无疑在城市行政等级中占据较高的位置，居于中央或地方的权力中心，拥有更多的优质资源和发展机会，刺激资本、劳动力等要素不断向这些等级高的大城市流动，如北京、上海、广州、深圳尽管人口规模超千万，依然源源不断地吸引人口流入。各地省会城市和单列市多是本省的人口首位度城市。表 3－3 显示的是 27 个省会城市与省内第二大城市的 GDP 的比例，其中只有沈阳、福州、石家庄、呼和浩特、南京和济南未列省内第一，这几个城市对应的省份为双中心结构或三中心结构（如福建），位列榜首的虽非省会城市，也是省内级别较高的副省级计划单列市，如大连、青岛等，一定程度上表现出城市经济规模与城市行政等级之间的强关系。阿第斯和格莱泽（1995）的研究发现，计划经济下的政府更容易造就超大规模的城市。一般而言，省会城市更代表权力配置资源，计划单列市更能体现市场的力量。我国市场经济尚不发达的中西部，城市规模与区域行政等级之间的相关性更为显著。

表 3－3　2017 年 27 个省会城市经济总量与第二位城市的比例

省份	四川	甘肃	湖南	湖北	宁夏	海南	青海	新疆	云南
城市首位比	6.65	3.71	3.27	3.21	3.15	2.63	2.56	2.53	2.46
省份	吉林	陕西	贵州	辽宁	黑龙江	西藏	浙江	广东	福建
城市首位比	1.95	1.90	1.47	0.92	1.44	1.42	1.30	1.01	0.93
省份	广西	安徽	山西	河南	江西	河北	内蒙	江苏	山东
城市首位比	2.40	2.32	2.30	2.11	1.98	0.90	0.72	0.68	0.65

数据来源：各省统计局网站。

（三）城镇两极化格局下个体理性与整体理性的冲突

无论是实践还是理论都表明区域发展不可能是均质同步的，区域非均衡发展是区域经济增长进程中不可逾越的阶段。但市场本身具有“马太效应”的机制，加之中国地方政府发展理念上的“大城市偏好”，中国大城市与小城镇在就业机会、工资收入、公共服务、基础设施、精神享受等方面差距悬殊。有统计显示，中国建制市的人均市政建设投资和市政公共设施水平远超县级，县级又远超建制镇①，并且最优质的文化艺术、教育卫生等资源也高度集中在一线城市和省会城市。“人往高处走”，一般理性人自然选择向收入高、就业机会多、公共服务发达的地区流动。

黄强（2017）的研究发现，近10年来中国城镇人口增长超平均增长率的首要拉动因素非收入，而是优良的教育资源②。国家卫计委流动人口司的调查结果显示，流动人口80%分布在大中城市，其中直辖市、省会城市和计划单列市吸收了一半以上的流动人口。北京、上海、广州的人口控制目标一再被突破，如北京21世纪初规划2020年人口总规模为1800万人，这一数字早在2010年就突破了。相形之下，广大的县城和小城镇由于缺乏产业支撑和人才支撑，公共服务和基础设施相对落后，对人口缺乏吸引力，不得不面临“产业空心化”“人口空心化”的危机。尽管国家已经对建制镇和小城市的落户全面放开，但囿于小城镇全面落后于大城市且差距甚大，个体理性人在选择工作生活区域时仍然“以脚投票”。

具循环累计因果特征的聚集扩张机制使大城市确有“自强化”的倾向，中国政府的“大城市偏向”引发拥挤效应失效，则强化了中国城市的两极化格局。个体理性的集合往往并不能导致整体理性的结果，从个体流动决策看，个体逻辑在很大程度上是在既定城市规模体系结构中“追随”利益最大化或者便利最大化，其主动选择行为背后更多地是对既有结构的追随，因而也是被引导、被吸引、被规约的，只不过是大规模的追随行动助长了中国城市规模体系的结构性缺陷。

五、现阶段城镇规模两极化的消极后果透视

无论是空间经济学抑或其他城市与区域理论，其研究区域发展中的非

---

① 魏后凯．中国城镇化进程中两极化倾向与规模格局重构［J］．中国工业经济，2014（3）：18－30.

② 黄强．中国近十年城镇人口增长的“挂锁”态势分析及启示［J］．中国人口科学，2017（2）：4－13＋128.

均衡现象的最终目的，无非试图通过对非均衡现象形成的原因探析相对均衡发展的路径。区域间的非均衡现象固然是区域发展过程的必经阶段，但核心－边缘结构长期固化将损害整体经济的成长性和可持续性。中国当前城镇格局的两极化倾向已经引发中国城镇化进程的一系列深层次矛盾。

（一）以“过载”为特征的“大城市病”

受市场机制下的“极化效应”和政府的“大城市倾向”双重驱动，大城市聚集越来越多的人口和产业，大城市资源环境承载力受到威胁，房价高企、交通拥堵、环境污染等“城市病”凸显，长三角、珠三角和京津冀的大城市群既是我国的经济先发地区，又是“城市病”最为严重的地区。理论上任何一个城市都具有最佳规模，城市经济学家认为城市规模与效益呈倒“U”形，当城市的边际收益等于边际支出时，城市达到最优规模，此时城市若进一步扩大则进入边际收益递减阶段。同时城市本身具有极大化倾向[①]，很容易突破最佳规模。尽管不少经济学家对大城市的吸纳能力抱有充分的信心，将“大城市过载”视作伪命题，认为所谓的“大城市病”非人口过多而是城市规划和管理不善所致[②③]（陆铭，2011；樊纲，2017）。但至少在现有的城市管理水准下，在中国的能源资源粗放式利用未彻底扭转的情况下，中国大城市（京津冀、长珠三角等城市群）的承载力已逼近资源环境承载力的上限，此时仍依靠透支子孙后代的可持续发展能力和剥夺周边区域资源来维持承载力，显然存在代际不公和城市发展权的不公。

（二）以“新二元”结构为特征的“半城镇化病”

尽管大城市的“聚集效应”能提供相对农村、小城镇更高的收入和更多的就业机会，但大城市的流动人口，尤其是难以取得户籍的农村转移劳动力在获取迁移收益的同时还要相应承担较高的迁移成本，这种成本包括经济上的生活成本和远离故土的心理成本。绝大部分流动人口进入大城

---

① 阿瑟·奥莎利文．城市经济学［M］．北京大学出版社，2015：78.

② 陆铭，向宽虎，陈钊．中国的城市化和城市体系调整：基于文献的评论［J］．世界经济，2011（6）：3－25.

③ 樊纲，胡彩梅．调整“城镇化”偏差，明确“城市化”战略［J］．深圳大学学报（人文社会科学版），2017，34（3）：17－20.

市，面对高昂的城镇化成本，空有城镇化意愿却难觅立锥之地，不得不被裹挟入“钟摆式”的流动模式。根据《中国城市发展报告（2013）》的测算，中国东、中、西部地区农民工市民化的人均公共成本分别为 17.6 万元、10.4 万元和 10.6 万元。由于农民工市民化需要地方政府付出一定公共成本，而流入地政府更愿意将其视为“劳动力要素”，因而推动农民工市民化的激励不足。大城市市民化的举措很多存在于文件中，难以落地。如不少大城市虽然制定了打工者子女在流入地享有义务教育的政策，但实施起来手续不胜繁琐，流动人口子女的入学权利不能充分被保障；流动人口与本地人在居住的地理位置和心理层面也有着显著的隔离，农村剩余劳动力进城易城镇化难，融入大城市更难，“半城镇化”现象突出，城市里的流动人口阶层逐步沦为贫民阶层，城市的“新二元”结构日益凸显。

（三）以“空心化”为特征的“中小城镇病”

在城市规模两极化格局下，受“循环累计因果效应”支配，大城市不断积累优势，另一端的中小城镇不断积累劣势，面临发展困境。中小城镇在我国城镇体系中数量大，发展潜力大，本身发展意愿强烈，但由于产业聚集力不足，就业机会少，公共服务、基础设施等较大城市远远落后，城市体系两极化倾向使中小城镇对人口和要素的吸引力不断削弱，发展动力和后劲均不足，尽管国家已在政策层面“全面放开建制镇和小城市落户限制”，提出“有序放开中等城市落户限制”，但农业转移人口在中小城市落户积极性大大低于预期，处于人口净流失状态。“大城市病”与“中小城镇病”并存正是城市格局两极化的后果。

发展经济学认为，一国在经济大发展阶段实施不均衡的发展战略，可以带动整体经济水平在短时间内取得进步。但到了中高收入阶段，不均衡发展战略若未能及时向均衡发展战略转型，则会导致落后地区的“低端锁定”，二元经济成为桎梏不能破除，经济社会矛盾会集中爆发，最终陷入“中等收入陷阱”，拖累整体经济。我国 2016 年人均 GDP 达 53817 元，已处于中高收入阶段，要在战略层面从“不均衡”走向“均衡”，应谨防二元经济的固化，关键是要在“聚集优势”开始下降时，抓住时机，走“均衡发展”道路。

六、均衡城镇化下城镇体系两极化的治理

均衡是各种力量相互制衡后达的一种相对平衡、保持必要张力的状态，落实到城镇化的层面，均衡城镇化就是要实现空间均衡，解决城乡之间的不平衡和城市规模体系的失衡，均衡问题实质是资源配置问题，空间均衡意味着资源在地域空间的合理分配。值得注意的是，均衡状态包含“高水平的均衡”和“低水平的均衡”两类，前者是资源得到较充分整合利用的效率最大化的均衡，后者则是存在大量闲置资源、效率较低的均衡。新型城镇化追求“高水平均衡”，要实现资源在整个经济社会运行中动态的“帕累托改进”。

从经济学含义看，资源无所不包，凡是对人类有用的皆是资源，不仅是生产资料，还可包括社会资源、政治资源和文化资源等。基于本书研究内容，笔者将资源界定为生产要素和公共产品。当前我国的资源配置从空间看，城市格局分化明显，强者愈强，弱者愈弱，区域间产业结构、人口结构、社会结构不匹配，相互掣肘，不能形成协同发展的合力。以上都需要通过资源的重新优化再配置实现“帕累托改进”。依空间经济学的观点，资源空间分布的最终状况取决于区际非均衡力。换言之，资源的空间分布由在资源传导机制下，聚集机制产生的向心力和扩散机制产生的离心力共同决定。以下将从资源传导机制、聚集和扩散机制为切入点重构我国城市规模格局（见图 3 - 11）。

（一）构建合理的资源配置传导机制

资源配置的传导机制包含内生支配机制、外在调控和制衡机制，其中内生机制是一般规律，其构建的逻辑起点是：外在机制是理性选择，取决于行动者决策水平，具有或然性。

1. 资源配置的内生支配机制——市场机制。

市场机制决定生产要素配置，通过市场供求关系释放的价格信号实现生产要素的收益最大化。人口迁移的初始动因多是劳动力作为生产要素为获取更高收益而发生流动。由于市场机制本身具有促使要素收益最大化的

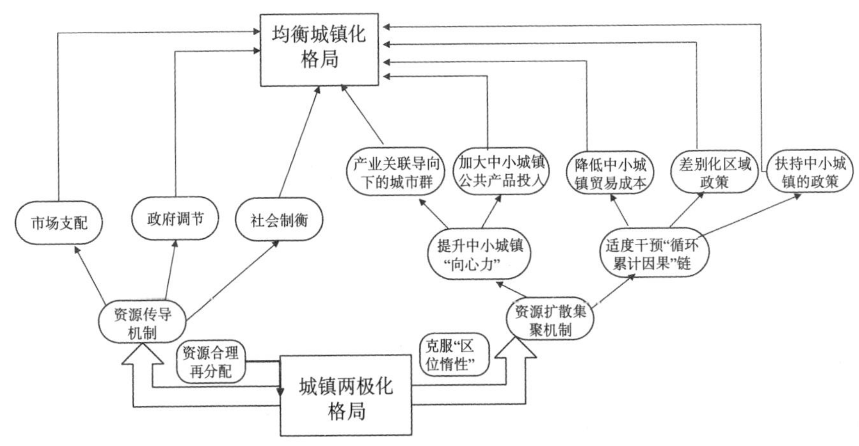

图 3－11　均衡城镇化格局路径

内在要求，因此资源中的生产要素流动应该发挥市场机制的决定性作用，将要素配置到效率最高的领域。由于市场本身具有一定的自发性、盲目性和信息不对称性，加之作为市场主体的个人和企业本身的“有限理性”，“市场失灵”不可避免，因此在市场机制对生产要素的配置起决定性作用的同时也要为规避“市场失灵”实施外在调控。

2. 资源配置的外在调控机制——政府。

政府对资源配置有一定的干预作用。在生产要素领域，政府可以通过行政指令、产业政策、制度壁垒等干预生产要素的流动方向。尤其我国脱胎于计划经济体制，政府大包大揽和多年来“GDP 导向”的增长模式使我国政府对生产要素的配置仍存在比较严重的过度干预现象，导致正常的市场机制扭曲，市场信号失真。政府作为资源配置的外在调节机构，要专注于“市场失灵”的公共产品领域的资源配置，通过公共资源的均衡供给避免单纯市场机制造成的“马太效应”。

3. 资源配置的制衡机制——社会。

社会力量包括民间社会组织、行业组织、社区组织等。社会制衡力量能对政府权力形成一定的约束力，防止政府的短视行为或官员出于个人利益滥用权利导致使公共资源的供给的不公平、不公正。

（二）提升中小城镇的“向心力”

中心城市聚集要素到一定“门槛”值后，“市场拥堵效应”渐强，产生“离心力”，为欠发达的中小城镇提供发展机遇的“窗口期”，中小城镇可乘势抓住产业扩散再聚集规律，推行适当的区域政策，以塑造自身的“核心向心力”。

1. 以产业内关联为主导，发展多中心城市群。

现代的产业集聚过程就是分工深化后专业化的过程。空间经济学将产业内关联作为产业聚集的核心力量，在非对称的核心－边缘模式下，边缘地区的发展一般始于核心区在“市场拥堵效应”下的产业扩散，但这样的扩散显然并非同步匀速向所有周边边缘区扩散，最终取决于边缘区是否具有接受“空间外溢”的某些条件，只有具备核心区扩散产业所需优势的边缘区，才有可能承接核心区转移出来的产业，形成新的聚集，并启动“循环累计因果效应”下的优势积累。“长三角”的城市群发展是一个区域间产业专业化分工可资借鉴的经验样本。“长三角”以上海为龙头，改革开放 30 多年后，城市体系从首位分布演变为均衡分布，形成了南京、苏州、杭州等次一级中心，同时县域经济发展也十分抢眼，江浙沪的县域百强县达 43 个。“长三角”成功的重要原因之一在于上海通过产业关联优化产业布局，较好地发挥了中心城市的外溢和辐射作用。因此中国的中小城镇要融入城市群建设，应利用自身禀赋和比较优势，接受中心城市辐射，主动为中心城市提供专业化配套，聚集起一个或几个产业以支撑中小城镇成长。

2. 加大中小城镇公共产品投入，强化“聚集力”。

广义的公共产品包括基础设施和公共服务。公共产品在城市的聚集力中扮演重要角色。公共产品与本地税收关系密切，一个地区税收收入越高，则提供公共产品的能力越强，故公共产品的区间竞争实质是区间税收竞争。在城镇体系的非对称结构中，中小城镇显然位于边缘区，总处于不利地位，因产业比重小，往往无法提供与大城市相媲美的公共产品。大城市拥有更多产业和更宽广的税基来支撑高质量公共产品，从而强化了有利地位。基础设施薄弱和公共服务落后是我国中小城镇人口流失的重要原因。长期以来中国政府的“大城市偏向”理念导致中小城镇在基础设施和公共服务投入不足，成为城市成长的短板，加速了要素的外流。均衡城镇化一方面必须修正“大城市偏向”，减少对大城市的制度性补贴，平滑要素向大城市过度聚集的扭曲效应；另一方面，要加大对中小城镇的投入，通过补齐基础设施和公共服务的短板，以提高中小城镇的宜居度吸引农村剩余劳动力以及对生活宜居要求高的人群的流入，以交通基础设施网络的改善，促区域产业空间分工格局形成，进而创造就业岗位，聚集人口。

（三）熔断“循环累计因果效应”的政策

聚集机制中“本地市场效应”与“价格指数效应”两种“向心力”都具有“循环累计因果效应”，并成为扩大区际差距的“路径依赖”的机制。因此“熔断”大城市内生的“自强化”机制是诱导区域从非对称结构向对称结构变迁的必要选择。

1. 对贸易成本变量施加影响。

“循环累计因果效应”的内生扩张机制与贸易成本关系密切。企业在选择区位时一方面考虑市场规模大小，另一方面则考虑贸易成本大小。在市场规模相同情况下，一般企业倾向选择贸易成本小的地区。若区域内的一体化程度高，贸易成本很低，则企业选择市场规模大的区位。因此降低自身的贸易成本是中小城镇争取发展机会之应然。贸易成本包括自然成本（运输成本）和制度成本。前者是自然形成的成本，后者包括因市场不健全、观念落后、公共服务水平低、人力资本不足等人为因素产生的成本。我国的中小城镇要改善自身在城市体系中的弱势地位，一方面需加强交通基础设施建设，降低自然成本；另一方面需营造良好营商环境，降低各种制度成本，削弱大城市的“循环累计因果效应”。

2. 差别化的区域协调政策。

传统的经济学理论将推动要素自由流动的区域经济一体化作为缩小区际差别的政策之一。但在空间经济学分析框架下，要素自由流动并不会使要素自动从核心区向边缘地区流动，反而可能会增强核心地区的“虹吸效应”，区域经济一体化对整体区域经济产生的影响要区分看待。动态效应下要素自由流动引发产业进一步向核心区集中，结果可能提升整个经济效率，进而提升整个区域福利水平；静态效应下，要素自由流动使边缘区所获产业份额小，降低了福利。若动态效应大于静态效应，则有利区际差距缩小，反之，若前者小于后者，则区域一体化政策反而将进一步加大区际差距。“本地市场规模”是“向心力”的初始动力，边缘区启动工业化的最小市场规模与其本身的比较优势及区域间的贸易成本相关。比较优势越大，启动工业化的最小市场规模越小，核心区越开放，边缘区所需的市场规模越小。因此，要改善我国城市两极化格局，区域一体化政策不可盲目推进。发达的大城市和欠发达的中小城镇要实行差别化政策：鼓励大城市开放市场，适当保护中小城镇的市场并鼓励中小城镇发展具有比较优势的产业。

3. 扶持中小城镇的倾斜政策。

给予中小城镇扶持倾斜政策，也是克服“区位惰性”，打破“循环累计因果”链的重要举措。关于政府对落后地区扶持政策是否有效的问题，目前尚存争议。空间经济学理论的研究发现，对“边缘”区而言，政府扶持政策同样呈现非线性特点并具有“门槛效应”，即初始的扶持政策未必会引起聚集出现，但扶持政策累加到一定“门槛”值时，会因量变突发质变，引发要素向“边缘”区聚集，称之为“突发性聚集”。该研究表明政府推进欠发达地区的倾斜政策是有效的，有效的前提是政策的优惠力度要叠加到某一阙值，新的聚集才会发生。张蔚文（2012）的实证研究证明，政策优惠作为空间变量，其有效性还是要服从产业空间格局，否则将削弱政策效应①。

政策还能引导人们的预期。当核心－边缘区的贸易成本处于维持核心－边缘区与打破对称结构的区间，人们会根据大部分人的预期选择核心－边缘结构或对称结构，该预期会推动原有的结构向另一种结构转化。政策能通过对人的预期的干预，发挥重要引导作用。因此中国均衡城镇化实现需要恰当的政策引领，对人们的预期施加影响力，通过政策将“市场拥堵效应”下的人口由大城市诱导流动至中小城镇。

---

① 张蔚文等．地方政府与预算外收入：中国经济增长模式问题［M］．世界经济．2012（8）：134－160.

第四章

中国城镇化进程中乡城流动人口城镇化意愿的人群差异

第一节 乡城流动人口“三维”分化的指标体系构建

按照流动人口的户籍以及流入地的城乡类别，可将流动人口分为四种类型：乡城流动人口、城城流动人口、乡乡流动人口和城乡流动人口。第六次全国人口普查数据显示，在全部流动人口中，乡城流动人口占全部流动人口的63.3%，其次是城城流动人口占比为21.15%，乡乡流动人口占比为12.69%，城乡流动人口占比为2.85%。可见，乡城流动人口仍是流动人口的主体。新型城镇化的核心是实现“人”的城镇化，从流动人口的四大群体看，乡城流动人口群体既是“人”的城镇化的最大的群体，也是与“人”的城镇化的“社会距离”最远的群体。因此深入对该群体的研究，理解其需求、困境并助其渐进式实现“人”的城镇化是衡量新型城镇化是否“新型”的最终标尺。

一、乡城流动人口“三维”划分的理论依据

（一）劳动力市场分割理论与乡城人口的“三维分化”

劳动力市场分割理论是研究国际移民的重要理论，该理论认为，国际移民的迁移来自工业社会对劳动力的内在需求。Michel piore（1979）详细论证了移民并非来自输出国的推力（低工资，高失业），而是输入国的拉力（对低工资劳动力的长期需求）。Piore 认为这种拉力源自发达工业化国家经济社会特征①。

首先，发达工业国的工资不仅体现劳动力的供求关系，还体现附着在工作上的身份和声誉。人们通常相信工资与职业地位有必然关联，由于工资能反映身份地位，雇主提供的工资并不完全对应市场的劳动需求变化。

① Alonso W. Birds of Passage：Migrant Labor and Industrial Societies. by Michael J. Piore [J]. International Migration Review, 1979.

若雇主想雇佣职业等级低的非熟练工人，他不会简单地提高工资，因为提高底层工资将破坏社会赋予的声望和报酬之间的层级关系。一旦底层工资提高，职业层级的其他阶层将面临上涨工资的压力。因此在缺工时用高工资雇佣本地人是昂贵的，且会制造工资与职业层级的混乱，解决办法是利用愿意接受低工资的外来移民。发达国家和发展中国家的生活水准存在差距，移民在国外领着低工资且不把自己作为流入国的一部分，而仍将自己视作家乡社区中的一员，因而人在国外且有汇款，仍是一件不失体面之事。

其次，发达工业国对移民的需求还源于内在的劳动力和资本的二元性。资本是生产的固定要素，当无需求时，可以闲置。资本所有者必须承受闲置的成本。劳动力是可变要素，在需求下跌时可以遣散，失业者自身承受失业的成本。因此资本家用资本密集的方式满足基本需求，用劳动密集方式应对生产的季节性波动性。由此进一步导致工人间的分化：工人在资本密集的主要部门（下称主要部门）利用资本和设备从事稳定的技术工作，接受雇主提供的培训形成专业化的人力资本积累，这部分劳动力拥有了“类资本”属性；劳动密集的次级部门，工人从事非稳定的、非技术的工作，可随时被雇主无成本地解雇，类似“消耗品”、可变成本。因此劳动力和资本固有的二元性，形成了分割的劳动力市场。低工资、不稳定的状态，使次级劳动密集部门对本地人缺乏吸引力，本地人愿意从事高工资、稳定的、更可能提升职业等级的主要部门的工作。为满足次级部门对劳动力的需求，雇主转向从移民队伍中雇佣。

原本书到此为止能从逻辑上解释国际移民现象，但 Piore 在研究古巴到美国的移民时有了更进一步的发现：即第三类的雇佣队伍。该雇佣队伍混合了主要部门和次级部门的一些特征，也产生出对外来移民的需求。第三类雇佣队伍也称之为“外来族群”，外来族群与次级部门劳动力一样，低工资、不稳定、工作条件差，本地人不愿意加入。但这一工作岗位可以向工人提供能为他们带来显著经济回报的培训、工作经验及向上流动的预期，因而又带有主要部门的特征，从而引起移民群体的分化。

换句话说，现代职业等级中固有的结构与劳动力市场内在的二元性一起创造了对低层次工人的需求，他们愿意在低工资、不稳定、工作环境恶劣、几乎没有上升通道的条件下工作。同时，在移民部分低层次工作的人，有可能在一定条件下向上流动，从而使移民群体内部出现分化。

尽管国际移民研究的尺度是国与国之间，且国际间的制度、文化、观念等差异甚大，有的甚至存在民族隔阂。但从根本机制上看，中国的乡城流动人口与国际移民的流动机制仍具很大的相似度。在经济不发达阶段，人口流动的核心动力仍是经济落差，中国的城乡差距类同发达国家与欠发达国家的差距，差距产生的“压差”（主要是个人收入差距）是人口的流动迁移动力源。劳动力市场分割理论在承认这一动力的前提下，绕开传统的供求关系考察劳动力市场的单一视角，对移民进入发达国家的劳动力市场这一外来冲击带来的市场变化进行更精微的考察，进而发现移民进入后的劳动力市场的分割现象。

类似地，乡城流动人口进入城市同样会对劳动力市场起到外在冲击，城市外来人口一方面多数从事底层的、封闭性的次级劳动市场的工作，另一方面，随着时间的推移，一些外来人口开始进入有上升渠道的领域，成为在城市的流动人口中更具前景和更具“存在感”的群体，劳动力市场隔绝在一定程度打破，流动人口内部随之发生分化。

近年来学术界对乡城流动人口的研究开始趋于细化，表现为从整体视角向分类视角转变，分类多基于自然属性或某些社会属性，分类的标准单一，如按年龄区分新生代农民工、老一代农民工；按性别区分女性农民工、男性农民工；按血缘关系区分流动儿童、流动老人……只有极少数的文献用综合性视角对农民工群体进行区分，如张鹂（2014）在中国田野调查中观察到“阶级、地域和职业上的差别是流动人口内部分化的重要因素”①。同时张鹂指出，官方将流动人口看成同质化群体，掩盖了人群内部的差异性。事实上，经过乡城流动人口 30 多年的流动史，在城市辛苦打拼，其中有部分在城市已经积累了比较丰厚的经济地位和社会资本，成为小老板，这些老板组织并雇佣家乡的劳动力在其工厂或小作坊工作，从而

---

① 张鹂．城市里的陌生人：中国流动人口的空间、权力与社会网络的重构［M］．2014.

在流入地形成一个流动人口的“飞地”。杜旻（2013）较早利用社会分层理论关注到乡城流动人口社会阶级状况，并根据2011年国家卫生和计划生育委员会流动人口司的调查数据，通过收入和职业两个指标，发现一个“塔尖”极尖的金字塔式的乡城流动人口阶层结构，各阶层的收入、消费分化显著①。刘建娥（2018）按收入高低和是否正规就业将流动人口分为“资本型”“技能型”“雇工型”和“流动型”四大类型，提出相对应的“政策融入”“社区融入”“组织化融入”和“分流安置”的四大融入策略，化解政策供给与结构分化之间的矛盾②。莫旋（2018）利用分层线性模型发现流动人口收入具有“聚类”特点，发现社区特征和个体特征对个人收入的解释力很强③，但莫旋仅利用数据做了客观描述，并未提供针对不同流动人口“聚类”融入城市的个性化方案。

总体而言，当下乡城流动人口群体内部的异质性是客观现实，但现行的城市流动人口政策过于“包容”，连“城城”“乡城”流动人口都未加区分，更不要说对乡城流动人口群体内部异质性的关注。乡城流动人口占流动人口比重近2/3，且相较城城流动无论在人力资本还是经济社会地位方面更具弱势，因此该群体是实现“新型”城镇化的决定性群体，该群体有效融入城市，“传统”城镇化向“新型”城镇化的跨越才真正实现。因此加强对该群体的精细化研究、精准施策，才能缓解政策与现实需求的结构性矛盾，降低政策红利的流失，提升政策的有效性。

尽管学界近年注意到乡城流动人口群体的内部异质性，开始了一些研究和探讨，但一方面成果非常有限，另一方面已有文献存在划分视角过于简单的问题，所以仍然缺乏综合性视角，从而使划分出的类型在一定程度上缺少说服力。

本书试图以社会融合理论为基础，将乡城流动人口的生存状态按经济、社会和心理三个层面利用相关指标的量化区分，对乡城流动人口群体

① 杜旻．流动人口社会阶层结构及地区差异［J］．西北人口，2013（3）：15－19.

② 刘建娥等．乡城流动人口的阶层分化、重构与差异化融入［J］．学习与实践，2018（5）.

③ 莫旋，阳玉香，唐成千．分层异质视角下流动人口收入决定研究——基于分层线性模型的实证分析［J］．财经理论与实践，2018（2）.

进行分层，寻找组间的差异性。

（二）中国的社会分层机制与乡城流动人口划分的指标依据

1. 中国社会分层机制。

社会分层机制由特定制度和文化下对社会资源的定义、一整套的社会资源分配规则以及社会流动规则构成。新中国成立至改革开放前，中国社会分层具有极其鲜明的“身份制”特征①（李强，2008）。新中国成立后，阶级体系被打碎，“身份”成为阶层排他的“社会屏蔽”，身份背后则是制度屏蔽。户籍制度、干部工人制度、单位制度等主导发挥了社会资源分配的作用，并根据这些制度将人群分为城乡、干群、单位人等不同身份，制度的壁垒坚固甚至使“身份”具“代际传递”，因而流动性很低。“体制内的人”因能获得较多的社会资源而成为全社会羡慕的对象。“身份制”的特征是与计划经济下的管控体制相联系的。

改革开放之后，计划经济体制下的各种管控制度逐步淡化，具市场化特征的社会资源分配方式逐步渗透，对计划经济下的社会资源的价值定义形成冲击。社会资源的价值定义更加多元化，人们不再单纯追求“体制内”身份，“金钱至上”的观念开始流行，“体制内的人”的身份固然仍具有吸引力，但在物质上有更高的享受的同时，也能取得更多与“体制内”的官员接近的机会，从而“老板”“大款”也成为社会追逐的目标之一。如果说改革开放前的社会分层体现的是人为体制分割带来的“政治分层”，那么改革开放以后的社会分层越来越凸显市场经济的“经济分层”，距离“市场”最近的自由工商阶层最先受益。

一方面，工商阶层在城市办厂经商，对劳动力需求引发城乡人口的大流动。计划经济下旧有的如户籍等的分割体制尚存，最终在城市造就一个庞大的“流而不迁”的乡城流动人口。乡城流动人口群体同样受作用于社会分层机制。80 年代以来，随着市场经济改革的深化，要素流动性增强，一部分乡城流动人口在城市务工经商逐步积累财富和各种社会资源，实现向上流动，有的甚至成为城市里的“草根精英”。

---

① 李强．社会分层十讲［M］．北京：社会科学文献出版社．2008：20.

另一方面，与经济活跃度和社会资本积累相关联的乡城流动人口社会网络包含“血缘”和“地缘”。“血缘”和“地缘”无疑是中国人社会网络构建的核心，但中国流动人口的社会网络内嵌于中国计划经济向市场经济、农业社会向工业社会的双重转型中。“血缘”“地缘”形成的组织化社会网络与不健全的市场经济、“压缩型”工业化的媾和进而产生有别于传统社会网络的新型社会网络，并导致社会资源在群体间分配的不均衡，最终成为流动人口内部发生分化分层的一个重要促进因素。

乡城流动人口能否落地生根、融入城市决定了中国的城镇化进程是否能顺利推进。因此，对乡城流动人口群体分化分层的深入研讨有助于这个群体“人”的城镇化目标的实现。

2. 乡城流动人口的指标划分依据。

“人”的城镇化要让乡城流动人口在城市场景实现社会融合。社会融合理论认为，社会融入不是一成不变的，而是动态的、渐进式的、多维度的、互动的[①]（杨菊华，2009），从追求生存，到追求发展和提升，反映了流动人口融入的递进状况。对流动人口迁移趋向的测量，可从客观和主观两方面入手。客观方面通过乡城流动人口实际发生的迁移行为来反映，主观方面主要测量流动人口对迁入地的态度或未来打算。田凯（1995）认为，流动人口真正融入流入地生活，需要具备三个条件，即稳定的职业、一定的经济收入和社会地位，这些条件能促使流动人口在与流入地群体接触、交往过程中，逐渐认同当地的价值观[②]。朱力（2002）认为，社会融合包括经济、融合心理及文化等多个方面的融合，它们之间存在递进关系，经济融合是立足基础，在此基础上流动人口逐渐要求拓宽生活、文化的广度与深度，继而产生社会、心理、精神文化融合[③]。根据以上研究，经济因素能有效衡量乡城流动人口的生活状态和生活期待，可作为流动人口社会融入过程的重要因素。社会因素，具体包括语言、文化等方面，实

---

① 杨菊华．从隔离、选择融入到融合——流动人口社会融入问题的理论思考［J］．人口研究，2009（1）．

② 田凯．关于农民工的城市适应性的调查分析与思考［J］．社会科学研究，1995（5）．

③ 朱力．论农民工阶层的城市适应［J］．江海学刊，2002（6）．

际上是进入城市后“再适应”“再塑造”的过程。心理因素，如价值观、主观意愿等，反映了乡城流动人口融入城市生活的境界，只有当流动人口主动地接受、并愿意作出改变以适应城市生活的节奏和氛围，才称得上达到了高效的融合。

综上，至少可从“经济、社会、心理”三个层面构建指标体系，来考察本书的研究对象——乡城流动人口的生存状态。依据乡城流动人口在流入地经济、社会、心理状态的不同，按相对融合度从低到高，将乡城流动人口分为“生存型、过渡型、发展型”三类，三类之间具有一定的层级关系和先后顺序。

二、指标的选取与界定

本书采用 2014 年国家卫生和计划生育委员会流动人口动态监测数据，涉及人群为离开农村户籍地半年以上的乡城流动人口，总样本量为 15999 人。根据指标的必要性，结合问卷调查提供的指标可得性进行指标筛选，确定以下 3 个一级指标和 9 个二级指标（见表 4－1）。

（一）指标选取

表 4－1　乡城流动人口三维划分指标体系

一级指标	二级指标	问卷指标
经济	经济收入	上个月（上次就业）收入
	社会福利保障	是否有失业/养老/住房公积金/新农保/医疗/生育/工伤
	居住环境	现住房属性
	职业稳定性	当前与工作单位签订何种劳动合同
社会	人际交往	目前在本地参加……
	社区参与	近期在本地参加……
心理	归属感	意愿之……
	未来发展思考	未来打算在哪里购房
	健康自评	健康自评之总体

（二）指标界定

指标界定方法说明：本指标界定主要参照黄匡时（2011）[①] 建立“流动人口社会融合个体指数”的方法。主观指标测度方法为：每一个指标给出“很差”“一般”“好”“不满意”“一般”或者“满意”的判断，分别赋予“1”“2”“3”分。客观指标的测度方法分为两种：一是直接回答“是”或“否”，并分别赋予“3”分、“1”分；二是根据参考值与现实值的对比，给出“很差”“一般”“好”“不满意”“一般”或者“满意”的判断，分别赋予“1”“2”“3”分（见表4－2）。

表4－2　　乡城流动人口三维划分指标值界定

数据指标	数据界定
1. 标准化收入指数	（－1，－0.67］＝1 （－0.67，0.33］＝2 （0.33，1）＝3
2. 社会福利保障指数	［1，1.67］ （1.67，2.33］ （2.33，3］
3. 是否拥有自有住房	是＝3 否＝1
4. 当前与工作单位签订何种劳动合同	有固定期＝3 无固定期限、完成一次或试用期＝2 未签、不清楚、其他＝1
5. 人际交往指数	［1，1.67］ （1.67，2.33］ （2.33，3］
6. 社区参与指数	［1，1.67］ （1.67，2.33］ （2.33，3］

① 黄匡时．流动人口社会融合指数：欧盟时间和中国建构［J］．南京人口管理干部学院学报．2011（1）．

续表

数据指标	数据界定
7. 意愿指数	[1, 1.67] (1.67, 2.33] (2.33, 3]
8. 未来打算在哪里买房	在本地购房 =3 回户籍地所在省的省会城市或回户籍地所属的地级市购房、回户籍地的县或乡镇购房 =2 回户籍地的村或乡镇的建房、没有打算、其他 =1
9. 健康自评	差、一般 =1 好 =2 很好、非常好 =3

(三) 指标界定及赋值说明

标准化收入指数：根据调查问卷中“上个月（上次就业）收入”指标数据，进行标准化处理得到收入指数。

标准化收入指数 = $(X - X_0) / \delta$

其中，X 表示“上个月（上次就业）收入”，X_0 表示“收入均值”，δ 表示“收入标准差”。根据标准化收入指数结果，该指标值域为（-1，1）。

社会福利保障指数：社会福利保障包括失业保险、养老保险、住房公积金、新农保、医疗保险共 5 项。

社会福利保障指数 = Σ 社会福利保障/5

是否拥有自有住房：住房状况能有效反映流动人口的经济状况、在流入地的稳定性等，拥有自有住房是流动人口长期居留意愿的体现，因此将是否拥有自有住房作为三维人群划分的一项指标。根据调查问卷中“现住房属性”指标数据，将“已购商品房”“已购政策房”和“自建房”界定为“拥有自有住房”；将“政府提供”“租住单位”“租住私房”“单位/雇佣”“借住房”“就业场所”和“其他”界定为“不拥有自有住房”。

当前与工作单位签订何种劳动合同：流动人口与工作单位之间是否签订劳动合同及签订劳动合同的期限能反映流动人口经济和生活的稳定性。因此，将“签订合同且有固定期”赋值为 3 分，将“签订合同但无固定期”和“完成一次”赋值为2分，将“未签”和“其他不清楚”统一赋值为1分。

人际交往指数：根据调查问卷相关数据指标，以“目前在本地参加组织之工会”“目前在本地参加组织之志愿者协会”“目前在本地参加组织之流动党（团）支部”和“目前在本地参加组织之同学会”等8项指标来衡量流动人口人际交往状况。

人际交往指数 = Σ 目前在本地参加组织之……/8

社区参与指数：根据调查问卷相关数据指标，以“近期在本地参加过活动之社区文体活动”“近期在本地参加过活动之社会公益活动”“近期在本地参加过活动之选举活动”和“近期在本地参加过活动之评优活动”等7项指标来衡量流动人口人际交往状况。

社区参与指数 = Σ 近期在本地参加过活动之……/7

意愿指数：根据调查问卷相关数据指标，以“意愿之与本地人共同居住在一个街区”“意愿之与本地人做同事”“意愿之与本地人做邻居”和“意愿之与本地人交朋友”等6项指标来衡量流动人口对流入地人文等的心理认同度和归属感。

意愿指数 = Σ 意愿之……/6

是否将在流入地买房：“是否将在流入地买房”可在一定程度上反映流动人口目前的经济生活状态及对未来生活的心理预期，因此将“在本地购房”赋值3分；将“回户籍地所在省的省会城市或回户籍地所属的地级市购房”和“回户籍地的县或乡镇购房”赋值为2分；将“回户籍地的村或乡镇的建房”“没有打算”和“其他”赋值为1分。

健康自评：“健康自评”是流动人口对自身实际健康状况以及心理健康状况的评价，具有客观和主观性。根据调查数据，将“非常好”和“很好”赋值为3分；将“好”赋值为2分；将“一般”和“差”赋值为1分。

三、指标体系的构建

（一）指标计算

利用加权平均法，流动人口指标计算如下，各指标权重分配如表4-3

所示。

流动人口指标 = Σ 各指标值/9

表 4 – 3　　各指标权重分配

一级指标	二级指标	指标权重
经济	经济收入	1/9
	社会福利保障	1/9
	居住环境	1/9
	职业稳定性	1/9
社会	人际交往	1/9
	社区参与	1/9
心理	归属感	1/9
	未来发展思考	1/9
	健康自评	1/9

（二）三维人群划分

根据上述指标计算结果，乡城流动人口指标总分值区间为［1，3］，据此将总分值区间为［1，1.67］的乡城流动人口划分为生存型，将总分值区间为［1.67，2.33］的乡城流动人口划分为过渡型，将总分值区间为［2.33，3］的乡城流动人口划分为发展型。

四、乡城流动人口“三维”分化人群的基本特征差异

本书采用的 2014 年流动人口动态监测数据总样本量为 15999 人。根据前述划分标准将该乡城流动人口划分为生存型人口、过渡型人口、发展型人口。“三维”人群划分呈现明显纺锤型结构，过渡型人口占比较大，达近 3/4，生存型和发展型乡城流动人口所占比重接近，约 12%。这也表明，绝大多数流动人口已经从生存型转化成过渡型和发展型，社会经济地位不断提升（如图 4 – 1 所示）。

初步考察乡城流动人口“三维”分化人群的基本特征差异如下。

（一）男性乡城流动人口的融入程度高于女性

分性别来看，无论男性还是女性的乡城流动人口均以过渡型为主导，

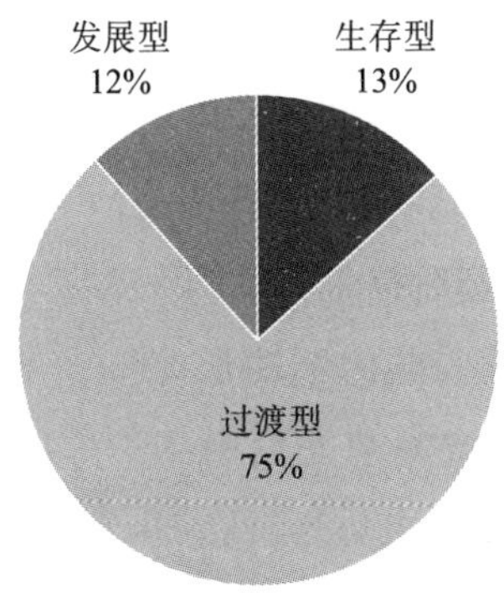

图 4－1　乡城流动人口“三维”人群分布状况

占比都在 3/4 左右；生存型和发展型相对较少，作为补充。从各个类型的性别比例来看，过渡型和发展型人群中男性比例高于女性。而生存型人群中，女性所占比重高于男性（见图 4－2）。这也表明，尽管有较多的女性已经走上了发展型以及过渡型的道路，但仍然有相当大比例（16.36%）的女性流动人口挣扎于低水平的生存状态。

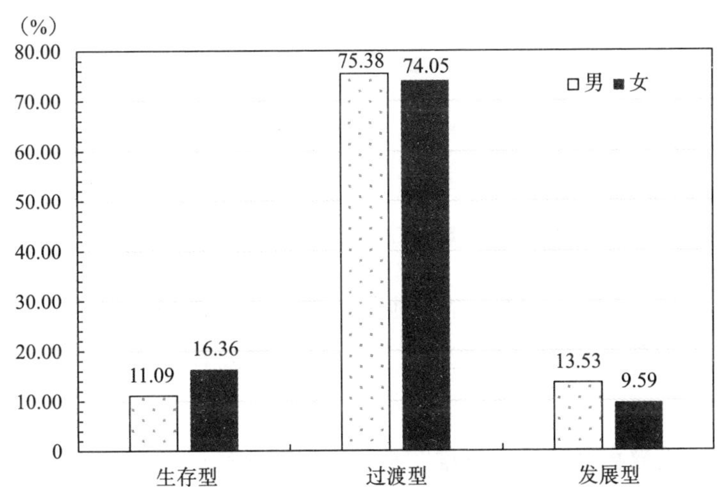

图 4－2　乡城流动人口“三维”分化人群性别特征

（二）青壮年是乡城流动人口的主体

乡城流动人口的年龄结构主要集中在 20—50 岁，属青壮年人群。具体来看，各个年龄段中，过渡型人群占较高比例；30—40 岁人群中发展型人群占比最高。

不同年龄段的人群中体现不同的发展阶段类型。生存型中 20—30 岁人群的分布最多，超过了 40%，其次是 30—40 岁年龄段人群，达到了 27%。过渡型人口的年龄段则普遍后移，其中 20—30 岁年龄段人群规模最大，接近 40%，30—40 岁年龄段人群比例接近 35%，表明已经有较大部分的人群进入过渡型。发展型乡城流动人口中，30—40 岁年龄段的人群约占到 54%，3/4 的发展型乡城流动人口年龄在 30 岁以上（见图 4 – 3）。

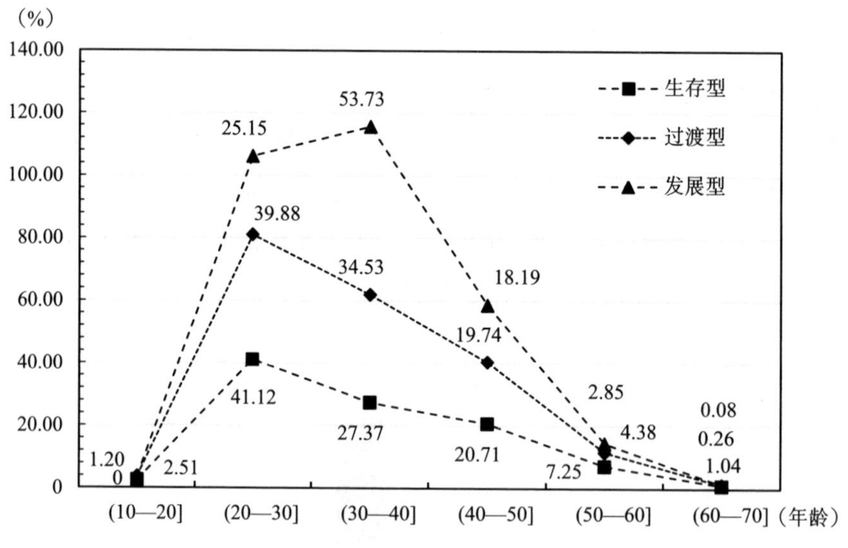

图 4 – 3　乡城流动人口“三维”分化人群年龄特征

以上表明，流动人口的经济地位可能随着年龄增长发生变化，年龄（在劳动力年龄范围之内）越高，其向过渡型或者发展型提升的可能性越大。

（三）受教育程度与“三维”分化人群划分呈正相关

乡城流动人口总体的教育水平仍偏低，初中级以下人口数量较多。从“三维”分化人群来看，生存型人群中，各教育程度分布的人数比例相差较悬殊，其中初中教育水平人数占比最高，高中教育水平次之；过渡型人群中，初中教育水平人数仍占优，但高中以上学历的比重高于生存型；发展型人群中，各文化程度人数分布比例随着教育水平的升高依次提高。

以上数据表明教育水平与乡城流动人口的生活状态呈现正相关关系（见图4－4）。

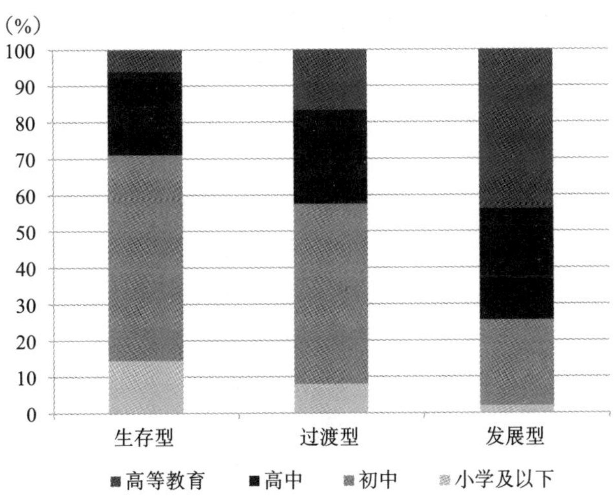

图4－4　乡城流动人口“三维”分化人群教育特征

（四）发展型乡城流动人口在婚比例最高

生存型人口在婚比例较低，多处于未婚、离异（或丧偶）状态；发展型人口在婚比例最高；过渡型在婚、未婚和离异（或丧偶）三者的比例接近，其中，未婚比重略高（见图4－5）。

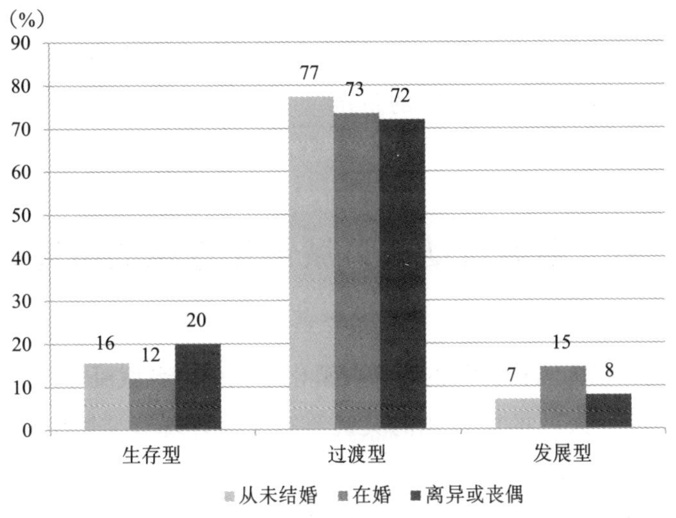

图4－5　乡城流动人口“三维”分化人群婚姻特征

（五）户籍的地理分布差异

从户籍所在地区域来看，乡城流动人口中来自中部地区的人数占比最高，东部次之，西部人数占比最低。具体来看，生存型人群中，来自中部和西部人口较多；过渡型人群中，来自中部人口较多，其次为东部人口；发展型人群中，来自东部的人口较多，西部人口次之（如图 4－6 所示）。

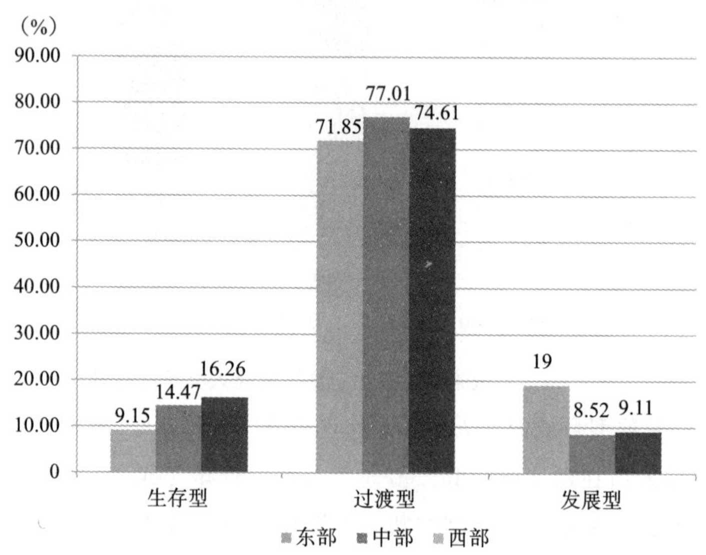

图 4－6 “乡城流动人口“三维”分化人群地区特征

本章及下一章节将在乡城流动人口“三维”人群基础上，探讨三类人群“城镇化”与“社会融合”的差异。

第二节 乡城流动人口城镇化意愿的研究动态

在推进“以人为核心”的新型城镇化进程中，乡城流动人口的城镇化意愿[①]是实现“人”的城镇化的关键。本节综合现有文献资料，以农村

① 学界不少的文献用“留城意愿”考察城镇化意愿，本节内容将“留城意愿”视同城镇化意愿。

迁移劳动力的个体特征、家庭特征、经济条件、社会因素和区位地理五大纬度形成一个综合分析框架，对乡城流动群体城镇化意愿（或留城意愿）的影响因素进行回顾。为该议题的研究成果提供全景式和逻辑化的展现。

一、个体特征对乡城流动人口城镇化意愿的影响

个体特征是决定乡城流动人口城镇化意愿强弱的一个非常重要的因素。乡城流动人口城镇化意愿的强弱与自身的年龄、性别、受教育程度以及在迁入新城居留时间等鲜明个体特征密切相关。

（一）年龄特征

既有的研究表明，乡城流动人口年龄越大，迁移的动力与能力越弱，转移后的城镇化意愿也与年龄成反比。城市工业部门、服务业部门的劳动生产率相比农业部门高，劳动报酬多，吸引了大量中国农村富余的年轻劳动力外出打工。年轻人比年长者未来拥有更长的工作年限，对城市未来生活更加充满期待，城镇化的意愿相对更强烈[①][②]（段志刚，2010；李练军，2013）。随着年龄增长，乡城流动人口的体能等与城市劳动力市场用工需求不相匹配，高龄农民工在城市的就业机会减少，回流概率增大[③]（李珍珍，2010）。随着农村传统的“离土不离乡”观念逐步瓦解和农村土地资源等的束缚力弱化，相比第一代农民工愿意选择回到农村养老，新生代农民工更愿意在城市生活；从城市的选择看，第一代农民工偏好于居住在中等城市，第二代农民工更喜欢居住在大城市[④][⑤]（解永庆等，2014；盛亦男，2016）。

---

① 段志刚，熊萍．农民工留城意愿影响因素分析——基于我国七省市的实证研究［J］．西部论坛，2010（5）：37－43.

② 李练军．我国农民工留城意愿影响因素研究进展综述［J］．理论研究，2013（12）.

③ 李珍珍，陈琳．农民工留城意愿影响因素的实证分析［J］．南方经济，2010（5）：3－10.

④ 解永庆，缪杨兵，曹广忠．农民工就业空间选择及留城意愿代际差异分析［J］．城市发展研究，2014（4）：92－97.

⑤ 盛亦男．流动人口居留意愿的影响效应及政策评价［J］．城市学刊，2016（9）.

（二）性别差异

在性别差异方面，城镇化意愿呈现两种截然相反的影响机理：一种研究认为，与上一代农民工相比，新生代农民工中的女性比男性更倾向于留在城市生活[①②③]（李强，2009；夏显力，2012；田明，2014）。原因是在农村，传统上男性仍是家庭的主要经济支柱，承担着更多的家庭责任，包括赡养老人、照顾亲属和维持家族关系等，他们外出后回流的意愿和概率更高。另一种研究则发现，男性比女性更愿意留在城市。首先，由于男性在城市劳动力市场的劳动报酬相对较高，而女性就业面临众多就业门槛和歧视等不利因素，因此导致男女定居城市的意愿强弱产生差异[④⑤]（吴兴陆，2005；熊波，2007）。其次，不同于男性农民工的连续打工经历，女性农民工外出往往是阶段性的，她们回流多源于承担生育和抚育任务[⑥]（孟宪范，2010）。对于城镇化意愿的性别差异的研究分歧，笔者认为可能源于作者调查地的差异。由于女性对迁出地生存的依赖性与对迁入地未来面临的不确定性高于男性，因此若调查地点是城市，那么女性的城镇化意愿强于男性，相反，若调查地点在农村，则女性的留乡意愿强于男性。

（三）受教育程度

在年龄、性别、教育、城市居留时间等诸多个体特征中，教育对城镇化意愿的影响最明显[⑦⑧]（李珍珍，2010；杨东亮，2016）。在竞争激烈的

---

① 李强，龙文进. 农民工留城与返乡意愿的影响因素分析［J］. 中国农村经济，2009（2）：46－54.

② 夏显力，姚植夫，李瑶，等. 新生代农民工定居城市意愿影响因素分析［J］. 人口学刊，2012（4）：73－78.

③ 田明，孙林. 进城农民工的工作流动及影响因素分析［J］. 山东社会科学，2013（8）：44－52.

④ 吴兴陆，亓名杰. 农民工迁移决策的社会文化影响因素探析［J］. 中国农村经济，2005（1）：26－32.

⑤ 熊波，石人炳. 农民工定居城市意愿影响因素——基于武汉市的实证分析［J］. 南方人口，2007，22（2）：52－57.

⑥ 孟宪范. 回流农民工的变化——基于对返乡打工妹的考察［J］. 江苏社会科学，2010（3）：85－92.

⑦ 李珍珍，陈琳. 农民工留城意愿影响因素的实证分析［J］. 南方经济，2010（5）：3－10.

⑧ 杨东亮. 东北流出流入人口的城市居留意愿比较研究［J］. 人口学刊，2016（5）.

城市就业市场中，拥有一定学历和专业技能的农民工才能找到更有利的生存空间与发展机会。近年来乡城流动人口平均受教育年限和教育水平显著提升，其城镇化的意愿、城镇化的可能性也随之提升①②③（周海旺，2009；冯长春，2011；张广胜，2012）。城市职业培训通过促进农民工的城市适应性④⑤（李楠，2010；罗遐，2012），有效提升他们城镇化意愿⑥⑦（李强等，2009；王子成，2013）。研究还显示，农民工受教育年限每增加1年，城镇化概率就增加0.3%⑧（盛来运，2008）。

进一步探讨教育对乡城流动人口迁移和回流的决策影响机理表明：相对只有小学文化程度的农村人口，拥有初中学历的外出城市打工的可能性更大；拥有高中学历的农村人口，其迁移决策倾向留守农村，在回流决策中更倾向于城镇化发展。因此，或许可以预见，随着我国乡村振兴战略的实施，农村中较高文化程度者，可能会更倾向选择留在农村创业，从而有效降低迁移风险及由此带来的离家心理成本。

（四）城市居留时间

乡城流动人口在城市中"沉淀"的时间越久，长期居留的概率越高⑨（任远，2006）。实证研究表明，迁移人口在城市居住年数每增加1年，选

---

① 周莹，周海旺．新生代农民工融入城市的影响因素分析［J］．当代青年研究，2009（5）：19－22.

② 陈春、冯长春．农民工住房状况与留城意愿研究［J］．经济体制改革，2011（1）：145－149.

③ 戚迪明，张广胜．农民工流动与城市定居意愿分析——基于沈阳市农民工的调查［J］．农业技术经济，2012（4）：44－51.

④ 李楠．农村外出农民工留城与返乡意愿影响因素分析．中国人口科学，2010（6）：102－108.

⑤ 罗遐．农民工定居城市影响因素的实证分析——以合肥市为例［J］．人口与发展，2012，18（1）：58－67.

⑥ 李强，龙文进．农民工留城与返乡意愿的影响因素分析［J］．中国农村经济，2009（2）：46－54.

⑦ 王子成，赵忠．农民工迁移模式的动态选择：外出、回流还是再迁移［J］．管理世界，2013（1）：78－88.

⑧ 盛来运．流动还是迁移：中国农村劳动力流动过程的经济学分析［M］．上海：上海远东出版社，2008：196－198.

⑨ 任远．"逐步沉淀"与"居留决定"——上海市外来人口居留模式分析［J］．中国人口科学，2006（3）：67－72.

择城镇化的概率增加了 1.69%[①]（申秋红，2012）。在所迁移的城市打工时间越长，说明该地对其吸引力越强，城镇化的可能性越大[②]（张广胜，2012；姚俊，2009；罗遐，2012）。比较和研究不同的工种与行业会发现，相对于非技能型劳动，从事城市技能型劳动的乡城流动人口工作的时间越长，积累的工作经验越丰富，劳动力市场上谈判的筹码越大，越有利于在城市持久发展。外来迁移人口在未来收入预期高、劳动权益保障性强的流入城市滞留时间越长，城镇化的意愿越强（王子成，2013）。

二、家庭特征对乡城流动人口城镇化意愿的影响

家庭是社会的基础，是个体的情感归属与经济联结，对乡城流动人口城镇化意愿有直接而深刻的影响力。家庭特征主要包括婚姻状况、举家迁移、子女教育和家庭禀赋四个方面。

（一）婚姻状况

农村人口婚姻变迁是理解农村转移劳动力城镇化意愿的切口。未婚的农村迁移劳动力，面临的当务之急是“成家”，决定这一婚姻关系的主要影响因素是婚配资源、婚姻成本和婚姻传统习俗。在我国由一个相对稳定的社会走向一个高度流动社会的背景下，农村婚姻关系正经历全方位、深层次的变迁。如果城市组织的形成有利于农村劳动力的婚姻组合，显然加大乡城流动人口城镇化意愿的强度。对于已婚者，戚迪明和张广胜（2012）研究得出：与家人一起外出的农民工有着比较强烈的城镇化意愿，尤其是共夫妻同外出对农民工城镇化意愿的积极影响最为明显，夫妻共同外出选择“想定居城市”的发生比率是夫妻未共同外出农民工的 1.48 倍[③]。赵耀辉（2002）研究发现，有配偶留在农村的迁移劳动力回流概率

---

① 申秋红．流动人口居留意愿影响因素分析——基于全国六城市的调查［J］．经济研究导刊，2012（3）．

② 姚俊．农民工定居城市意愿调查——基于苏南三市的实证分析．城市问题，2009（9）：96－101．

③ 戚迪明，张广胜．农民工流动与城市定居意愿分析——基于沈阳市农民工的调查［J］．农业技术经济，2012（4）：44－51．

比单身外出者高出 15.4 个百分点，如果配偶未随之外出，那么该迁移者返乡的概率会增加 16.1 个百分点[①]。

（二）举家迁移

举家迁移是乡城劳动力转移的新趋势，也是推动我国“以人为核心”的新型城镇化发展的有效途径。将乡城流动人口的家庭特征与城镇化意愿联系起来考察，可以发现举家迁移相比单独个体迁移具有更强烈的城镇化意愿。韩俊（2010）指出，乡城人口流动的“家庭化”趋势明显，农民工转移的稳定性得到显著提升[②]。对于那些更倾向于选择城镇化的已婚农民工，最终是否城镇化还要看其家人随迁情况。已婚流动人口，如果与配偶及其他家人一起外出，那么城镇化的意愿会加强，否则回流的意愿会增强，即举家迁移的农民工更偏好城市生活[③]（田明，2015）。若从留守家庭策略选择出发分析劳动力回流或城镇化机理，则外出劳动力的回流从根本上说是基于留守家庭的战略选择与留守人口对其强烈期望后产生的主动回流[④⑤⑥]（杨云彦，2012；周皓，2007；李贺，2011）。实证研究表明，有配偶、离异及丧偶者更倾向带动家人迁移，其带动家庭迁移的比例分别比未婚者高 5 倍和 1 倍[⑦]（朱明芬，2009）；家庭迁入地收入越多，该家庭发生后续迁移的可能性越大，并且随着农民工家庭人口迁移的增加，其后续迁移人员的随迁间隔呈逐批缩短的趋势，平均间隔时间越来越短，入迁居住方式更加城市化[⑧⑨]（姚俊，2009；熊波，2007）。

---

① 赵耀辉，李实．中国城镇职工实物收入下降的原因分析［J］．经济学（季刊），2002（2）：575－588.

② 韩俊．制约农民收入增长的制度性因素［J］．学习月刊，2010（7）：36.

③ 田明．农业转移人口的流动与融入新型城镇化的核心问题［M］．北京：科学出版社，2015.

④ 石智雷，杨云彦．家庭禀赋、家庭决策与农村迁移劳动力回流［J］．社会学研究，2012（3）：157－181.

⑤ 周皓．流出人口与农村家庭户特征——基于流出地的分析［J］．人口与发展，2007，2（2）：16－25.

⑥ 夫余．移民研究［D］．东北师范大学，2011.

⑦ 朱明芬．农民工家庭人口迁移模式及影响因素分析［J］．中国农村经济，2009（2）：67－76.

⑧ 姚俊．农民工定居城市意愿调查——基于苏南三市的实证分析．城市问题，2009（9）：96－101.

⑨ 熊波，石人炳．农民工定居城市意愿影响因素——基于武汉市的实证分析［J］．南方人口，2007，22（2）：52－57.

家庭劳动人口较多的条件下，城镇化有助于优化家庭收入来源结构，分散家庭风险。家庭成员中的劳动适龄人口越多，家庭人口越多，劳动力外出的可能性也越大，回流的可能性则越小，因此家中劳动力数的增加有利于降低回流概率①（王子成，2013）。对于劳动适龄人口少的家庭，成员外出务工可能会使家庭劳动力在部分时段出现短缺，如农忙或者家人生病时，从而降低了其城镇化的意愿。

（三）子女教育

子女教育关系到家庭未来的希望与人力资本投资回报率的高低，因此能否在流入城市接受合适的教育是影响乡城流动人口城镇化的重要因素。绝大多数年轻父母在外打工时，必须面对子女的教育问题，特别是学前和义务教育阶段。田明（2013）调查研究得出，有近10%的回流劳动力把孩子上学作为回乡的原因，研究发现，家庭中上学的孩子数量每增加1个，迁移劳动力回流的概率会增加1.1倍②。进一步的研究表明，子女在农村受教育，配偶不在同一城市的农民工具有更强的回乡意愿③（李珍珍，2010）。由于城市公办教育资源不足，各地均对外来的农民工子女设置了一定的入学“门槛”，很多学校要求农民工提供暂住证或户籍证明、住所证明和务工证明等多种文件。有的城市规定农民工子女在城市公办学校借读，须缴纳一定数额的借读费或赞助费，这对于处于社会低收入阶层的农民工家庭来说，显然负担沉重，部分农民工不得不放弃接受城市的教育，选择让子女回乡就学④（吴业苗，2016）。因此，迁入地城市对外来农民工子女教育资源的投入大小，对农民工城镇化意愿有显著的影响。城市应当为农民工子女创造更好的学习条件，使之能接受到城市更好的教育，有助于农民工选择城镇化，并深度融入城市生活。

---

① 王子成，赵忠. 农民工迁移模式的动态选择：外出、回流还是再迁移［J］. 管理世界，2013（1）：78－88.

② 田明，孙林. 进程农民工的工作流动及影响因素分析［J］. 山东社会科学，2013（8）：44－52.

③ 李珍珍，陈琳. 农民工留城意愿影响因素的实证分析［J］. 南方经济，2010（5）：3－10.

④ 吴业苗. 户籍制度改革与“人的城镇化”问题检视［J］. 学术界，2016（4）.

（四）家庭禀赋

家庭禀赋是个人发展能力的拓展、个人禀赋的外延，个人的行为选择会受到家庭禀赋状况的约束。城镇化意愿各文献中对家庭禀赋的研究主要涉及家庭成员受教育程度、家族社会关系以及家庭的经济条件，并形成以下几个代表性观点：

当农村家庭成员整体受教育年限越高时，家庭成员的综合素质和劳动技能水平越高，越倾向于外出就业，并容易找到合适的工作，较容易地融入城市生活。换句话说，家庭人力资本禀赋越高则越倾向于在外发展，而不是回到农村。

中国是“熟人”社会，丰富的家庭社会关系为农村劳动力在外发展提供了更大机会空间和资源可获得性，因此拥有广泛社会网络关系的家庭有助于农村家庭劳动力向城市转移，并留在城市发展①（杨云彦，2012）。但也会出现这样的现象，随着农村家庭社会关系的增加，那些在城市积累丰富知识的农村劳动力回流家乡创业的意愿反而增强。同时，回流与否与家庭在农村的地位有很大关系。如果在农村相对拥有较高的政治地位，如有党员身份，家庭在村里相对受人尊重，则外出劳动力选择回流农村的概率增加。

家庭经济条件也是构成家庭禀赋的主要内容之一。随着城市公共服务均等化水平的提升和开放度的扩大，家庭的绝对经济支持，特别是在经济上支援转移人口在城市购置住房，有助于农村转移劳动力留在城市。也有研究发现，随着乡村人口流动性的不断加强，农村家庭的相对经济地位对城镇化的影响不断弱化，对城镇化的影响不显著②（王殿玺，2016）。

农村土地对农民具有就业、收入和保障等多重功能，是家庭经济条件之一。分析显示，人均耕地面积越多，劳动力外出可能性越小③（Zhao YH，2002），但是随着农民工工资的提高、宏观环境的变化，人均耕地面

① 石智雷，杨云彦．家庭禀赋、家庭决策与农村迁移劳动力回流［J］．社会学研究，2012（3）：157－181.

② 王殿玺．个体经济地位、婚前家庭经济差异与婚姻迁移［J］．西北人口，2016（5）.

③ Zhao YH. 2002. Causes and consequences of return migration：recent evidence from China. Journal of Comaprative Economics，30（2）：376－394.

积对回流和再迁移的影响逐渐弱化，土地可能不再是普通农民工回流及再迁移考虑的主要问题[①]（王子成，2013）。

三、经济因素对乡城流动人口城镇化意愿的影响

经济是基础，为了便于分析问题，这里经济因素主要考虑学界研究较为集中的乡城流动人口到流入城市的收入水平、职业类别、住房条件三个方面的因素。

（一）收入水平

农民工在所迁入的城市获得收入越高，财富积累水平、经济地位越高，越倾向留在城市。盛来运（2008）实证研究农民工在城市的收入水平与城镇化意愿呈显著的正相关，在外务工人员工资每提高 1 个百分点，城镇化的可能性就增加 17 个百分点[②]。王子成和赵忠（2013）的研究显示，务工收入占家庭总收入的比例越高，城镇化的意愿越高。由于在城市定居只有具备一定物质基础，才能维持相对高于农村的消费支出水平。仅考虑绝对预期收入还不够。洪小良（2007）认为家庭在作迁移决策时会考虑参照周边人群的收入水平，即使自家的收入水平有很大的提高，但只要提高的程度不及被参照人群，他仍然有种相对剥夺感，从而影响城镇化决策[③]。除此之外，职业地位越高的，城镇化的意愿越强烈[④]（姚俊，2009），自我雇佣的外出劳动力比他人雇佣的劳动力更倾向于定居城市[⑤]（李楠，2010）。同时，家乡经济发展水平与打工所在城市经济发展水平差距会对

---

① 王子成，赵忠. 农民工迁移模式的动态选择：外出、回流还是再迁移 [J]. 管理世界，2013 (1)：78 - 88.

② 盛来运. 流动还是迁移：中国农村劳动力流动过程的经济学分析 [M]. 上海：上海远东出版社，2008：196 - 198.

③ 洪小良. 城市农民工的家庭迁移行为及影响因素研究 [J]. 中国人口科学，2007 (6)：42 - 50.

④ 姚俊. 农民工定居城市意愿调查——基于苏南三市的实证分析. 城市问题，2009 (9)：96 - 101.

⑤ 李楠. 农村外出农民工留城与返乡意愿影响因素分析. 中国人口科学，2010 (6)：102 - 108.

农民工城镇化意愿形成“推－拉”作用力。打工地经济发展状况超越流出地越多，对农民工城镇化的拉力越大①（索伟锵等，2011），说明城市较高的经济发展水平会给农民工带来较高的预期收益，考虑农村和城市的相对消费效用水平，农民工在城市务工挣得的积蓄在回到家乡的消费效用更高，经核算城市和农村的各自成本、收益之后，选择留在城市。

（二）职业类别

流动人口的居留意愿与职业状况关系密切。职业收入水平越高、工作越稳定，被社会（包括迁入的城市以及迁出的家乡亲朋好友）的认可度越高，城镇化意愿越高。辜胜阻（2009）对北京市调查发现，流动人口和农民工主要分布在制造业（30.30%）、建筑业（22.90%）、餐饮业（6.70%）、批发和零售业（4.60%）、社会服务业（10.40%）以及其他（25.10%），其中制造业、建筑业和社会服务业三者占据了全部人数的60%以上，回流的比例也较高。② 韦小丽、朱宇（2007）研究得出，签订劳动合同的正规就业和较稳定的就业，带给农民工较稳定的收入和生活，其定居城市的意愿也较强烈。

正规就业与否对农民工定居城市的意愿呈正向的显著相关（姚俊，2009）。在城市公共服务和一系列社会保障制度不完善的情况下，拥有一份稳定的正规工作是享受城市公共服务和各项社会福利制度的基本条件，参加社会保险的农民工更倾向于定居城市③④（段志刚，2010；夏显力等，2012）。同时，正规就业包含的诸多体制外因素都对定居意愿有直接作用，比如正规就业通过提高农民工的自我评价（也是当地人评价农民工的标准），从而成为其更愿意城镇化的原因。夏显力等（2012）对比了在不同所有制性质从业的新生代农民工的城镇化意愿，发现国有企业的新生代农

---

① 索伟锵，李洪玲，张改清．农民工留城意愿及其影响因素分析——基于对郑州市农民工调查的实证分析［J］．安徽农业科学，2011（12）：73－75.

② 韦小丽，朱宇．流动人口居留意愿与就业特征［J］．人口与社会，2008，24（2）：20－25.

③ 段志刚，熊萍．农民工留城意愿影响因素分析——基于我国七省市的实证研究［J］．西部论坛，2010（5）：37－43.

④ 夏显力，姚植夫，李瑶，等．新生代农民工定居城市意愿影响因素分析［J］．人口学刊，2012（4）：73－78.

民工定居城市的意愿最强，民营单位次之，在外资单位工作的新生代农民工定居城市的意愿最弱。形成这样排序的主因是国有单位工作稳定且福利较好，被视作“正规就业”。

（三）住房条件

住房是影响农村转移人口在城市稳定居住和生活的显著因素，尤其对新生代农民工城镇化意愿影响程度最大①②（曹雁翎，2014；冯长春，2011）。拥有住房的农民工比租房的农民工更倾向于定居城市，尤其举家迁移的，住房是首要考虑的因素③（田明，2015）。从居住条件看，惠彦等（2009）对常熟市流动人口居住地的调查发现，流动人口的居住方式以租住房屋和集体宿舍为主，分别占42%和41%；自有房屋比例较少，为7%；其他居住方式为10%④。农民工住房仍然游离于城镇住房保障体系之外，住房条件很差。在城市住房价格收入比面前，农民工对自身能力和周围环境有较为清醒的判断，即使没有户籍制度障碍，多数人购房的梦想也没有实现的可能，因此很多人未把打工城市作为定居的最终目标。从住房延伸的权利看，住房背后连带的公共服务待遇对流动人口城镇化意愿具有很大的影响，“租售同权”等方面的制度将逐步使租房居民在基本公共服务方面与买房居民享有同等待遇，对乡城流动人口城镇化意愿有正面的强激励效应。

近年来，随着城乡一体化进程加快推进，城乡基本公共服务均等战略的实施，开始出现部分农民工不太愿意进城落户的现象，最主要原因是附加在农村土地上的各种权利。因此，加快探索新型的机制和制度安排，以实现附在农村土地上的权利有变现或自愿有偿退出的渠道。

① 曹雁翎．新生代农民工中小城市长期居留意愿考察——基于新型城镇化的考察［J］．中央财经大学学报，2014（3）：102－110.

② 陈春，冯长春．农民工住房状况与留城意愿研究［J］．经济体制改革，2011（1）：145－149.

③ 田明．农业转移人口的流动与融入新型城镇化的核心问题［M］．北京：科学出版社，2015.

④ 惠彦，金志丰，陈雯．常熟市人口城镇化的问题及分析［J］．城市问题，2009（3）：63－68.

四、社会因素对乡城流动人口城镇化意愿的影响

社会因素包括社会融合程度、社会关系和社会保障制度等心理性和制度性的因素，这些因素的存在和作用是强有力的，型塑着人们的城镇化态度。

（一）社会融合程度

社会融合程度与城市的认同感相关，一般情况下，对城市认同感强的农民工，特别是与城市居民交往越多的农民工，其定居城市的意愿也越强烈。乡城流动人口从农村到城市，面临新的生活工作环境，实际上面临一个再社会化过程①（田凯，1995），这一过程必须具备三个基本条件：首先，在城市找到相对稳定的工作；其次，职业带来的经济收入及社会地位能够形成一种与当地人接近的生活方式，从而在和当地人发生社会交往并参与当地社会生活时处于一种平等的地位；最后，在与当地社会人群的频繁来往与密切接触过程中，接受并形成新的、与当地人类似的价值观。

流动人口的社会融合程度涵盖经济层面、社会层面和精神层面，这三个不同层面是依次递进的，经济层面的适应是立足城市的基础；社会层面是城市生活的进一步要求，反映的是融入城市生活的广度；精神层面反映的是参与城市生活的深度。经济危机、城市压力、社会排斥等结构性因素是推动农村外出劳动力回流的主要因素②（宋洪远，2002），也成为流动人口最终不能城镇化的重要因素。只有心理和文化的适应，才说明流动人口完全地融入于城市社会③（朱力，2002）。精神层面与在务工城市的“朋友圈”有密切的关系——在务工城市有亲戚朋友、掌握当地方言、与城市居

---

① 田凯．关于农民工的城市适应性的调查分析与思考．社会科学研究，1995（5）：87－105.

② 宋洪远，黄华波．关于农村劳动力流动的政策问题分析［J］．管理世界，2002（5）：55－65.

③ 朱力．论农民工阶层的城市适应［J］．江海学刊，2002（6）：82－88.

民频繁深入的互动及参与当地各类组织等均有助于提高其城镇化意愿[①][②][③]（周海旺，2009；戚秦伟，2003；段志刚，2010）。

（二）社会关系

在城市拥有越多社会关系的农民工整体上定居于城市的意愿越明显、越强烈，但不同类型的社会关系对城镇化意愿的影响强度有差异，这从外出打工时间可以得到印证。在城市的时间越长，对城市越熟悉，积累的人脉越广，在城市的社会网络规模越大，社会关系越丰富[④]（田明，2013）。通常城市里的朋友规模（包括亲属规模、朋友规模、相识规模）可在一定程度上传递出农民工的社会关系。刘茜等（2013）根据社会网络成员来源的组织类型的不同，将社会关系分为一般社会关系和政治社会关系两类，来自政府组织的社会关系称为政治社会资本，来自其他组织的社会关系称为一般社会资本，政治社会资本比一般社会资本对农民工城镇化意愿的影响更大[⑤]。

（三）相关保障制度

乡城人口的回流与中国"城市偏向"的户籍制度、就业政策、社会保障和服务政策密切相关[⑥]（蔡昉，2001）。显然，那些更能享受到制度覆盖的人群会有更强的城镇化意愿。若从城市视角考察农村劳动力回流，长期制度保障的缺失是迁移劳动力城市融入的核心障碍[⑦]（石智雷，2013）。若从农村视角审视劳动力回流，在城市不能获得社会保障的条件下，农村家

---

① 周莹，周海旺．新生代农民工融入城市的影响因素分析［J］．当代青年研究，2009（5）：19－22.

② 秦伟．从新县劳务输出看农民增收的有效途径［J］．休闲农业与美丽乡村，2003（3）：26－28.

③ 段志刚，熊萍．农民工留城意愿影响因素分析——基于我国七省市的实证研究［J］．西部论坛，2010（5）：37－43.

④ 田明，孙林．进程农民工的工作流动及影响因素分析［J］．山东社会科学，2013（8）：44－52.

⑤ 罗必良，刘茜．农地流转纠纷：基于合约视角的分析——来自广东省的农户问卷［J］．广东社会科学，2013（1）：35－44.

⑥ 蔡昉．人口迁移和流动的成因、趋势与政策．中国人口科学，2012（6）：8－16.

⑦ 石智雷，易成栋．长期保障、投资回报与迁移劳动力回流决策［J］．经济评论，2013（3）：66－76.

庭保障功能使得迁移劳动力很容易选择回流。部分农民工策略性地选择城市和农村间往复式迁移以获得城市部门的高收益，在年纪大了、劳动能力丧失时再获取农村家庭为其提供的养老保障。

户籍制度是社会保障制度关注的一个焦点。城市“利益捆绑”的户籍制度管制，造成了“户籍与非户籍”人口在就业、养老、教育、医疗、住房等方面存在差异①（吴业苗，2016）。假设户籍制度开放，打算永久居留的流动人口比重将显著增加②（孟兆敏，2011）。中国的户籍制度拥有人口信息登记和人口迁移管理两个基本功能，对于户籍制度的人口信息登记功能，目前不管是理论界还是政府实践部门都予以认可，但对其人口迁移管制则存在分歧。反对意见认为对人口迁移进行严格管控的户籍制度是造成中国“以人为核心”的城镇化落后的最重要原因③（张伟进，2014）。赞同意见则认为，我国城乡居民经济收入差距大，公共事业与公共服务发展严重不平衡，如果放弃人口迁移管控，任由人口自由迁移，农村城镇、中小城市发展或许不会受到多大影响，但大城市尤其是特大城市的“城市病”无疑将进一步加剧④（吴业苗，2016）。笔者认为，人口的自由迁移权必须得到应有的尊重。显然在中国当前大、中、小城市经济社会发展严重失衡的情况下，大、中、小城市流动人口的“向心力”会因放开户籍制度产生明显差异，大城市由于“聚集效应”将虹吸更多的人口和要素，但防止大城市过载引发的“城市病”，关键不在于通过户籍制度管住人口流动，而在于缩小大城市与中、小城市在经济社会发展的巨大落差。

五、区位特征对乡城流动人口城镇化意愿的影响

区位特征包括迁入地与迁出地的地理气候、城乡距离和区位特征等。

---

① 吴业苗．户籍制度改革与“人的城镇化”问题检视［J］．学术界，2016（4）．

② 孟兆敏，吴瑞君．城市流动人口居留意愿研究——基于上海、苏州等地的调查分析［J］．人口与发展，2011（3）．

③ 张伟进，方振瑞．农民工迁移、户籍制度改革与城乡居民生活差距［J］．南开经济研究，2014（2）．

④ 吴业苗．户籍制度改革与“人的城镇化”问题检视［J］．学术界，2016（4）．

（一）自然条件

自然条件包括气候、地形、水源、土壤等，尽管自然因素对流动人口在城市居留意愿的影响在东部地区表现得并不明显，但在西部地区特别是自然条件恶劣的地方，其对流动人口城市居留意愿的影响不应被忽视①（赵琳华，2013）。进城前居住在山区、丘陵等自然地理环境相对不便地区的农民工城镇化意愿较强。城市的气候、温度、湿度、水质等自然属性以及城市公园、广场等便利设施，决定了城市宜居程度。随着迁徙活动范围的扩大，城市选择的范围扩大，城市宜居水平也被流动人口纳入城镇化或返乡的重要考察因素之一。

（二）城乡距离

从距离上看，老家距离打工地越远，农民工定居城市的可能性越小②（张广胜，2012）。来源地与定居地的距离越近，农民工迁往该定居地的预期成本就越低，心理成本也越低。乡城劳动力的迁出和回流构成中心和边缘地区资源交换的不平衡机制并且呈现一定的规律：在农忙季节为农村家庭提供帮助，参加人生庆典等；只有失败的打工者才会永久性返乡，他们多由于年迈、生病或者其他原因被淘汰出城市，回到农村，形成农村社会弱势群体（Sander，2007）。王子成（2013）发现，村庄距离县城和乡（镇）中心越远，外出和再迁移的可能性越大，因为通常与县城和乡（镇）中心的距离越远，当地村庄的经济发展水平可能越落后，农村劳动力在当地获非农就业的机会越困难，因而更多的劳动力选择外出③。

（三）区域特征

区位特征对乡城流动人口城镇化意愿的影响显著，总体上东部地区外出劳动力回流的概率要低于中西部地区。在中西部地区，其省内回流的概率要高于跨省回流概率，也高于东部地区省内务工和跨省务工回流的概率

---

① 赵琳华，杨磊．流动人口在城市居留意愿的研究综述［J］．长春理工大学学报（社会科学版），2013（10）．

② 戚迪明，张广胜．农民工流动与城市定居意愿分析——基于沈阳市农民工的调查［J］．农业技术经济，2012（4）：44－51．

③ 王子成，赵忠．农民工迁移模式的动态选择：外出、回流还是再迁移［J］．管理世界，2013（1）：78－88．

（王子成，2013）。原因有三：其一，东部地区劳动力80%在省内务工，在社会关系网络、语言交流、风俗文化适应等方面具有优势，使得东部地区劳动力更容易在城市发展，降低了回流的可能性；其二，中西部地区劳动力跨省流动耗费的时间、路费等直接成本要比省内务工高，使得跨省流动农民工考虑回流时更谨慎；其三，部分劳动力选择省内就近务工可能是更便于照看家庭生产及家庭成员，一旦家庭有需要，他们回流的概率就很高，这也使得中西部地区劳动力省内务工回流的概率要显著高于跨省流动回流的概率。

小　结

"城镇化意愿"这一主题伴随中国城镇化进程受到学术界的高度关注。从文献可以看出，当前学界对乡城流动人口"城镇化意愿"的探讨皆试图找出影响"城镇化意愿"的主要因素，并分析其传导机制，最终目的是对其中的可控因素提出制度设计，提高该群体"城镇化意愿"的强度，引导乡城流动人口深度融入城市。在影响机理论述过程中，中国"以人为核心"城镇化进程中的主要问题和障碍也昭然若揭。

第三节　乡城流动人口"三维"分化人群的城镇化意愿强弱差异

乡城流动人口的城镇化意愿是个研究强度较高的学术议题，但目前的研究仍将该群体作为同质性群体进行考察，忽视了该群体内部的异质性，导致分析结论大而化之，不能有的放矢。基于异质性的区分将能更精准地探析不同类型乡城流动人口城镇化意愿的诉求。基于此，本节主要探讨"三维"乡城流动人口（以下简称：三维人群）城镇化意愿的差异及其影响因素。

一、数据的处理

第二节综合了学术界对乡城流动人口城镇化意愿影响因素的考察，发现个体特征、家庭特征、经济条件、社会因素和区位地理是相对集中的五大分析维度。受限于本书使用的调查数据的有限性，根据本调查可以收集到的信息，本书将乡城流动人口城镇化意愿的影响因素整合为个体人口学特征、流动状况、经济和保障状况及社会因素四大方面以进一步研究（见图4-7），并在第四节加入区位地理的分析维度，从一线、二线、三线城市的区域特征角度讨论流动人口留城状况。

（一）操作化模型

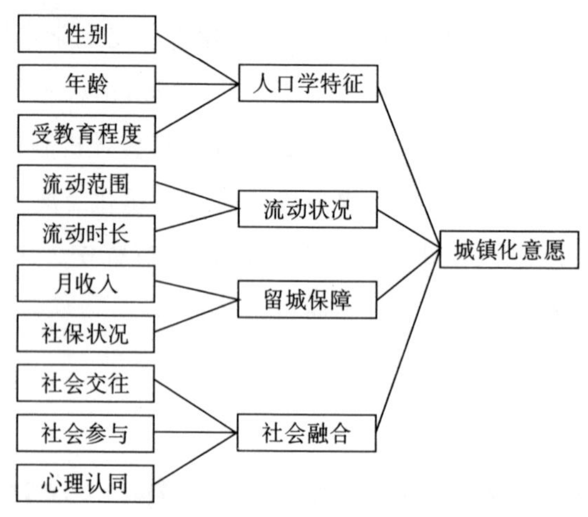

图4-7　乡城流动人口城镇化意愿操作化模型

（二）变量测量

1. 因变量。

因变量为3类乡城流动人口的城镇化意愿，根据问卷中“您是否打算在本地长期居住（5年以上）”，将三个选项中的“打算”赋值为1，将“不打算”和“没想好”合并为“不愿意”，赋值0。

2. 自变量。

根据问卷结构将自变量3类乡城流动人口的城镇化意愿影响因素划分

为人口学特征、流动状况、留城保障和社会融合 4 个类别。

人口学特征包括性别、年龄和受教育程度 3 个维度。年龄重新编码为“15—19、20—29、30—39、40—49、50—60” 5 个类别，受教育程度重新编码为文盲、小学、中学、大学及以上 4 个类别。

流动状况包括流动空间和流动时长 2 个维度。流动空间根据问卷区分为跨省流动、省内跨市和市内跨县 3 个类别。流动时长重新编码为 0—1、2—3、4—5、6—10、11 及以上，单位为年。

留城保障区分为月收入、就业身份和社保状况 3 个维度。月收入根据问卷结果重新编码分为 1000—2000、2001—3000、3001—4000、4001—5000、5001 及以上 5 个类别。社会保险状况根据问卷中“您有下列何种社会保障”赋值，共包括失业保险、城镇职工养老保险、城镇居民养老保险、住房公积金和新农保 5 项，选项“有”赋值 1 分，选项“无”赋值 0 分，根据赋值结果相加得到社会保障得分，取值范围为 0—5 分，以此衡量社会保险状况变量。

社会融合分为社会交往、社会参与和心理认同 3 个维度。社会交往变量根据问卷中“您觉得自己或家人与本地人相处得好不好”赋值，选项“很融洽”赋值 5 分，“比较融洽”赋值 4 分，“一般”赋值 3 分，“不融洽”赋值 2 分，“来往很少”赋值 1 分，取值范围为 1—5 分。社会参与变量根据问卷中“您在本地参加过以下哪些活动”赋值，共包括社区文体活动、社会公益活动、选举活动、评优活动、业主委员会活动和居委会管理活动 6 项，选择“参加过”赋值 1 分，选择“未参加过”赋值 0 分，根据赋值结果相加得到社会参与得分，取值范围为 0—6 分，以此衡量社会参与状况变量。心理认同变量通过问卷结构中的“您是否同意以下一些说法”选择 5 项赋值，包括“我感觉自己是属于这个城市的”“我觉得我是这个城市的成员”“我把自己看作是这个城市的一部分”“我愿意融入社区/单位，成为其中一员”“我觉得本地人愿意接受我成为其中一员”。选择“完全不同意”赋值 1 分，“不同意”赋值 2 分，“基本同意”赋值 3 分，“完全同意”赋值 4 分，根据赋值结果相加得到心理认同得分，取值范围为 5—20 分，以此衡量心理认同变量。

3. 分析方法。

首先对三维人群城镇化意愿进行对比，然后将三维人群区分开，分别进行因变量与各自变量间的交互分析。之后，为了检验各自变量组与因变量的关系，通过二项 logistic 回归模型进一步分析。

二项 logistic 回归方程如下：

$$\text{Logit } p = \ln\left(\frac{p}{1-p}\right) = \sum b_i x_i$$

因变量为城镇化意愿，自变量数量为 10。通过统计软件输出回归统计结果，观察不同模型下，每个自变量的二项 logistic 回归标准化回归系数及显著性水平。

模型 1 为只包括乡城流动人口学特征的基础模型，模型 2 加入流动状况，模型 3 在模型 2 基础上加入留城保障因素，模型 4 在模型 3 的基础上加入社会融合因素。以此观察不同自变量进入模型后对模型显著性的影响，探讨乡城流动人口城镇化意愿的影响因素及其作用机制。

此后，分别对三维人群的城镇化意愿影响因素回归结果进行对比分析，探讨三维人群城镇化意愿差异及其影响因素。

二、“三维”人群城镇化意愿影响因素描述分析

表 4－4 表明，生存型乡城流动人口愿意留城的比例为 36.3%，不愿意的比例为 63.7%；过渡型乡城流动人口愿意留城的比例为 52.1%，不愿意的比例为 47.9%；而发展型乡城流动人口愿意留城的比例为 87.1%，不愿意的比例为 12.9%（见图 4－8）。

表 4－4　“三维”人群城镇化意愿影响因素描述分析

变量		生存型		过渡型		发展型	
		频数	百分比(%)	频数	百分比(%)	频数	百分比(%)
城镇化意愿	愿意	894	36.3	3315	52.1	1104	87.1
	不愿意	1572	63.7	3052	47.9	163	12.9
性别	男	1205	48.9	3681	57.8	813	64.2
	女	1261	51.1	2686	42.2	454	35.8

续表

变量		生存型		过渡型		发展型	
		频数	百分比(%)	频数	百分比(%)	频数	百分比(%)
年龄	15—19	210	8.5	312	4.9	9	0.7
	20—29	1050	42.6	2886	45.3	488	38.5
	30—39	637	25.8	1938	30.4	583	46.0
	40—49	457	18.5	1082	17.0	169	13.3
	50—60	112	4.5	149	2.3	18	1.4
受教育程度	文盲	26	1.1	34	0.5	4	0.3
	小学	299	12.1	437	6.9	20	1.6
	中学	1991	80.7	4789	75.2	637	50.3
	大学及以上	150	6.1	1107	17.4	606	47.8
流动范围	跨省流动	1389	56.3	3835	60.2	633	50.0
	省内跨市	1000	40.6	2304	36.2	553	43.6
	市内跨县	77	3.1	228	3.6	81	6.4
流动时长（年）	0—1	1152	46.7	2398	37.7	278	21.9
	2—3	604	24.5	1634	25.7	316	24.9
	4—5	314	12.7	919	14.4	220	17.4
	6—10	266	10.8	945	14.8	292	23
	11 及以上	130	5.3	471	7.4	161	12.7
月收入（元）	100—2000	784	31.8	846	13.3	62	4.9
	2001—3000	1205	48.9	2554	40.1	240	18.9
	3001—4000	407	16.5	1764	27.7	293	23.1
	4001—5000	44	1.8	714	11.2	295	23.3
	5001 及以上	25	1.0	486	7.6	377	29.8
社会保障	（得分）	0.65		1.35		2.46	
社会认同	（得分）	3.64		3.91		4.31	
社会参与	（得分）	0.44		0.71		1.05	
心理认同	（得分）	15.12		16.25		17.80	

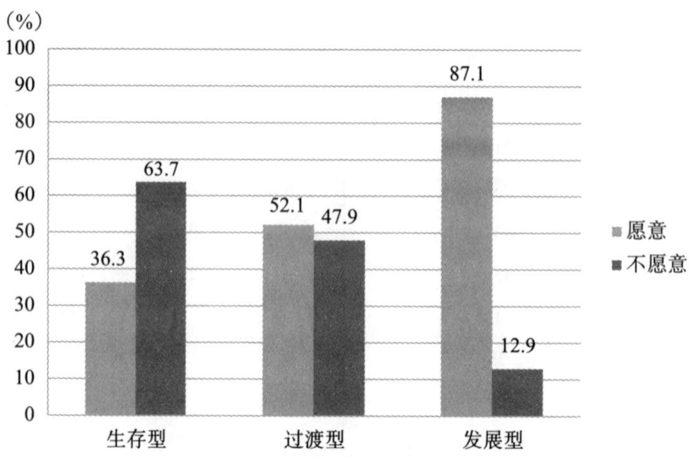

图4-8 “三维”人群城镇化意愿百分比

可见，发展型乡城流动人口城镇化意愿是最高的，八成发展型乡城流动人口愿意留在城市，可能的原因是他们已经在城市立足脚跟，具有相对丰富的资源，有相对多的能力和信心在城市继续生活。生存型乡城流动人口的城镇化意愿最低，愿意留城的只占到36.3%，可能的原因是其社会经济地位相对较低，生存问题更加突出，缺乏能力和信心继续留在城市，该群体更具“平滑性”，即容易出现在城乡间的“循环流动”。过渡型乡城流动人口的城镇化意愿居中，五成左右的过渡型乡城流动人口愿意留在城市，这部分的流动人口正处于从生存型到发展型的转变过程中，转变较为成功的那部分流动人口愿意留下，其余的则还处于抉择过程中（如图4-7所示）。

对样本进行单因素方差分析，结果也显示三维乡城流动人口之间的城镇化意愿的差异是显著的（如表4-5所示）。

表4-5 “三维”人群城镇化意愿单因素方差分析

误差来源	平方和	自由度	均方	F值	显著性
组间	217.190	2	108.595	476.532	0.000
组内	2300.962	10097	0.228	—	—
总数	2518.152	10099	—	—	—

从人口学特征来看，首先，男女性别比从生存型到发展型，男性的比例缓慢递增，女性比例递减；其次，年龄随着生存型到发展型而缓慢增加，生存型接近一半的流动人口处于20—29岁的年龄阶段，而发展型的流动人口接近一半处于30—39岁的年龄阶段；最后，从受教育程度状况看，发展型乡城流动人口中受过高等教育的占比更大。

从流动状况的时空看，“三维”乡城流动人口空间位移跨省流动都占据一半以上比例。其中，发展型乡城流动人口中省内跨市的比例相对更高。从流动时长来看，生存型乡城流动人口中接近一半的比例流动时长少于1年，而发展型乡城流动人口中流动时长在6年以上的比例更高，也说明发展型乡城流动人口多为流动时间较长的人群，通过时间积累留城资本。

从留城保障看，发展型乡城流动人口月收入明显高于另外两类流动人口。发展型乡城流动人口所拥有的社会保障资源也更多。而生存型乡城流动人口社会保障状况平均得分只有0.65，说明生存型乡城流动人口中很多人甚至连一项基本的社会保障资源都没有。

从社会融合角度看，发展型乡城流动人口在社会交往融洽程度、社会参与和心理认同三个方面的表现都优于另外两类型的流动人口。生存型乡城流动人口状况相对最差，过渡型乡城流动人口社会融合状况居中。总体而言，三类流动人口在与本地人的交往过程中，过半都认为相处融洽。在社会参与方面，得分最高的发展型乡城流动人口也仅1.05分，即平均而言只参与一项社会活动，说明乡城流动人口整体社会参与状况较差。而在心理认同方面，三类人群都有较强的城市认同感，愿意融入社区和单位。

三、“三维”人群的影响因素回归模型对比

（一）交叉分析

将三类流动人口的人口学特征、流动状况、留城保障和社会融合各维度自变量与城镇化意愿进行交叉表分析，利用相关系数卡方检验进行对比分析，结果如表4－6所示。

表 4－6 “三维”人群城镇化意愿交叉分析

变量	城镇化意愿			
	生存型	过渡型	发展型	总体
性别	0.827	4.877*	0.355	8.177**
年龄	51.484***	258.477***	32.096***	659.370***
受教育程度	15.159**	16.916***	7.131	75.450***
流动范围	1.168	35.220***	7.689*	165.359***
流动时长	87.945***	378.791***	22.215***	1184.887***
月收入	9.731*	34.089***	4.196	372.247***
社会保障	10.220*	31.141***	20.303***	230.622***
社会参与	3.454	22.030***	14.045*	76.260***
社会交往	32.000***	180.323***	2.833	688.186***
心理认同	27.205*	174.878***	13.481	621.346***

注：* 表示在 0.05 水平上显著相关，** 表示在 0.01 水平上显著相关，*** 表示在 0.001 水平上显著相关。

通过交叉分析表可以发现，总体样本的城镇化意愿与 10 个自变量均显示出显著相关关系，但是不同类别的乡城流动人口样本呈现显著性的自变量则有差异。生存型乡城流动人口城镇化意愿呈现显著影响的变量主要包括：年龄、受教育程度流动时长、月收入、社会保障、社会交往和心理认同；过渡型乡城流动人口 10 个自变量均呈现显著影响作用；而发展型乡城流动人口仅在年龄、流动范围、流动时长、社会保障和社会参与 5 个变量表现出对城镇化意愿的影响显著。

1. 二项 logistic 回归分析。

交互分析显示了单个自变量与城镇化意愿的相关关系及显著程度。但交互表分析无法揭示多个变量之间的交互关联。由于两个变量之间的关系往往受到其他变量的影响，在未控制其他变量的情况下，进行单因素相关分析可能会存在虚假相关、部分真实相关等情况，故引入二项 logistic 回归模型，通过在回归模型中逐步加入多个自变量来检验变量间的因果关系、探究“三维”人群城镇化意愿的不同影响因素。表 4－7 至表 4－10 中所显示系数均为 EXP（B）系数。

表 4－7　乡城流动人口城镇化意愿影响因素二项 logistic 回归分析

变量名称		模型一	模型二	模型三	模型四
性别	（男性）	1. 106 **	1. 111 **	1. 054	1. 071
年龄	15—19	0. 278 ***	0. 500 ***	0. 526 ***	0. 565 ***
	20—29	0. 501 ***	0. 740 **	0. 732 **	0. 768 *
	30—39	1. 206	1. 384 **	1. 315 *	1. 376 **
	40—49	1. 282 *	1. 320 **	1. 286 *	1. 304 *
	（50—60）	—	—	—	—
受教育程度	文盲	0. 400 ***	0. 422 ***	0. 541 **	0. 545 **
	小学	0. 484 ***	0. 491 ***	0. 635 ***	0. 668 ***
	中学	0. 596 ***	0. 595 ***	0. 723 ***	0. 737 ***
	（大学及以上）	—	—	—	—
流动范围	跨省流动	—	0. 520 ***	0. 509 ***	0. 686 ***
	省内跨市	—	0. 836	0. 836	0. 980
	（市内跨县）	—	—	—	—
流动时长（年）	0—1	—	0. 213 ***	0. 227 ***	0. 240 ***
	2—3	—	0. 314 ***	0. 322 ***	0. 344 ***
	4—5	—	0. 439 ***	0. 451 ***	0. 466 ***
	6—10	—	0. 703 ***	0. 711 ***	0. 732 ***
	（11 及以上）	—	—	—	—
月收入（元）	100—2000	—	—	0. 520 ***	0. 523 ***
	2001—3000	—	—	0. 472 ***	0. 490 ***
	3001—4000	—	—	0. 574 ***	0. 603 ***
	4001—5000	—	—	0. 788 **	0. 814 **
	（5001 及以上）	—	—	—	—
社会保障	—	—	—	1. 171 ***	1. 137 ***
社会参与	—	—	—	—	1. 026
心理认同	—	—	—	—	1. 094 ***
社会交往	—	—	—	—	1. 308 ***

注：* 表示在 0. 05 水平上显著相关，** 表示在 0. 01 水平上显著相关，*** 表示在 0. 001 水平上显著相关。

2. 总体样本：流动人口城镇化意愿影响因素。

模型一是只包含人口学特征的基本模型。表 4－7 显示，性别、年龄和受教育程度均对乡城流动人口城镇化意愿呈现显著影响。男性城镇化意愿高于女性；就年龄而言，与50—60岁年龄组的流动人口相比，15—29岁流动人口更不愿意留城，而30—49岁年龄组流动人口更愿意留城。受教育程度而言，与高学历流动人口相比，学历低的流动人口城镇化意愿也较低。

模型二加入流动状况因素，显示了流动时空维度对于流动人口城镇化意愿的影响，结果显示，与市内跨县流动人口相比，跨省流动的流动人口留城可能性降低了50%；流动时长越短，城镇化意愿越低。

模型三显示了留城保障对于城镇化意愿影响的回归结果。结果显示，月收入和社会保障因素均会显著影响乡城流动人口城镇化意愿，与我们的直观判断基本相符：月收入越高，留城可能性越高，反之，城镇化意愿越低；社会保障项目越多，城镇化意愿越高。

模型四是包含了人口学特征、流动状况、留城保障和社会融合变量的全模型。

首先，从人口学特征来看，在控制了其他变量之后，性别因素对于城镇化意愿影响的显著性消失了，说明男性和女性流动人口在城镇化意愿方面没有显著差别。从年龄方面看，与50—60岁流动人口相比，15—29岁流动人口留城意愿更低，其中以15—19岁年龄组的城镇化意愿最低，而30—49岁年龄组流动人口更愿意留城，其中30—39岁年龄组的城镇化意愿最高。这与文献里体现新生代农民工的城镇化意愿最高有一定出入，可能的原因是问卷中的提问是“流入地留城意愿”，年轻的流动人口正处于刚开始流动的活跃期，有更大的可能流动到其他城市或地区。而30—39岁流动人口处于流动稳定期，这部分人群大都在流入地处于事业上升期，或有固定的工作，有一定能力在流入地继续打拼。从受教育程度来看，教育程度越低，城镇化意愿越低，意味着教育程度低的流动人口更难在大城市立足，这与此前的相关文献可以互相印证。

其次，从流动状况维度来看，与市内跨县流动人口相比，跨省流动的流动人口留城可能性更低；流动时长越短，城镇化意愿越低，该因素也与此前的文献相符，流动时长代表了留城的经验和能力。

再次，从留城保障的维度来看，与学界之前的相关研究一致：月收入越高，留城可能性越高。毫无疑问月收入代表了留城的能力和生存保障，生存保障越高，城镇化意愿越高。社会保障对于城镇化意愿也具有显著影响，问卷涉及的失业保险、城镇职工养老保险、城镇居民养老保险、住房公积金和新农保五项社会保障项目中，每增加一项社会保障内容，流动人口城镇化意愿增加 1.1 倍，再次证明相关文献中“保障制度缺失是乡城流动人口融入城市的核心障碍”的观点。

最后，与相关文献一致的是：社会融合因素对于流动人口城镇化意愿具有显著影响。心理认同程度每增加 1 分，城镇化意愿增加 1 倍。与本地人交往融洽的乡城流动人口城镇化意愿更高，社会交往程度每增加 1 分，城镇化意愿增加 1.3 倍。另一方面，此处显示社会参与对乡城流动人口城镇化意愿影响不显著，可能的原因是乡城流动人口社会参与状况整体不佳，社会活动的兴趣也不大。

小结 1：乡城流动人口的流动状况、留城保障情况和社会融合状况均会显著影响其城镇化意愿，其中尤以流动时长、月收入状况、社会保障、心理认同和社会融合几个变量影响最为深远。以上因素不仅代表了流动人口在城市积累的时间资本、人力资本和生存资本，也表明在留城能力之外，社会融合、认同、获得归属感也是重要的留城影响因素。

上述模型包含了乡城流动人口样本的整体城镇化意愿影响因素分析，接下来尝试分别探讨生存型、过渡型和发展型 3 类乡城流动人口城镇化意愿不同的影响因素。

1. 生存型乡城流动人口城镇化意愿影响因素（见表 4－8）。

表 4－8　生存型乡城流动人口城镇化意愿影响因素二项 logistic 回归分析

变量名称		模型一	模型二	模型三	模型四
性别	（男性）	0.924	0.947	0.938	0.944
年龄	15—19	0.667	0.945	0.983	1.031
	20—29	0.747	0.980	1.015	1.049
	30—39	1.354	1.534	1.586*	1.656*
	40—49	1.274	1.351	1.336	1.361
	（50—60）	—	—	—	—

续表

变量名称		模型一	模型二	模型三	模型四
受教育程度	文盲	0.524	0.564	0.599	0.591
	小学	1.299	1.302	1.337	1.352
	中学	1.030	1.019	1.028	1.029
	（大学及以上）	—	—	—	—
流动范围	跨省流动	—	0.990	1.038	1.197
	省内跨市	—	1.035	1.057	1.134
	（市内跨县）	—	—	—	—
流动时长（年）	0—1	—	0.373 ***	0.377 ***	0.376 ***
	2—3	—	0.442 ***	0.440 ***	0.451 ***
	4—5	—	0.566 **	0.572 **	0.574 **
	6—10	—	0.912	0.915	0.921
	（11 及以上）	—	—	—	—
月收入（元）	100—2000	—	—	0.340 *	0.269 **
	2001—3000	—	—	0.314 **	0.258 **
	3001—4000	—	—	0.297 **	0.255 **
	4001—5000	—	—	0.380	0.354
	（5001 及以上）	—	—	—	—
社会保障	—	—	—	1.201 *	1.202 *
社会参与	—	—	—	—	1.089
社会交往	—	—	—	—	1.285 ***
心理认同	—	—	—	—	1.014

注：* 表示在 0.05 水平上显著相关，** 表示在 0.01 水平上显著相关，*** 表示在 0.001 水平上显著相关。

首先，人口学特征变量。①性别变量。生存型乡城流动人口的 4 个模型中均不呈现显著影响。②年龄变量。与 50—60 岁流动人口相比，只有 30—39 岁年龄组生存型乡城流动人口呈现出更强的城镇化意愿，而且是在控制了其他因素情况下才出现显著性。③受教育程度对城镇化意愿没有显著影响，说明生存型留城意愿与教育程度没有明确关联。

其次，流动状况。从流动状况来看，流动距离与城镇化意愿没有显著相关关系，而流动时长呈现出显著相关。与流动 11 年及以上的生存型乡城流动人口相比，流动时长越短，城镇化意愿越低。

再次，留城保障。①月收入方面。月收入越低，城镇化意愿越低，但组间相差不大。②社会保障。社会保障在生存型乡城流动人口城镇化意愿中呈现显著影响，并且在控制了其他变量之后依然显著。社会保障每增加1分，城镇化意愿增加1.2倍。

最后，社会融合。①社会参与。社会参与影响不显著。②社会交往。社会交往呈现显著影响，与本地人交往越融洽，城镇化意愿越高，社会交往得分每增加1分，城镇化意愿增加1.3倍。③心理认同变量不产生显著影响。

小结2：对生存型乡城流动人口而言，社会保障与社会交往因素是影响生存型乡城流动人口城镇化意愿的显著因素。

2. 过渡型乡城流动人口城镇化意愿影响因素（见表4－9）。

表4－9　过渡型乡城流动人口城镇化意愿影响因素二项 logistic 回归分析

变量名称		模型一	模型二	模型三	模型四
性别	（男性）	1.087	1.100	1.088	1.106
年龄	15—19	0.302***	0.457***	0.470***	0.516**
	20—29	0.454***	0.575**	0.587**	0.629*
	30—39	0.988	1.023	1.038	1.112
	40—49	1.087	1.022	1.038	1.072
	（50—60）	—	—	—	—
受教育程度	文盲	0.561	0.579	0.609	0.566
	小学	0.616***	0.623***	0.644***	0.628***
	中学	0.683***	0.681***	0.698***	0.675***
	（大学及以上）	—	—	—	—
流动范围	跨省流动	—	0.516***	0.518***	0.669**
	省内跨市	—	0.792	0.799	0.898
	（市内跨县）	—	—	—	—
流动时长（年）	0—1	—	0.256***	0.260***	0.269***
	2—3	—	0.367***	0.372***	0.388***
	4—5	—	0.523***	0.527***	0.543***
	6—10	—	0.728*	0.730*	0.746*
	（11及以上）	—	—	—	—

续表

变量名称		模型一	模型二	模型三	模型四
月收入（元）	100—2000	—	—	1.093	1.020
	2001—3000	—	—	0.842	0.815
	3001—4000	—	—	0.974	0.974
	4001—5000	—	—	1.052	1.082
	（5001 及以上）	—	—	—	—
社会保障	—	—	—	1.018	1.046
社会参与	—	—	—	—	0.980
社会交往	—	—	—	—	1.264***
心理认同	—	—	—	—	1.099***

注：* 表示在 0.05 水平上显著相关，** 表示在 0.01 水平上显著相关，*** 表示在 0.001 水平上显著相关。

首先，人口学特征变量。①性别变量同样在 4 个模型中都不呈现显著影响。②年龄变量，与 50—60 岁过渡型乡城流动人口相比，15—29 岁过渡型乡城流动人口城镇化意愿显著降低。③教育程度变量，与大学及以上学历的过渡型乡城流动人口相比，小学及初中学历的过渡型乡城流动人口城镇化意愿显著降低。

其次，流动状况。流动状况对过渡型乡城流动人口呈现显著影响，与市内跨县流动人口相比，跨省流动的过渡型乡城流动人口城镇化意愿更低。而流动时长越长，城镇化意愿越高。

再次，留城保障。过渡型乡城流动人口的月收入情况和社会保障因素均不会影响其城镇化意愿。

最后，社会融合。社会融合状况会显著影响过渡型乡城流动人口城镇化意愿，体现在社会交往越融洽，城镇化意愿越高。社会交往融洽程度每增加 1 分，城镇化意愿增加 1.3 倍。而心理认同每增加 1 分，城镇化意愿增加 1.1 倍。

小结 3：对过渡型乡城流动人口而言，流动时长和社会融合程度是影响其城镇化意愿的主要因素。

3. 发展型乡城流动人口城镇化意愿影响因素（见表 4－10）。

表 4－10　　发展型乡城流动人口城镇化意愿影响因素二项 logistic 回归分析

变量名称		模型一	模型二	模型三	模型四
性别	（男性）	0.858	0.841	0.841	0.859
年龄	15—19	2.000	3.126	3.466	3.880
	20—29	1.252	1.751	1.849	2.020
	30—39	3.129	3.818 *	3.981 *	4.400 *
	40—49	3.332	3.880 *	3.901 *	4.353 *
	（50—60）	—	—	—	—
受教育程度	文盲	0.572	0.479	0.320	0.296
	小学	1.393	1.287	1.076	1.155
	中学	1.494 *	1.361	1.263	1.249
	（大学及以上）	—	—	—	—
流动范围	跨省流动	—	1.344	1.487	1.599
	省内跨市	—	2.101 *	2.227 *	2.312 *
	（市内跨县）	—	—	—	—
流动时长（年）	0—1	—	0.252 **	0.254 **	0.261 **
	2—3	—	0.270 **	0.281 **	0.291 **
	4—5	—	0.334 *	0.338 *	0.341 *
	6—10	—	0.404	0.411	0.413
	（11 及以上）	—	—	—	—
月收入（元）	100—2000	—	—	2.003	1.988
	2001—3000	—	—	0.888	0.873
	3001—4000	—	—	1.328	1.292
	4001—5000	—	—	0.943	0.950
	（5001 及以上）	—	—	—	—
社会保障	—	—	—	0.672 ***	0.676 ***
社会交往	—	—	—	—	1.080
社会参与	—	—	—	—	1.029
心理认同	—	—	—	—	1.052

注：* 表示在 0.05 水平上显著相关，** 表示在 0.01 水平上显著相关，*** 表示在 0.001 水平上显著相关。

首先，人口学特征变量。①性别变量。对于发展型乡城流动人口，性别影响在 4 个模型中依然均不显著。②年龄变量。年龄方面，与 50—60 岁发展型乡城流动人口相比，30—49 岁发展型乡城流动人口城镇化意愿显著提升，是 50—60 岁年龄组的 3—4 倍。③受教育程度。受教育程度在发展型的 4 个模型中都不呈现显著影响。

其次，流动状况。①从流动范围来看，相比于市内跨县，省内跨市的发展型乡城流动人口城镇化意愿更高，达到 2.3 倍。就流动时长而言，时间越长，城镇化意愿越高。月收入因素在模型中影响不显著。社会保障呈现显著影响，然而与我们直观判断相左的是，社会保障得分越高，城镇化意愿越低。具体表现为只有一项社会保障项目的发展型乡城流动人口呈现最高的城镇化意愿，得分最高的反而呈现出较弱的城镇化意愿。这一点有待进一步的分析和探讨。②社会融合因素的三个变量，社会交往、社会参与和心理认同都不呈现显著影响。

小结 4：对发展型乡城流动人口而言，社会保障是影响其城镇化意愿的最主要因素（见表 4 - 11）。

表 4 - 11　　三维人群城镇化意愿影响因素总结对比

		生存型	过渡型	发展型
人口学特征	性别	—	—	—
	年龄	弱	中等	弱
	受教育程度	—	强	—
流动状况	流动范围	—	中等	弱
	流动时长	强	强	中等
留城保障	月收入	中等	—	—
	社保状况	弱	—	强
社会融合	社会交往	强	强	—
	社会参与	—	—	—
	心理认同	—	强	—

4. 总结

对比“三维”人群的数据发现，流动时长、月收入和社会交往因素是影响生存型乡城流动人口城镇化意愿的显著因素；教育程度、流动时长、社会交往及心理认同共同构成过渡型乡城流动人口城镇化意愿的主要影响因素；社会保障则是发展型乡城流动人口城镇化意愿的最主要影响因素。

对生存型乡城流动人口而言，正处于社会融入的初级阶段，合意的收入和社交关系网络，是其选择是否留下的主要因素。过渡型乡城流动人口正处于适应和融入的关键阶段，流入所在地时间越长，社会交往越多以及心理认同度越高，意味着更多的被接纳感和更多的资源，也就更愿意留下。发展型乡城流动人口基本已经适应和融入了所在城市，随着留居时间逐渐增长，发展型乡城流动人口逐渐建立起人际交流网络，扩大社会活动范围，留城和融入的意愿也就更加强烈，社会保障能够给予这部分群体长远的规划信心。

生存型、过渡型和发展型是乡城流动人口在城市的不同发展阶段，有一定的层级关系和先后顺序。三种类型的过渡也体现了乡城流动人口在从流入到融入到留城的不同阶段的需求和心态。“生存型”乡城流动人口，最关键的是适应和融入，这决定了他们是留下还是流动到其他地方。“过渡型”乡城流动人口，正处于抉择期，随着流入时间的增加，不断获取更多的能力和归属感。“发展型”乡城流动人口，大多融入城市时间较长，积累了更多的留城资本和认同感，这部分人群流动性已经较低，留城的可能性更高，故有更强的城镇化意愿。

第四节　地域视角下乡城流动人口“三维”分化人群的城镇化意愿对比及政策探索

第三节分别讨论了“生存型”“过渡型”和“发展型”乡城流动人口的城镇化意愿的差异。中国的城市发展具有地区不平衡的特点，不同城市对于乡城流动人口的吸引力和排斥力各不相同。城市类型的划分有诸多标准，本书采纳“N线”城市的划分标准以进一步考察三维分化人群在一线、二线和三线城市的城镇化意愿的差异。事实上，“N线”城市的划分非官方标准，采用“N线”城市的划分标准主要基于以下三方面考虑：其一，该指标除了考虑人口规模外，还考虑到各城市的人口聚集力、在区域性中的地位、经济社会发展活力等指标，这些也是反映城市发展潜力的更具综合性的指标；其二，一线、二线和三线城市拥有比重较大的外来人口，未来的人口流动将是以一线、二线和三线城市为大、中、小中心节点的城市群汇集；其三，中国人传统固有的“有房才是家”的观念，是能否在流入地买房实现城镇化意愿的一个极为重要的考量因素，因而采用地产商使用的“N线”城市标准更能反映乡城流动人口的留城成本。

一、乡城流动人口城镇化意愿的城市差异

根据问卷调查范围，将样本划分为一线城市、二线城市和三线城市，其中一线城市包括北京市朝阳区、广东省深圳市，占总样本的25%；二线城市包括山东省青岛市、福建省厦门市、河南省郑州市和四川省成都市，占总样本的50%；三线城市包括浙江省嘉兴市、广东省中山市，占总样本的25%。

经这三类城市的乡城流动人口城镇化意愿对比，发现二线城市乡城流动人口的城镇化意愿最高，愿意留城的达到62.68%。而一线城市和三线城市乡城流动人口城镇化意愿相似，一线城市愿意留城的乡城流动人口比例为55.55%，而三线城市愿意留城的乡城流动人口比例为55.50%（如图4－9所示）。

三类城市的乡城流动人口城镇化意愿进行单因素方差分析的结果显示（见表4－12）：一线城市和二线城市对比，乡城流动人口城镇化意愿具有显著差异；三线城市和二线城市对比，乡城流动人口城镇化意愿也具有显著差异；一线城市和三线城市之间的乡城流动人口城镇化意愿差异不明显。因此，与一线城市和三线城市相比，二线城市的乡城流动人口城镇化

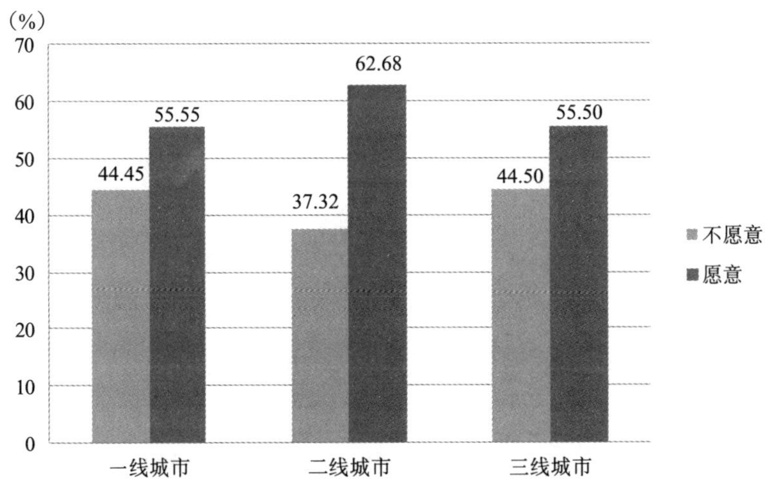

图 4－9　三类城市乡城流动人口城镇化意愿百分比

意愿显著增高。

表 4－12　三类城市乡城流动人口城镇化意愿单因素方差分析表

误差来源	平方和	自由度	均方	F 值	显著性
组间	20. 493	2	10. 247	42. 609	0. 000
组内	3846. 662	15996	0. 240	—	—
总数	3867. 155	15998	—	—	—

整体而言，乡城流动人口在各线城市的城镇化意愿与经验判断基本相符。首先，一线城市，如北京、深圳拥有最多的就业机会，成为乡城流动人口存量最多的城市，同时一线城市也意味着较高的生活成本和留城成本。高昂的留城成本使乡城流动人口流入易，留下难，故显示出乡城流动人口在一线城市较二线城市更低的城镇化意愿。其次，三线城市，如嘉兴、中山等，生活成本较低，乡城流动人口留城的成本相应较低，从成本角度而言，乡城流动人口在三线城市留城障碍低于一线和二线城市。但工作机会和工资收入往往不及一线和二线城市，因此三线城市中的乡城流动人口继续流动的可能性更大，即流入更大的城市的可能性更高，因此城镇化意愿反而不如二线城市。最后，二线城市，如青岛、郑州、厦门、成都，这些城市大多是省会城市或者省级经济中心，相对三线城市有更好的

工作机会、更高的工资和更现代化的生活环境，相对于一线城市有较低的生活成本、较少的生活压力、较少的城市污染、更加宽松的留城政策和更优质的自然环境，因此二线城市对于乡城流动人口留城有更大的吸引力。事实上，很多二线城市在崛起过程中也十分重视人才的吸收和培养，这些城市吸收乡城流动人口作为其劳动力补给和人才的扩充，吸引乡城流动人口的同时也不断加紧自身的城市软件、硬件建设，提升人口聚集力。

二、"三维"分化人群城镇化意愿的城市差异

如图 4－10 所示，一线城市生存型、过渡型和发展型乡城流动人口的城镇化意愿梯次降低。发展型乡城流动人口城镇化意愿最高，愿意留城的达到 81.8%；而过渡型乡城流动人口愿意留城的比例为 48.8%，不足一半；生存型乡城流动人口愿意留在一线城市的百分比只有 34.8%。

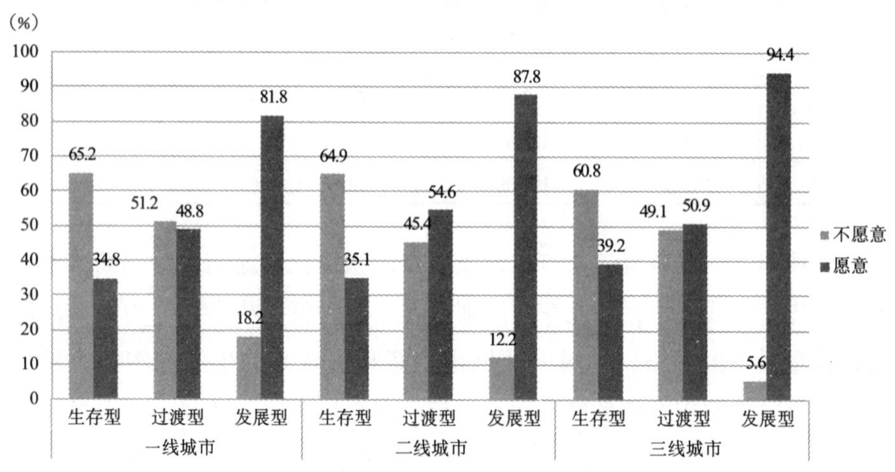

图 4－10　三类城市三维人群城镇化意愿百分比

二线城市的"三维"人群基本延续一线城市的态势。发展型乡城流动人口城镇化意愿最高，为 87.8%；其次为过渡型乡城流动人口，愿意留城的有 54.6%，最后生存型乡城流动人口城镇化意愿为 35.1%。

三线城市的"三维"人群体现了同样的规律。发展型乡城流动人口城镇化意愿最高，高达 94.4%；过渡型乡城流动人口愿意留城的有 50.9%；

生存型乡城流动人口愿意留城的有39.2%。一线、二线、三线城市的三维人群的城镇化意愿差异在单因素方差分析中均达到显著水平（如表4－13至表4－15所示）。

表4－13　　一线城市三维人群城镇化意愿单因素方差分析表

误差来源	平方和	自由度	均方	F值	显著性
组间	51.075	2	25.538	110.912	0
组内	589.901	2562	0.230	—	—
总数	640.976	2564	—	—	—

表4－14　　二线城市三维人群城镇化意愿单因素方差分析表

误差来源	平方和	自由度	均方	F值	显著性
组间	117.358	2	58.679	261.976	0
组内	1074.685	4798	0.224	—	—
总数	1192.043	4800	—	—	—

表4－15　　三线城市三维人群城镇化意愿单因素方差分析表

误差来源	平方和	自由度	均方	F值	显著性
组间	53.821	2	26.910	116.811	0
组内	629.151	2731	0.230	—	—
总数	682.972	2733	—	—	—

以上研究表明，无论一线、二线还是三线城市，生存型乡城流动人口的城镇化意愿都是三维人群中最低的，而发展型乡城流动人口的城镇化意愿是最高的。这一点与本章第二节得出的结论是相同的，即发展型乡城流动人口已经在城市立足，拥有一定资源，更有能力在城市继续生活。而生存型乡城流动人口社会经济地位相对较低，生存问题更加突出，缺乏继续留在城市的能力和信心，因而返乡的可能性大。

表4－16显示，生存型乡城流动人口在三线城市的城镇化意愿相对大于二线城市和一线城市；而发展型乡城流动人口也呈现出在三线城市最高的城镇化意愿，其次是二线城市和一线城市。过渡型乡城流动人口则与其他两类不同，这一群体在二线城市具有相对较高的城镇化意愿，其次是一

线城市，他们在三线城市的城镇化意愿相对最低（如表4－16所示）。

表4－16　三类城市三维人群愿意留城百分比对比

	生存型	过渡型	发展型
一线城市	35%	49%	82%
二线城市	35%	55%	88%
三线城市	40%	51%	94%

三、对接乡城流动人口“三维人群”城镇化意愿的政策探索

前述分析了乡城流动人口“三维人群”城镇化意愿的影响因素，不同影响因素实质表达的是不同类型的乡城流动人口城镇化意愿的敏感因素。新型城镇化推动“人”的城镇化，首先要让乡城流动人口主观上愿意“留城”，有了主观意愿，才谈得上将意愿转化为行动。通过城镇化影响因素实证研究，可以从侧面了解处在不同阶层的乡城流动人口留城的关注点，帮助决策者制定更为精细化的政策行动指南。

（一）生存型：适度关注回流

生存型处于乡城流动人口三维人群结构中的最底层，占有的经济社会资源最少，社会地位最低。从前述的实证分析看，生存型的主要特点是自身文化教育程度较低、技能水平不高，在城市生存能力不足，影响其留城的主要因素是社会保障和社会交往。根据上述特征，在政策上要为“生存型”乡城流动人口提供增强留城能力和回乡就业两条通路。首先，在增强留城能力方面，一是通过补助方式提升其教育水平和开展必要的职业技能培训，以提升其在城市立足的本领，这部分人群因起点较低，对其教育培训投入的边际收益较高，争取使其中一部分人向“过渡型”人群上升；二是该人群对社会保障变量敏感性较强，这部分群体打零工为主，职业流动性强，劳动权益得不到切实保障，因此通过劳动权益的执行监督，推动社会保障向处于底层的流动人口覆盖，则有利于增强这部分人群的城镇化意愿；三是社会交往对该群体留城影响显著，因此通过在社区搭建公共空

间，加强这部分人群在流入地的社交互动也有助于其城镇化意愿的增强。其次，在搭建返流路径方面，提供一套返流的政策设计。返流包括回到流出地周边的城镇（或县城）以及回农村两个去向。通过发展县域经济让部分返流乡城流动人口在家乡周边实现就近城镇化；以乡村振兴为抓手，为确实难在城市立足的乡城流动人口预留回乡就业空间，将其转化为现代新型农民。

（二）过渡型：扩大向上流动的比重

过渡型是乡城流动“纺锤形”阶层分化中衔接上下的中间部分，是乡城流动人口中人数最多的一部分，也是最易进一步分化的部分，其中部分可能上行进入发展型，也有部分下行至生存型。过渡型的年龄分布、受教育水平和在婚比例等个体特征均处于生存型和发展型之间。实证显示，流动时长和社会融合度是影响过渡型乡城流动人口城镇化意愿的敏感因素。提升过渡型乡城流动人口的城镇化意愿，一方面可通过让这部分乡城流动人口在城市实现较为“体面的生活”以增加留城“黏性”，尤其一线、二线城市应将保障房体系向乡城流动人口敞开，采用“廉租房”“公租房”“共有产权房”等多种模式降低住房成本，以“宜居宜业”留人，提升城镇意愿。另一方面，以增强社会融合为目标带动过渡型乡城流动人口的城镇化意愿提升，主要途径有：将乡城流动人口纳入社区营造的主体；培养企业和社区的社会工作者、志愿者队伍；对乡城流动人口的心理状况进行长期重点关照和指引；搭建本地人与外地人的互动平台；居住的空间分布要在尊重市场选择区位的前提下避免明显的“富人区”和“穷人区”的分而治之等，以此增加城市空间中本地人和外地人之间人际网络的“接触”频率、密度和包容度，并逐步趋向交融。

（三）发展型：当下市民化的目标群体

发展型乡城流动人口处在三维人群结构中的最高层，职业分布以小老板或企业管理层或技术蓝领为主。发展型乡城流动人口的具有年龄较长、流动时间较长、在婚比例较高的特点，在流入地积累有一定的社会资本，成为流入地与家乡之间的纽带。发展型在所有乡城流动人口中的城镇化意愿最高，无论一线、二线还是三线城市，城镇化意愿均达到80%以上，事实上，该群体也是最有实力留城的群体。从实证结果看，省内流动和尤其处于三线城市的发展型流动人口城镇化意愿很高，同时社会保障变量对该群城镇化意愿有一定影响。因此作为离“市民化最近的群体”，要创造条件让发展型的乡城流动人口尽快转化为市民。首先，该群体的个体特征显示，发展型乡城流动人口多“在婚”状态，因此该群体的随迁子女的就学问题要切实保障，尤其通过教育资源相对均等化配置，避免同城校际之间教育资源投入的悬殊，让发展型乡城流动人口的孩子能享受到城市优质的教育资源，进而提升其城镇化意愿；其次，在现有的社会保障供给水平基础上，适当且渐进缩小乡城流动人口与城市户籍人口的社会保障待遇水平，提升城市空间的安全感，促进其尽早向市民转化；再次，发展型在三线城市的城镇化意愿和可能性最大，可在部分三线城市率先试点，加快发展型乡城流动人口的市民化。

本章在“城镇化意愿”这一大主题下，关注乡城流动人口的内部异质性，放弃一般性的乡城流动人口群体城镇化意愿影响因素的套路，对该群体不同分化阶层的城镇化意愿进行细节上的把握，避免之前的研究中过于宏观而缺乏精微把握的缺陷。当然，本章仅运用手边掌握的资料对乡城流动人口异质人群的城镇化意愿影响因素进行客观描述，对于问卷未涉及到的重要的制度、自然环境、流出地状况等因素，如土地制度、家乡的区位、家乡的产业、气候等是否在乡城流动异质群中有不同的敏感度，无法进一步呈现，是为缺憾。

第五章

乡城流动人口社会融合的人群差异

改革开放之初，市场激励机制率先通过农村土地制度改革得以贯彻，它尊重农民利益并变革了以土地制度为核心的“人—地”关系。这种变革带来了两方面的改观：一方面，农业生产活力得到极大释放；另一方面，随着农业劳动生产率的提高，农村富余劳动力队伍形成，为80年代中后期开启的工业化、城镇化大幕积累了充足的劳动力储备。中国以“城市为中心”的“不平衡”发展战略，通过城市“虹吸”劳动力、资金、技术等要素形成增长极，城乡关系也随之发生深刻变化，突出地表现为城乡“二元体制”——城乡在经济增长模式、个人收入、基础设施、公共服务、福利保障、教育水平、居民素质等诸多方面呈现巨大落差。辩证地看，城乡的“二元体制”一方面造成城乡的体制性壁垒，另一方面客观上也成为劳动力乡城迁移的驱动力之一。根据国家统计局公布的数据，2017年我国乡城流动人口达到

2.21 亿人。规模如此庞大的乡城流动人口实现了地理空间的横向位移后，要真正完成城镇化这一历史进程，还将面临从乡到城的群体如何适应和融入城市的问题。

第一节　社会融合理论建构、演进与西方发达国家的历史经验

一、社会融合理论的探源与演进

（一）社会融合与社会排斥：一个理论分析框架

“社会融合”概念发端于西方的移民潮的背景，并伴随着其工业化城市化进程不断发展丰富。其作为学术理论研究可追溯到20世纪初美国芝加哥大学的Park和Thomas，他们对社会融合下的定义是：“个体或群体互相渗透、互相融合的过程，在这个过程中，通过共享历史和经验，相互获得对方的记忆、情感、态度，最终整合于一个共同的文化生活之间。”① Park等认为社会融合一般经历从接触、冲突、适应和融合四个渐进阶段。但这四个阶段并非截然分开，而是在不断调试、互动中达到同化。但不是所有移民的融合都能实现融合，最终取决于移民是否愿意完全放弃自己的文化。

20世纪中期Milton M. Gordon在Park等基础上以美国少数族裔与欧裔为研究对象进一步发展了融合理论，把融合从初级到高级区分为7种类型，包括：文化和行为同化、结构同化、婚姻同化、认同同化、态度接纳、行为接受和市民同化。Gordon认为在初、中级阶段，即前四个阶段流入人口的融入意愿和行为起主导作用，到中后期即第五、第六个阶段本地人的态度和行为对融合起更主要作用，最后通过双方的努力达到融合。Gordon的社会融合理论在指出移民与主流人口在不同融合阶段的主导性有所不同的

---

① 杨菊华. 中国流动人口经济融入［M］. 北京：社会科学文献出版社，2013.

同时，强调了融合不是单向而是移民与主流人口的共同努力的结果。

继 Gordon 之后，Sandberg（1973）的线性融合理论、Gans（1992）的非线性融合理论和 Ports（1993）的区隔融合理论相继提出。其中区隔理论研究了新移民和移民二代与之前的移民融入路径的差异，认为二代移民较长辈体现出更多样化的融合结果，拥有较高人力资本的群体能较快融入主流社会；人力资本少的出现向下融合，下沉至社会底层；还有部分移民对当地文化采取有选择地融入。总体而言，区隔理论较之前的融合理论显示出对现实更强的解释力，因而具有较大的影响力。

以上理论多体现本地主流社会的立场，暗含融合是移民不可避免被本地主流强势文化同化的结果，忽视了移民文化对当地经济社会的影响。基于此缺陷，后来以 Alba 和 Nee（2003）为代表的新融合论更凸显移民与本地居民的双向互动，强调移民对主流文化的贡献。新融合论认为移民和本地居民群体之间的边界是一种社会边界，融合的过程是边界跨越、模糊、重构的过程，也是两个群体再塑造的过程。对于融合实现的机制，新融合理论认为可通过社会制度推动的间接机制及具有目的性的行为、种族网络及不同资本类型的直接机制，体现了融合应是制度构建、社会资本、种族网络资源等因素综合影响下的结果。

作为 20 世纪初融合论的另一分支——多元文化论，随着全球化进程的加速、国际人口流动速度加快、流动范围的扩大应运而生并受到关注。苗延波（2006）将其来源归纳为哈贝马斯的民主思想、泰勒的“政治承认”理论和结构主义反话语霸权三大部分①。多元文化论主要批判融合理论中以白人为中心的、带种族歧视倾向的同化论，要求政府对移民和弱势群体实施倾斜政策。其政策主张其实并不是与融合论背道而驰，实际带有对融合论的修正意味。

上述社会融合理论产生于美国，与美国作为一个发达的移民国家不无关系。欧洲的社会融合论则是由社会团结、社会整合理论演变而来，通常学界将欧洲的社会融合理论追溯到法国社会学家 Emile. Durkheim，其代表

---

① 苗延波．美国文化多元主义与美国法律文化［C］．全国外国法制史研究会第十九届年会．2006.

作《自杀论》中提出社会凝聚要通过社会成员之间互相依存的“有机团结”、社会整合来实现。尔后美国的结构功能主义大师 Talcott. Parsons 进一步拓展，认为社会整合就是少数群体与主流社会拥有同等的机会、权利和服务的过程。欧洲的社会融合、社会团结、社会整合思想的诞生并非直接针对移民，而是更多地与其工业化、城市化的背景相关联。

欧洲真正完整提出社会融合概念是对“社会排斥”这一提法的回应。“社会排斥”的提出最初来自对贫困的关注，而欧洲战后出现一系列阶层分化、社会疏离、贫困失业、秩序混乱又推动了“社会排斥”理论进展。该理论认为，社会排斥是某些群体因某些原因被歧视和污名化，该歧视偏见建立在一个社会有意达成的政策基础上，当主导群体已经握有社会权力，并不愿和别人分享社会发展成果时社会排斥便发生；社会排斥呈现多维度，涵盖了经济、社会、政治、文化、关系、制度、空间、个人、群体、邻里等十大方面①，同时具有累积和代际传承特点。一般认为社会排斥的产生根源主要来自国家、社会、群体、个人之间的互动失调。

尽管社会排斥理论的分析视角更有助于发现移民与主流社会之间的隔阂与障碍以及排斥形成的机制，意味着现存制度的不合理②，但社会融合理论在消解隔阂与障碍方面显然更具建构性，社会融合理论不仅提供一个价值取向，而且能通过相应的公共政策实施、制度的建立形成社会融合的长效机制，尤其在满足弱势群体的基本权益和社会福利方面为政府提供行动指南。

社会融合具有系统性观念，不少学者试图从宏观、中观和微观三个层面去审视。宏观层面的研究区分社会整合与系统整合两种机制，认为前者关注文化价值的整合，后者关注系统的功能整合；中观层面的研究从群体互动与群体成员间互动的角度分析社会融合；微观层面则是从个体出发，通过行动者认同和心理建构描述融合过程③（陆自荣，2014）。笔者认为公

---

① 景晓芬．“社会排斥”理论研究综述．［J］．甘肃理论学刊．2001. 2.

② Voyer，. J. Voyer，The Pre – conditions for a Constructive Social Inclusion Research Agenda，presented at the opening session of the CCSD HRDC reference “Building a Social Inclusion Research Agenda”，2003.

③ 陆自荣．社会融合理论的层次性与融合测量指标的层次性［J］．社会科学战线，2014（11）：189 – 197.

共政策视野下的社会融合理论应在微观和中观基础上侧重对群体与整体互动的考察，涉及融合的影响因素测量、融合的结果测量。国内外学者依据本国的实际、关注点的差异和测量点的不同提炼出各类维度，如文化和语言的融合、社会经济地位融合、居住空间融合、社会关系和异族通婚的四维度测量①，经济融合、文化融合、身份认同的（Vigdor，2008）三维度测量指标等。尽管测量维度有所差异，但各维度下的二级指标却多有重叠交叉，二级指标的建构差异往往体现出研究视角和对象的不同。

（二）移民社会融合的“五维度”分析

梳理国际的社会融合理论，结合我国乡城流动人口的特殊性，从公共政策视角，笔者认为社会融合至少可包含经济融入、社会融入、空间融入、文化（制度）融入以及心理融入。该五类融入是非线性的，虽表现为从低层次融合到高层次融合，但也非简单的递进关系，它们可以同时起步，但进程和节奏不同步，而且五类融合具有相互渗透、互动依存关系，五大维度简述如下：

1. 经济融入。

经济融合是移民社会融合最基础也是最初级的阶段，尤其在发展中国家，移民的最大最初推动力多出于经济目的，能在移民地获得更高的收入，改善个人和家庭经济状况。经济融合的提出是基于移民在目的地由于某些原因在就业机会、劳动时间、劳动强度、社会保障、职业声望、居住环境、教育培训等方面处于弱势甚至受到侵害。经济地位的不对等往往导致弱的话语权，移民难以改善自身地位，难以实现向上的融合。

2. 社会融入。

社会融入可包含社会交往、移民与居民社交网络的形成等。社会融入可以通过更紧密地联系移民群体与当地主流社会，潜移默化地建立信任，求同存异，促进经济融入、政治融入与文化融入，同时也为更进一步的心理融合创造有利条件。其中恰当的公共政策和居民态度起到至关重要的作用。

---

① Alba R，Nee V. 2003. Remaking the American Mainstream：Assimilation and Contemporary Immigration. Cambridge，MA：Harvard Univ. Press.

3. 空间融入。

空间融入指移民和本地居民共有居住空间和交往空间。发达国家或多或少都出现过本地人与移民之间的空间区隔。这样的空间区隔实质是身份的标签，区隔的存在犹如双方交往的藩篱，其背后往往是本地人与外地人在获取资源和财富方面的不平等，缺少互动的结果是群体间交流不充分，加剧标签化的“刻板印象”，进一步造成群体间的对立。空间融入反对泾渭分明的本地人与外地人的空间区隔，通过公共空间营造，消除两个群体间因各自传统和观念意识的差异造成的“社会距离”。

4. 文化（制度）融入。

文化的融入表现在不同种族间文化的互认和尊重、语言的学习、习俗的遵守、配偶的选择等。文化融入的内核是包容的价值取向，在交通距离日渐缩小，要素在世界范围流动的速度和频次越来越快的背景下，文化包容也形成迁入地对移民的向心力之一，有利于实现群体间的良性互动，拉近群体之间的距离。制度融入包括对移民的制度包容，如涵盖入籍率、政治参与、市民社会参与等。制度融入有助于移民与迁入地之间逐步建立亲密的“人—地”关系，塑造本地“主人”意识，是较高层面的社会融合表现，当然制度融入也包含移民对相关义务的承担。

5. 心理融入。

心理融入是最高层次的融入。心理距离的缩短才能真正建立起归宿感，最终表现为身份认同，即心理距离的拉近摒弃了异乡人的心态，是一种最高形式的融合。但心理融入一定以经济融入、社会融入、政治融入和文化（制度）融入为必要条件。心理融入对移民二代更有意义，移民一代尚存落叶归根的观念，而成长在迁入地的二代，对家乡疏离，对迁入地若无法建立心理融入则易陷入进退两难的焦虑困境。

五大融合维度之间具有相互的作用力和反作用力。从经济融入、社会融入、空间融入、文化（制度）融入到最终的心理融入体现了移民从漂泊感到安全感到认同感最终到归宿感的心路历程。但这个历程并非人人都能走到最后，有的止步于经济融入，有的实现了社会关系融入却无法文化融入，有的实现前四者的融入，却没有心理认同。能实现五个维度的融入即达成了身份认同，此为社会融合的最终目标。

二、西方发达国家社会融合轨迹解析：英、德的例子

西方发达国家在工业化、城市化进程中聚集劳动力、促进产业结构优化、实现城市繁荣的同时，迁入地也不断经受外来群体的冲击，迁入地的社会内部群体发生从同质到异质的转变，于是冲突、碰撞和排斥不可避免，正是这样的异质性催生了社会融合理论。因此社会融合理论既是对异质的移民社会内生出的种种困扰的回应，又为移民社会从排斥走向融合提供了理论指导。下文试图以社会融合中的经济、社会、空间和文化制度四大维度①为主线，以时间为纵轴，探析西方发达国家人口迁移的轨迹，为我国正在进行的“以人为核心”的新型城镇化提供对照和参考。

（一）英、德工业化时期移民问题的基本描述

1. 经济融入层面的问题。

西方发达国家工业化以英国的工业革命为起点，大约始于1760年，至19世纪末基本完成工业化。德国则始于19世纪中叶到20世纪初期基本完成工业化。从工业化进程的速度看，英国为“先发型”，德国为“加速型”。到工业化后期，两国的城市人口比例达到50%，某种程度上城市人口的集聚比产业结构变动更能显而易见地表征工业化这一过程。尽管各国工业化、城市化时间有先后，产业结构各具特色，人口流动各有特点，但当工业化时期人口从农村向城市流动，及后工业化时代国际移民从发展中国家涌入发达国家，在满足发达国家二产三产的劳动力需求、推动经济发展的同时，给城市造成的压力和问题却不容回避，主要表现在以下几方面。

一是失业与贫困的困扰。尽管在工业化进程中，第二、第三产业的发展大大扩充了城市的就业容量，但人口自然增长、经济周期、技术进步和资本替代仍将引致劳动力相对过剩继而发生失业；而新产业工人技能缺

① 在此因“心理融入”难以描述和测量，故仅分析社会融合五大维度中的前四个维度。

失、信息不对称和行业风险进一步加剧失业风险，失业必然带来贫困。即便处于就业状态，由于资本主义生产方式下的利润总是向资本倾斜，工业化的收益自然相应收敛于资本，劳动处于绝对劣势，加之资方总会想方设法维持劳动力的过剩状态，来自农村的工人缺乏对劳动报酬的议价能力，工资仅能趋于维持在贫困线水平，依然难逃生存窘境。据统计 1887 年，东伦敦有 44%、北伦敦有 43%、南伦敦有 47% 的居民处于贫困状态①。在德国，制砖、钢铁锻造、建筑、采矿、粘土、搬运、啤酒酿造等重体力劳动行业，聚集了 60% 的来自农村的工人。而农村移民从事金银匠、精密制造、照相等相对高层次的工种的人数占比不足 20%，技术工人仅为 10%。尽管从国家层面看，欧洲的英国、德国都曾在工业化过程中发生收入分配的地域不平衡、行业不平衡，甚至在劳动者内部也发生裂变，产生出收入较高的工人贵族，但农村来的工人无疑在整个收入分配链条中居于最末端。

二是住房的困境。工业化一方面带动城市化形成对农村劳动力的“拉”力；另一方面工业化反过来提升了农业科技和机械化水平，农村对劳动力需求降低，形成农村人口向城市流动的“推”力。在推拉作用力下，农村剩余劳动力从农业向非农产业转变过程中亦完成了从农民身份到产业工人的转化。但在此转换中，人口流动的速度远快于新建住房的速度，住房难成为各工业化国家无法回避的难题。自 18 世纪下半叶到整个 19 世纪，在英、德等进入工业化的国家，工人们的居住条件都极其恶劣。比如地下室、只有一面窗的背靠背房屋是英国工人的主要居住地，住房的拥挤难以想象。19 世纪 40 年代，英国城市平均每所住房居住人数达 13 人②。德国当时出现不少“租床人”，工人们只能租床轮流休息。

三是环境卫生的恶化。工业化在创造出新产业、新行业和高额利润的同时，也创造出空前的流动性，生产要素快速从农村向城市聚集，其中劳动力要素的聚集陡然加大了城市环境的负荷。如当时伦敦工业发展大量使

---

① 王章辉. 欧美劳动力的转移与城市化［M］. 北京：社会科学文献出版社，2013（323）.

② 蒋蔚. 欧洲工业化、城镇化与农业劳动力流动［M］. 北京. 社会科学文献出版社. 2013（148）.

用煤炭，造成空气污染，伦敦被冠以“雾都”之称；斯塔福德和沃里克郡因工业烟尘污染变成“煤乡”①，污水和污染的空气造成传染病横行。19世纪30—60年代，英国流行过4次霍乱，肺结核、热症、天花在欧洲城市蔓延。城市人口的死亡率高于农村，平均寿命低于农村。1843年，利物浦居民平均寿命仅26岁，伦敦为37岁，而当时的农村平均寿命多能达到45岁②。

2. 社会融入层面的问题。

一是社会阶层分化。工业化的收入分配效应因不同行业、不同群体而异。但从整体看，财富趋于向资本集聚，廉价且富有弹性的劳动力供给决定劳动力作为生产要素仅能获取维持基本生存的工资。每当经济周期风险来临，资方还可进一步解雇工人或压低工人工资，从而转嫁自身风险。资本所有者和劳动者之间的经济鸿沟必然导致阶层的分化。在工业化早期，劳动力在不同阶层之间的流动性很弱。除此之外，资本所有者内部和劳动者群体内部也依据经济状况进一步裂变出不同阶层。资本所有者内部有大资本所有者、小资本所者之分；劳动者内部随着分工的细化，工人贵族、熟练工和技术工人能比非熟练工人得到更高的报酬，本地工人比外地工人获得更高的收入。资本家也具有代际传承性，英国18世纪的工厂主、企业家、商人极少出生低收入阶层。显示了当时劳动力的阶层间上下流动性较弱的特点。

二是犯罪的高发。在工业化城市化进程中，各工业国的犯罪率都不同程度上升。据统计，英格兰因盗窃和抢劫财产等犯罪被判刑的人从1805年到1848年增长了7倍，城市犯罪率是农村的2—4倍。其中外来人口犯罪尤为高发。犯罪率高的原因主要是农村进城的人失业率高，生活缺乏保障，自然容易走上犯罪道路。

3. 空间融入层面的问题。

工业化中财富分配的失衡在人口密集的城市使阶层的分野异常清晰，资本所有者与劳动者居住区域的隔离便是这种分野的空间表现。富人占据

---

① 王章辉．欧美劳动力的转移与城市化［M］．北京：社会科学文献出版社．2013（317）．

② 王章辉．欧美劳动力的转移与城市化［M］．北京：社会科学文献出版社．2013（320）．

城市中基础设施最好、服务业最发达的区域，穷人生活在基础设施差、配套不齐全的区域而形成“贫民窟”，富人聚集地所享受的城市平均公共设施、公共资源远远也高于贫民窟。空间的隔离导致贫民与富人接触的频率随之降低，根据群际接触理论，接触频次低更易产生隔阂与偏见。

4. 文化（制度）融入层面的问题。

一方面城市中的原住民对外来群体心存警惕和戒备，视其为低素质的外地人、城市的隐患，打上“犯罪阶层”的烙印，所谓偏见之下难有包容；另一方面农村进城的外来群体往往既自卑又敏感，加之受教育水平低，缺乏一技之长，难以对接大城市的经济就业需求，由此同乡抱团、自我封闭、自我隔离，保留自己的方言、宗教、风俗习惯等，自觉或不自觉地形成外来与本地居民之间的文化屏障，产生心理隔阂。更令人担忧的是这种隔阂可经家庭教育的载体通过代际传递传播至下一代，“刻板印象”进一步加深了群体间的鸿沟。制度层面的融入主要表现为政治参与度低。经济层面的困境集中体现在农民到产业工人的身份转化中经济地位的低下，这种低下决定了其弱势地位，自身的生存权都难以保障，更别提政治权利了。伴随工业化的推进，劳资矛盾愈发突出，工人开始团结起来争取自身权益。1863 年 5 月，德国工人组织的独立政治组织“全德工人联合会”成立，主张普选、扩大议会活动，建立国家资助的合作社，改善工人生活。

（二）英、德工业化时期社会融合的政策及其效应

工业化进程中资本对劳动力的无情剥夺、权利惯性对工人生存空间的挤压、中心城市因人口增长过快引发的“拥堵效应”，使权贵阶层一方面感受到工人们强烈抗争的压力，另一方面，更为根本的是，出于自身既得利益的巩固，意识到应通过相应公共政策的改善来提升地方治理效果。公共政策的出台往往是不合理的现状引致各种矛盾激化而倒逼的结果，欧洲工业化时期各项公共政策的推出亦表现“问题－对策”这一过程。从英、德的实践看，在工业化时期，主要围绕以下六个方面的公共政策促进社会融合。

1. 以建立顺畅的劳动力流转机制为核心减少失业贫困。

通常认为市场机制能实现要素的优化配置。理想的市场经济条件下，市场出清机制理论上能避免失业现象。但现实中劳动力生产要素会受各种外在因素的干扰，以至失业在所难免。因此，消除劳动力流转的障碍，能最大限度降低失业率，减少贫困现象。根据失业类型，经济周期性失业可通过消除宏观经济波动来预防，摩擦性失业需依靠消除“信息孤岛”来减少，而总量过剩、局部饱和的结构性失业和体制性障碍引发的劳动力流转不畅则需要辅以相应的公共政策。

在降低结构性失业方面，英国和德国都不约而同以教育为抓手，形成以基础教育为支撑，延伸至职业教育和高等教育的三位一体教育体系。

英国作为工业化最早的国家，其巨大推动力来自技术革命，因此在人力资本的培植上原本就具备较好的基础。城市化进程中英国在基础教育和高等教育方面也实施了一系列政策，为其工业化提供人才支撑。英国在1833 年制定的《工厂法》规定，限制童工的工作总小时数，必须进学校学习，工厂视察员监督雇主从童工的周薪中扣钱来交学费。教会、慈善机构、志愿者也都积极参与推动普及教育。工人们的学习热情也被激发，把获取知识作为解放自身的路径。1870 年英国颁布《教育法》，规定可通过征收地方教育税的形式建学校，并逐步推行义务教育，将义务教育纳入法律条款。工业化、城市化也推动了高等教育的蓬勃发展，大学生人数增长很快，到 20 世纪初达到 2 万人。各学术团体在 19 世纪的英国相当活跃，使英国涌现出一大批知名的科学家和学者，为人类的进步做出了突出贡献。

从德国的经验看，德国一方面规定 6—14 岁的青少年必须接受义务教育，另一方面将教师纳入公务员队伍，规定严格的选聘制度。为了防止教育质量差别悬殊，德国采取措施使国家办的学校与地方办的学校处于同等地位。在加强基础教育的同时，德国职业教育也取得了惊人的实效，为德国后来成为工业制造强国奠定了基础。职业培训以两种途径开展，其一是成人学校，多为夜校，工人可以利用工余时间提高文化水平和技能。成人学校课程多样，专业涉及广泛，收费低廉，学习期限自由掌握，受到工人们的欢迎，至今仍长盛不衰；其二是职业教育，主要包含职业培训、进修和改行培训 3 个层面。德国在职业教育实施的双轨制——学校理论与企业实践培训既分工又紧密联系的形式，在日后表现出比英、美、日等国的职业培训更好的效果。

在消除劳动力流转的体制性障碍方面，英、德都遵循公平原则，维护公共资源的可及性和基本公共服务的均等化。以城市交通基础设施为例，工业化时期人口的乡城大规模流动使公共交通、公用设施短缺问题愈加突出，公共交通及设施的改善迫在眉睫。英国从 19 世纪下半叶开始在几个大城市修建铁路支线：1861 年维多利亚火车站建成；1864 年伦敦铁路纵贯全城南北；伦敦的地铁于 1863 年开始通车。到 19 世纪末，英国的铁路、公交和地铁初步形成网络，为工人通勤提供方便，也促使城市向郊区外发展。当时对工人而言，出行最大的障碍在于票价。迫于社会压力，1883 年议会通过《廉价火车法》，提供廉价通勤火车，大大降低了工人交通成本，加快了工人往郊区迁移。英国廉价交通体系的构成，对工人们的流动性、生活习惯、居住空间等的改变起到不可忽视的作用。随着 19 世纪末汽车开始生产，20 世纪初公交车和出租车出现，又推动了公路的建设，现代交通网络逐步形成，为一些企业、行政部门从拥挤的市中心分散至市郊创造了条件，城市聚集后的“扩散效应”逐步显现。

在基本公共服务方面，通过均等化的公共服务维护劳动者的平等权。例如德国的社会保障制度在建立之初，虽也经历了一个由点到线、由线到面的过程，但随着整个社会保障体系的完善，逐步实现全覆盖，待遇水平亦无显著差异，避免因人为的“碎片化”公共服务引发劳动力流转障碍。

2. 以有识之士的探索促进政府理念更新。

在英德的工业化进程中产生的各种经济社会问题引起中产阶级及部分上层阶级的关注。部分先觉的社会思想家、活动家和知识精英积极呼吁，对推动各项促进社会稳定政策的出台发挥了重大作用。如空想社会主义者代表人物之一的欧文，在 1800 年在苏格兰开展“新和谐村”试验，将一个多年来充斥犯罪、酗酒、贫困、混乱的地方改造成了一个完善的模范城市社区。他在从其岳父那里买来的工厂里进行实验，改善工人待遇，减少工作时间，降低工作强度，使工厂效益大大提升。虽然欧文的种种尝试最后都以失败落幕，但其影响深远，直接带动了欧美“模范村庄”和新城的建设。此外，教育必须与生产劳动相结合、儿童应在智、德、体、美、行等方面全面发展的教育主张也为英国当局部分采纳，为英国后继的教育理念作出了贡献。社会活动家埃德温·查德威克终身投身英国城市社会的改革事业，1848—1854 年，他领导了公共卫生改革运动，促成《公共卫生法》在议会获得通过，其发表的《关于英国劳动居民情况的报告》立足于长达 3 年的实地调查，针对城市的饮水、住房和环境卫生等诸多问题提出了可行的建议。著名的城市学家埃比尼泽·霍华德在 1898 年提出了“田园城市”的理念，设想把城市生活的优点同乡村的美好环境和谐地结合起来。在其思想的倡导下，1899 年 6 月英国成立了民间组织田园城市协会，将“田园城市”思想应用于新城的开发建设中。德国工业化时期也涌现出一批进步的思想家、社会精英、社会名流，关注当时的经济社会，呼吁国家和全社会共同解决问题，他们关注底层人民，提出“国家是个福利机构”的理念，为德国走上福利型国家的道路起到了思想引领的作用。

3. 以“福利国家”理念建构社会安全网。

劳资双方的冲突始终伴随整个工业化进程，出于自身政权和利益维护的需要，英德在工业化进程中逐步制定并完善了各项社会保障措施，缓和阶级矛盾，使资本主义的生产方式得以延续。其中德国在社会保障方面的举措具有开创性。1855 年德国制定了《穷人权利法规》，该法规规定每个地区要对居民提供生活补贴；规定居民获得财政补贴住房的条件之一是义务参加照顾穷人活动等类似条款，体现了法规鼓励民间自愿开展帮助穷人的思路。德国以法律形式对帮助贫困者作出规定，促使当时的德国有 1/4 至 1/3 的居民投身其中，包括为数不少的中产阶级。到俾斯麦统治时期，俾斯麦首先提出建立社会保险的议案，并于 1883 年颁布《疾病保险法》，规定疾病保险由雇主和雇员共同负担的原则，标志社会保障在世界范围的确立。之后《意外灾难法》《老年和残疾保险法》也相继出台。1894 年，德国科隆率先建立了失业保险制度，很快其他城市纷纷效仿。尽管这些初步的保障措施并不完善，但对改善工人生产条件、安全生产及人身保护发挥了一定作用，工人获得了一定的安全感，一定程度上缓和了劳资冲突。从此，社会福利型的国家取向在德国、英国乃至欧洲逐步树立起来。

4. 以民生建设改进城市管理。

处于工业化城市化初期的城市由于人口骤增，城市的承载力不足，导致城市资源的供求发生严重失衡，住房紧缺、卫生健康恶化、公共环境破坏、道德失范、犯罪高发等一系列社会问题，迫使政府必须加强城市管理。

英国房屋的兴建早期由私人公司开发，到 1890 年地方政府才被授权兴建公屋，但数量不多。政府意识到靠市场力量无法解决住房瓶颈问题，于是成立了一些慈善组织供应标准住房。1868 和 1875 年英国先后颁布《工人住宅法》，授权市议会处理贫民窟，在市中心拆除条件极差的住宅和贫民窟。但当时能匹配工人支付能力的新屋建设没跟进，很多工人不得不成群挤在一些廉价房里。相关文献表明，英国在改善住房方面收效不大，主因在于城市规划中过于倾斜有产者利益，房地产投向别墅建设，而且当时正在向海外扩张的英国，资本受海外投资的高利润的吸引，使国内房产需求受冷落。

德国在改善工人住宅方面显然比英国更加务实，采取了政府与企业协作、个人参与的方式。政府层面主要实施了三项住房政策：其一，立法规定城市规划要考虑公共事业和机构（如企业）的某些合理需要。各城市代表机构对城市房产拥有一定份额，可以通过执行公共住宅政策影响房地产，加快公共住宅建设。其二，公共住宅由公共机构统一管理。其三，改造城区，把城市外围的小城镇合并起来，建立住宅生活区，扩大移民生存活动空间。在与企业、个人合作层面，政府采用与建筑商协商、优惠贷款等让利政策要求建筑商保证工人住宅问题，在一定程度上解决了部分建房资金的短缺；允许大企业在工厂周边建工人住宅区，解决外来人口的住房；通过市政当局管理的住房，以较低租金出租给农村来的移民；还以低息贷款、分期付款等形式鼓励私人建房。

在卫生环境的整治方面。1866 年英国制定《卫生法》，要求地方政府向居民供应合格饮用水，提供垃圾处理和排污等公共服务。为规范卫生管理，议会通过《地方政府法》，成立中央地方政府部，整治卫生环境，监督地方政府提供的排水、垃圾处理、新建住房是否达卫生标准，指派专门的医疗卫生官员。英国当时还具备铺设地下管道的技术，使污水得以集中处理，卫生环境改善取得明显收效。到19世纪下半叶，英国的城市死亡率显著下降，从1851年的24.7%降至1893年的20.2%。德国学习了英国的地下管道铺设技术，到1870年德国大多数城市居民饮用地下过滤水，煤气技术也得以推广，大大降低了原来用煤做饭供暖等产生的污染。随着城市功能的多样化，德国城市规划贯穿了产城融合理念，减少因通勤交通产生的污染，同时美化绿化城市，环境卫生得到极大改善。为提升居民健康素质，德国实施卫生立法，于1879年颁布了食品卫生法，对食品加工成分等做了严格规定；通过保健学科研究，加强对大众卫生保健的管理，国家组办官方的保健机构，地方、民间的卫生协会也协同治理；通过《帝国疾病预防法》，规定了每万人拥有的病床数、医生数和护士数，并加大培养医护人员队伍建设。以上医疗保健措施实施后，城市居民的健康水平显著提高，死亡率明显下降，普鲁士1870年死亡率达29%，至1916年已下降至16%。

在犯罪治理方面。针对治安恶化的情况，英国政府1829年通过《首都警察法》，并建立了英国第一支警察部队。1835年通过的《市政机关法》责成每个自治市在市议会议员中选出监察委员会，委员会应指派足够的警察24小时维持秩序。1856年颁布的《郡和自治市警察法》规定了所有郡和自治市都应建立警察部队。在法律方面对侵犯私人财产罪加大惩罚力度，保障有产者利益，其威慑力在一定程度上也起到降低犯罪率的作用。1857—1861年每十万人中有448人次犯罪，到1897—1901年下降到249人次。

5. 以团结斗争赢得政治权利。

底层劳动者们政治权利的获得是不懈斗争的结果。工人们在与资本所有者的对抗中意识到团结才有力量，工人的斗争从自发转向有组织行动，开始走上政治舞台，争取自身权益。1863年5月德国工人组织“全德工人联合会”成立。主要开展普选、扩大议会活动，建立由国家资助的合作社，改善工人生活。1869年，德国工人阶级组建的德国社会民主工党成立。1891年工会会员有28万人，到1905年增加到134万人，1931年达到250万人。在工会和社会民主党的领导下，工人们为改善自身的经济社会地位与资产阶级展开斗争，迫使资产阶级做出妥协和让步。1877 年 1 月，德国社会民主党在 175 个选区中提名自己的候选人，并获得了 9% 的选票，成为议会第四大党，推动了德国议会民主制的形成。

1837 年，英国“伦敦工人协会”发表《人民宪章》，提出政治诉求，包括年满 21 周岁的男子均有选举权，取消议员的财产资格限制，议员享有薪金待遇，按照人数的比例重新划分选区，赋予新兴城市更多的自主权等。同时英国的利物浦、曼彻斯特等工业城市的工人以罢工、游行、起义等方式呼应《人民宪章》，史称“宪章运动”，被列宁誉为“世界上第一次广泛的、真正群众性的、政治性的无产阶级革命运动”。

当然，尽管底层劳动者得到一定的政治权利，但在资本主义制度下，资产阶级在政治上依然牢牢把握话语权。

6. 以法律法规保障各项公共政策落实。

从英、德两国的实践看，在工业化城市化进程中出台的各项治理政策，多置于法律框架之下，如教育方面，德国制定的《童工法》、英国颁布的《教育法》；在社会保障方面，德国制定的《疾病保险法》《意外灾难法》《老年和疾病保险法》等；在城市管理方面，英国制定的《工人住宅法》《卫生法》《郡和自治市警察法》《廉价火车法》等。法律法规几乎贯穿各项重大公共政策，为政策的落实提供法律权威和保障。

上述英、德工业化、城市化促进社会融合的公共政策表明：其经济融合政策着眼于降低工人生存风险，在一定程度上提升了工人经济地位；其社会关系融合政策以改善公共环境、公共服务，加强城市管理为主要目标；其政治融合政策体现的是社会各阶层博弈的结果；其文化融合政策虽无具体举措，但在工业化时期，政府的主要目标是实现较低层次的经济社会和谐，对高层次的文化融合还缺乏清晰认识，另一方面，工业化时期乡城移民属于国内人口流动，乡城文化差异主要体现在人口素质的高低、乡与城价值观、思想意识的冲突等，并不存在异质的文化背景，因此乡城移民若能在经济、社会、文化等领域实现融合，那么离心理融合乃至身份认同也不远了。

城市的治理必然是个循序渐进的过程，上述工业化，城市化时期，英、德的社会融合公共政策现在看来也只是体现了初步的治理，尚有不少社会矛盾在当时未能得到彻底解决或解决效果不彰，彼时所谓的“融合”理念也尚不清晰，决策者实施的公共政策虽客观上缓和了社会冲突，但实质上仍是以维护自身统治地位为最终落脚点。但无论如何，英、德的工业化、城市化进程中促进社会融合的公共政策对正处于工业化中后期的中国城市治理仍具有借鉴价值。

三、启示

从工业化与城市化的关系来看，历史经验证明，工业化进程必然伴随着城市化，工业化可视作城市化的支撑或其在经济层面的表征，城市化则既是工业化要素聚集的后果，同时又反过来成为推进工业化的动力。城市化通常包含双重内涵，其一是“空间的城市化”，即人口从乡村向城市的空间位移；其二是“行为的城市化”，包括农村移民在思想意识、生活习惯、行为模式、消费观念等的再造。若将我国的城镇化与大国工业化、区域不平衡发展的工业化、快速推进的工业化、出口导向低成本型的工业化等多重特征相联系，就能发现我国“半城镇化”的根源之一在于我国的快速推进的“压缩型”工业化只匹配了“空间城市化”，而缺乏“行为城市化”。“行为城市化”的实现恰恰有赖于“社会融合”的公共政策。

中国作为后起的工业化大国，西方发达国家在城市化出现的问题我们也正在经历，通过透视发达国家经济体的工业化、城市化进程中的人口流动、社会融合的“问题－对策”过程，无疑有助于我们在城市治理中获取一个经验逻辑。至少有以下启示。

（一）构筑“平等权”为核心的法制保障

法制保障是硬约束。我国在乡城流动人口的权利保护方面，至多做到了“基本权利”的保护，而“平等权”的保护远远不够。我国政府可借鉴英德的经验，通过贯穿各经济社会领域的立法，保障所有公民在就业、创业、基本保障、公共服务、公共设施等诸领域的平等权，以有力保障平等权的落实。

（二）扭转“四大劣势”的公共政策合集

为扭转乡城流动人口的“四大劣势”——劳动力市场的劣势、公共产品和服务的劣势、政治权益的劣势和身为移民亚文化的劣势，制定社会融合公共政策的合集。

1. 提升劳动力市场的地位促进经济融合。

提升乡城流动人口劳动力市场地位的公共政策应涵盖：鼓励城市发展产业，创造更多就业机会；消除就业歧视、营造宽松的、乡城流动人口与本地人一视同仁的创业就业制度环境；提供迎合市场需求的有实效的各类职业技能培训（德国的职业教育办法尤其值得借鉴）；实施与缴费水平挂钩的、基本待遇水平相近的社会保障等。

2. 以公共产品和服务均等化促进社会融合。

在促进社会融合方面，公共政策应关注剥离附着于户籍的各类公共资源。当前我国的户籍制度改革正在降低户籍在配置教育、医疗、住房等公共资源和公共服务分配方面的作用，未来的公共政策导向应沿着这一方向继续推进。尤其值得一提的是住房，基于中国人传统的“住房”观念，异乡人一旦在迁入地拥有住房，更容易摒弃“过客”心态，与当地社会融合会体现出更积极的态度。德国在实施“普惠”住房政策时采用政府、企业与个人合作的方式也值得我们结合自身国情加以学习借鉴。

3. 搭建政治诉求渠道促进政治融合。

在政治权利的保障方面，西方劳动人民的政治权利来自斗争和博弈，我国系人民民主专政的政体，因此乡城流动人口的政治融合的重点在于提升参政议政能力和提供参政议政机会。地方政府可制定实施相关政策以基层社区为初级融合平台，提高乡城流动人口参与社区政治、社会事务的积极性，促进乡城流动人口逐步融入本地社区；地方政府还可在听证会、意见征集等地方事务的讨论中，增加乡城流动人口代表的比例，倾听其诉求，实现保障其政治权利的行使，促进政治融合。

4. 多手段引导促进文化融合。

移民文化相对本地主流文化而言属于亚文化，对我国乡城流动人口来说，中国文化的大背景是一致的，乡城流动人口与城市本地居民的主要差异表现在文化素质、思想意识和价值观上。地方政府一方面可关注多渠道的办学、培训以提高乡城流动人口的文化水平；另一方面可以利用各种文化活动、宣传媒体消除本地人对乡城流动人口“标签化”的误读，营造本地文化与各外来文化互相尊重，互相包容，甚至互相渗透的氛围，缩小乡城流动人口与本地人之间的“心理距离”，最终实现身份认同。

第二节　中国乡城流动人口社会融合指标体系的构建

本节及第三、四节将构建中国乡城流动人口社会融合指标体系并对乡城流动人口“三维”分化人群的社会融合影响因素进行区分，寻求更有的放矢的融合路径。

一、社会融合指标的差异化探讨

社会融合指标，最初多出现在族群融合问题中，Milton Gordon（1964）在研究美国的族群融合时，提出社会融合应通过七个层面来综合测量，即文化或行为的同化、社会结构的相互渗入或融合、族群间通婚、族群意识或身份认同的融合、意识中族群偏见的消除、族群间经济、就业、教育等领域歧视行为的消除和公共事务的融合这几个层面[①]。这种划分属于“结构性-文化性”的“二维”模型，但该划分难以说明多种族国家中的人口流动问题，同时在适用层次上，也无法说明其在个体层次和群体层次的适用性到底如何。进一步，由 J. Junger-Tas 提出包含结构性融入，社会—文化性融入和基于法律面前人人平等原则的政治—合法性的“三维”模型。更进一步，以 H. Entzinger 等人为代表提出了包括社会经济融入、政治融入、文化融入和主体社会对移民的接纳或拒斥等的“四维度”模型，如表

① Gordon，Milton Myron. 1964. Assimilation in American Life：The Role of Race，Religion，and National Origins. New York：Oxford University Press.

5－1 所示。

表 5－1　　结构—文化“四维度”模型

结构—文化			
经济融入	社会融入	政治融入	文化融入
就业情况 收入水平 职业地位 劳动福利 ……	社区交往 朋友关系 组织参与 支持网络 ……	公民身份 选举权利 政党参与 ……	规范习得 语言学习 认同建立 ……

当前国内借鉴国外的分类方法，结合我国特有的国情，尝试建立起几种社会融合测度的思路，大致沿着两个路径展开。其一，从主观和客观两大类指标入手进行描述。具体来说，客观指标诸如经济层面：收入、消费以及所从事的职业和行业；文化层面：针对当地文化的学习、语言能力的培养；社会层面：在正式与非正式组织中的参与度；政治层面：能否建立起迁移群体和少数群体的利益表达等。而主观层面，包含诸如自我意识的转变：对移入地生活的满意程度等。其二，从城市层面或个体层面研究融合的影响，城市层面的城市融合包括政策融合和总体融合，考察政策因素对乡城流动人口融合的影响大小。个体层面将主客观两类指标嵌入。

现有国内的分类体系，大致框架相似，但在命名维度上存在些微差异（如表 5－2 所示）。

表 5－2　　国内社会融合维度测量汇总

学者	测量维度
风笑天（2004）	经济、心理、环境和生活
张继焦（2004）	对城市生活的感受、经济生活、生活方式、社会交往、婚恋
杨黎源（2007）	风俗习惯、婚姻关系、工友关系、邻里关系、困难互助、社区管理、定居选择、安全感
童星、马西恒（2008）	“二元”社区、“敦睦他者”、“同质认同”
张文宏等（2008）	心理、文化、身份、经济

续表

学者	测量维度
杨菊华（2009）	经济、文化、行为、身份
朱力（2010）	经济适应、社会适应、心理适应、文化适应
王毅杰（2010）	社会交往、社会认同
刘建娥（2010）	居住与生活、健康与安全、就业与收入、满意度与信心
周皓（2014）	经济融合、文化适应、社会适应

综合国内的情况可以发现，虽然学者所选取的社会融合各维度之间有所重叠，甚至在重要性、序次上也有所不同，但总体表现出一个“渐进”的过程，尤其中国当前的乡城流动人口的社会融合情况，呈现“适应—区隔融合—融合”的三阶段一体化的过程，当然其中也存在着难以完全区分的界限。

同时，构建社会融合指标体系时，还应注意区分过程和结果。指标选取过程中，注意遴选出代表原因的变量，避免原因与结果混淆。另外，整个测量体系建立还应避免两两维度之间的因果关联，造成多重共线性。

本书根据国家卫生计生委流动人口司调查问卷（2014）所涉及的提问以及现有的理论参照，试图从五个角度构建社会融合体系，即经济融入、社会融入、文化制度融入、空间融入和心理融入。乡城流动人口在城市融入的过程中，须具备相对稳定的职业，获得新的社会地位，并建立和当地人相近或相同的价值观，以上涉及经济、社会和心理三个方面。此外，制度层面强化了乡城流动人口在当地生活的权利和义务的感知。同时我们也引入空间因素，这是基于当前城市融入中多出现的空间隔离现象，空间指标对乡城流动人口与流入地居民的疏离程度产生较重要的影响。最终建立操作化模型。

二、社会融合的测量方法

本章继续从乡城流动人口“三维”分化的角度进行问题界定，社会融合程度作为重要参数，需要解析各维度上的融合情况。首先，对问卷中基本的指标进行统计汇总（如表 5－3 所示）。

表 5－3　　乡城流动人口调查问卷基本指标

变量	构成（%）	变量	构成（%）
年龄（岁）		月收入（元）	
15—19	2.3	3000 以下	53.9
20—29	54.1	3000—5000	33.5
30—39	25.4	5000 以上	12.6
40—49	9.7	职业状况	
50—59	8.5	国家与社会管理者或经理人员或私营企业主	16.0
受教育程度			
小学	9.5	专业技术人员	7.3
初中	50.5	个体工商户	42.2
高中	25.3	产业工人	33.7
大专及以上	14.7	农业劳动者	0.4
		无固定职业者	0.4

根据问卷设问方法并借鉴国内外学者对乡城流动人口社会融合的研究基础，本研究设计了 22 项指标：选取收入水平、经济感知、业务培训和职业稳定作为经济融入指标；通过测算居留许可、语言使用和居留意愿来测量社会融入程度；通过测算当前乡城流动人口受尊重程度，与周围人相处情况以及对当地身份认同来测算心理融入；考虑到社会网络和社区中的社会关系对外来人口融合的重要性，选取是否参与社会文体活动，是否参与社会公益活动，是否参加工会与当地的党团支部等指标来测算文化/制度融入。最后，根据乡城流动人口如何在空间中找到自己的生存状态，测算出空间融入。上述指标的具体操作化定义如下。

经济感知程度（x_1）：选取收入职业位置与全社会比作为对经济感知程度的判断指标，1 为最低，10 为最高。通过乡城流动人口对自身职业地位的感知情况来反映经济感知程度。

业务培训（x_2）：选取近三年中在本地是否接受过政府提供的免费培训作为判断指标，将接受过赋值为2，没接受过赋值为1，通过是否接受政府提供的免费培训来考察乡城流动人口的业务能力，进而判断是否可以融入。

职业稳定程度（x_3）：通过签署劳动合同的类型判断职业的稳定程度，将签署固定合同的样本赋值为3，将签署临时合同或非固定合同的样本赋值为2，将并未签订合同的样本赋值为1。合同作为一种法律形式的约束，可以反映乡城流动人口的职业稳定程度。

居留许可（x_4）：采用是否在本地办理了居住证或暂住证作为指标，办理的赋值为2，没有办理则赋值为1，通过是否获得居留许可来考察其社会融入情况。

语言使用（x_5）：对于其社会融入选择对本地话的掌握程度作为测量指标，若将会听会讲与会听不会讲赋值为2，将听不懂赋值为1。一般而言，学会了流入地的语言，则更有利于乡城流动人口融入当地。

居留意愿（x_6）：通过未来打算在哪里购房和未来5年打算在哪里生活和工作进行测量，在流入地购房和工作则赋值为2，在其他地方生活或工作则赋值为1。

尊重程度（x_7）：通过测量与老家亲戚同事比、与居住地亲戚朋友比和与全社会比来测量乡城流动人口受尊重程度，赋值从1到10，数值越大说明受尊重的感知程度越高。

相处情况（x_8）：通过愿意与流入地人口成为同事、朋友、邻居甚至通婚进行测量，愿意的赋值为2，不愿意的赋值为1，通过相处状况说明其融入的相处情况。

身份认同（x_9）：采用感觉自己是属于这个城市的和感觉自己是这个城市的成员两个因素衡量，同意的赋值为2，不同意的赋值为1。

活动参与程度（x_{10}）：将参与社区文体活动和社区公益活动赋值为2，不参与赋值为1，通过活动参与程度衡量乡城流动人口的文化/制度融入情况。

组织参与程度（x_{11}）：将参加过工会和本地党团支部的赋值为2，将未参加的赋值为1，对组织的参与程度可反映出乡城流动人口的文化/制度融入情况。

居住类型（x_{12}）：将商品房、统一社区管理类的住宅赋值为2，因该类住房相对更加稳定、正式；将板房、棚户区等住宅赋值为1，因为这类住房通常是临时的栖身之所。

收入高低程度（x_{13}）：这里采用如下分类方法对收入高低进行区分①：将月收入高于全国城镇居民人均可支配收入的样本赋值为3，将月收入在全国城镇居民人均可支配收入和全国农村居民人均可支配收入之间的样本赋值为2，将月收入低于全国农村居民人均可支配收入的样本赋值为1。

为了避免过多的指标，将上述22项测量指标利用因子分析方法构建社会融合的主要结构因子，所选的因子代表原来因子的大部分信息并展示城市外来人口社会融合的结构维度。将主因子的方差贡献率作为权数并进行标准分换算，最终可以计算出社会融合的综合得分。反之也可以通过新因子转换得出各维度的具体分值。因子分析的表达公式如下：

$$X_i = \mu_i + a_{i1}F_1 + a_{i2}F_2 + a_{i3}F_3 + \cdots + a_{im}F_m + \varepsilon_i \tag{5-1}$$

其中，X_i表示原来的指标变量：F_1、F_2、F_3、…、F_m（$m < i$）表示不可观测的潜在因子，综合了原来 i 个指标信息，ε_i表示不被包含的信息部分，作为特殊因子。

三、乡城流动人口社会融合结构维度构建：因子分析方法

通过上述指标构建乡城流动人口整体融合情况时，在采用因子分析方法构建社会融合的结构维度之前，首先对前文所测定的22项指标进行皮尔逊（Pearson）相关性分析检测。发现上月收入，通婚，参加公益活动，参加工会，与居住地亲戚、朋友尊重程度这几个因素，与其他各项指标均显著相关的指标相比，不适合做因子分析。将这些指标剔除后，对17项指标进行因子分析，得到KMO（Kaiser Meyer Olkin）检验值为0.686，巴特利特球度检验（Bartlett test of sphercity）的近似卡方为42096.513，显著水平为0，两项检验说明以上17项指标适合因子分析模型。对上述指标进行主成分提取，确定5个主成分的值大于1，通过Kaiser标准化的正交旋转法后对结果进行收敛，得到测量指标与主要因子之间的载荷，以此选定可用

---

① 2016年全国城镇居民人均可支配收入为33616元，合2801元/月，全国农村居民人均可支配收入为12363元，合1030元/月。

于测量社会融合状况的5个因子（见表5－4）。

表5－4　　社会融合因子指标

<table>
<tr><td rowspan="13">社会融合</td><td rowspan="4">经济融入</td><td>收入</td><td>上个月收入</td></tr>
<tr><td>经济感知</td><td>收入职业位置与全社会比
1—10分</td></tr>
<tr><td>业务培训</td><td>近3年中本地是否接受过政府提供的免费培训
接受过：1；没接受过：2</td></tr>
<tr><td>职业稳定</td><td>当前与工作单位签订何种劳动合同
有固定合同：3；不固定：2；未签：1</td></tr>
<tr><td rowspan="3">社会融入</td><td>居留许可</td><td>到本地是否办理了居住证/暂住证
办了：2；没办：1</td></tr>
<tr><td>语言使用</td><td>对本地话的掌握程度
听得懂：2；不会讲：1</td></tr>
<tr><td>居留意愿</td><td>未来打算在哪里购房；未来5年打算在哪儿生活工作
本地购：2，其他：1；本地工作：2，其他：1</td></tr>
<tr><td rowspan="3">心理融入</td><td>尊重程度</td><td>与老家亲戚同事比；与居住地亲戚朋友比；与全社会比
1—10分</td></tr>
<tr><td>相处情况</td><td>愿意与本地人做同事/邻居/朋友/通婚
愿意：2；不愿意：1</td></tr>
<tr><td>身份认同</td><td>感觉自己是属于这个城市的；感觉自己是城市的成员
同意：2；不同意：1</td></tr>
<tr><td rowspan="2">文化/制度融入</td><td>活动参与</td><td>是否参与社区文体活动，社区公益活动
参与：2；不参与：1</td></tr>
<tr><td>组织参与</td><td>是否参加过工会，本地党团支部
参加过：2；未参加：1</td></tr>
<tr><td>空间融入</td><td>居住类型</td><td>目前居住的社区类型
商品房/统一社区管理类住宅：2；板房/棚屋区：1</td></tr>
</table>

职业地位、职业培训和职业稳定在第一个因子中解释度较大，按照指标的含义归结为经济融入因子，方差贡献率为0.28；居留许可、语言使用、近期购房意愿和5年以后留居此地的购房意愿在第二个因子中解释度

较大，按照指标含义归结为社会融入因子，方差贡献率为0.20；与老家亲戚、朋友等人的尊重程度和是否愿意与本地人做邻居、朋友和同事的因素中，第三个因子的解释度较大，按照指标含义归结为心理融入因子，方差贡献率为0.18；在对文体活动与党团支部活动的参与度中，第四个因子解释度较大，归结为文化制度融入因子，方差贡献率为0.12；根据居住社区在第五个因子中的解释度归结为空间融入因子，方差贡献率为0.14。以上五个因子可以共同解释总变量为82%的方差变异（如表5-5所示）。

表5-5　　各变量因子分类表

通过检验的变量	经济融入因子	社会融入因子	心理融入因子	文化制度融入因子	空间融入因子
职业地位	0.74*	0.15	0.37	0.15	0.31
职业培训	0.66*	0.23	0.17	0.19	0.22
职业稳定	0.82*	0.21	0.33	0.32	0.21
居留许可	-0.31	0.62*	0.26	0.29	0.18
语言使用	0.12	0.49	0.21	0.21	0.14
购房意愿	0.42	0.59*	0.32	0.17	0.28
五年意愿	0.33	0.75*	0.24	0.22	0.37
尊重（亲戚）	0.26	0.23	0.59*	0.31	0.32
尊重（所有）	0.08	0.35	0.74*	0.21	0.31
做同事	0.13	0.25	0.67*	0.32	0.30
做朋友	0.22	0.11	0.72*	0.18	0.43
做邻居	0.19	0.16	0.61*	0.25	0.15
城市归属感	0.21	0.18	0.62*	0.27	0.31
成员归属感	0.22	0.22	0.67*	0.22	0.26
文体活动	0.14	0.32	0.33	0.88*	0.23
党团支部	0.22	0.32	0.26	0.69*	0.32
居住社区	0.34	0.38	0.31	0.32	0.78*
方差贡献率	0.28	0.20	0.18	0.12	0.14
累计方差	0.28	0.48	0.66	0.78	0.82

注：*代表具有解释力的因子系数。

计算主要载荷的因子得分，利用等权重法计算得出因子解释。构建社会融合指标如表5-6所示。

表 5-6　　因子解释度分布

	社会融入因子	空间融入因子	文化制度融入因子	经济融入因子	心理融入因子
因子解释	2.29	2.25	1.93	1.81	1.48

根据表 5-6 可知，整个社会融合体系中，社会融入的的融合度最高，其他方面进程相对缓慢。社会融入和空间融入对社会融合的解释力相对大。说明当前融入的形式主要是以社会融入，即是否获取居留许可、是否掌握当地语言等为主；单纯从空间层面看，乡城流动人口对融入的认可度比较高。

四、乡城流动人口社会融合的个体维度构建

将社会融合的指标重新分类，按照主客观评价指标依次赋分计算，列示如表 5-7 所示，得到社会融合的个体维度数值。通过测定个体社会融合度，将指标按照从差到好、从低到高赋分，将主观指标与客观指标两者综合得出一个总体指数，计算公式如下：

乡城流动人口社会融合个体指数 = 客观指标汇总值 ×80% + 主观指标汇总值 ×20%①　　(5-2)

经计算并将得分标准化转化后，得到 1、2、3 三类，1 代表融合程度较差，2 代表融合程度中等，3 代表融合程度较好，基本完成了社会融合。

表 5-7　　社会融合各维度指标分析

主要维度	子维度	参考指标	
		主观融合评价	客观融合评价
经济融合	劳动力市场融合		是否接受过职业培训；收入状况
	劳动保护	对工会组织和党团组织的参与度	是否签订了劳动合同；医疗保险参保状态；养老保险参保状态
	住房融合	未来 5 年期望在哪里购房	居住类型
	流动时长		流动时间
制度融合	户籍融合	是否愿意迁入户口	是否有当地户籍/居住证/暂住证

① 此公式依据：黄匡时的《流动人口社会融合指数：欧盟实践和中国建构》，登载于《人口与社会》2011 年第 27（1）期，第 26-31 页。

续表

主要维度	子维度	参考指标	
		主观融合评价	客观融合评价
社会关系融合	同群关系	与其他流动者相处是否融洽	是否经常陪伴孩子学习、游戏等
	异群关系	邻里相处	邻里关系数量
心理和文化融合	身份认同	认为自己是本地人还是外地人	
	文化适应	对本地语言掌握程度	
空间融合	住房种类		住房类型
	地域情况		跨省流动与省内流动

第三节　乡城流动人口“三维”分化人群的社会融合对比

将乡城流动人口“三维”分化人群的融合程度作为因变量，以三维指数作为自变量进行单因素方差分析。综合来看，“三维”分化人群社会融合程度均为显著，这说明三类人群均处于融合进程，但存在融合程度的差别。

一、乡城流动人口“三维”分化人群的社会融合：结构维度及地理效应

将融合的结构维度按照“三维”分化人群拆分做交叉分析并利用相关系数卡方检验进行对比，结果如表 5 - 8 所示。

表 5－8　融合结构指数交叉分析表

变量	融合结构指数			
	生存型	过渡型	发展型	总体
经济融入	1.342*	13.745*	2.349	23.868**
社会融入	37.153**	381.649***	19.264***	625.811***
心理融入	17.953*	17.231*	0.836*	66.469**
文化制度融入	0.257	24.615**	3.214*	48.529**
空间融入	63.883***	381.294***	15.528***	926.174***

注：* 表示在 0.05 水平上显著相关，** 表示在 0.01 水平上显著相关，*** 表示在 0.001 水平上显著相关。

从融合的结构看，社会融入和空间融入在整体融合结构中较为显著。进一步拆分发现，经济融入、社会融入、心理融入、文化制度融入和空间融入五个因子对于过渡型人口来说均有较大影响。而生存型和发展型人口的社会融入和空间融入拉动强显著，表明群体之间关系的亲密度和居住状况对于乡城流动人口的社会融合产生显著影响。

将社会融合的结构维度构建进一步按累计方差贡献率分别计算在一、二、三线城市各融入地所占权重，建立统计图如图 5－1 所示。

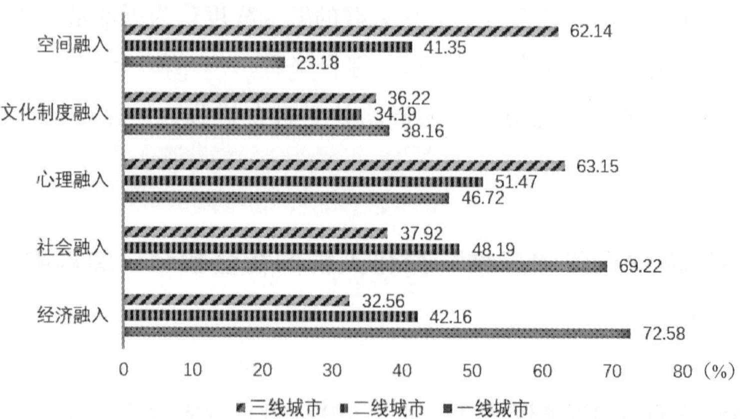

图 5－1　乡城流动人口社会融合结构维度的城市层级差异

从图 5－1 可发现，经济、社会、空间、文化制度和心理五大融合结构在一、二、三线城市的占比呈现较明显的分野。

首先，社会融合度的整体评价：一线城市在社会融入和经济融入两大面向遥遥领先于二、三线城市；三线城市则在心理和空间融入方面居优势地位；二线城市在各维度中均处于居中的位次。

其次，对经济融入、社会融入考察：经济融入和社会融入两个面向按一、二、三线城市的层级呈阶梯状递减，这可能与一线城市整体收入水平较高、在维护劳动力市场活力和流动性方面的机制相对健全、乡城流动人口的管理配套制度优于二、三线城市有关。尤其社会融入面向的测度包含居住证作为考察条件，一线城市乡城流动人口的居住证制度管理更严格，这在一定程度提高了一线城市社会融入方面的得分。

最后，对心理融入、文化制度融入和空间融入考察：一线城市在心理融入面向的状况欠佳，说明乡城流动人口在经济上得到较好的融合的同时，心理上依然与本地人口之间存有距离感；二、三线城市，由于较多的本省内部的流动，心理融入的情况相对较好，尤其三线城市分数最高；文化制度面向的融入在一、二、三线城市之间差异不大且都处于较低水平，说明城市间制度建设的差异较小，或对乡城流动人口在文化制度上的融入持保守态度；空间融入面向上，三线城市的空间融入上显著高于一、二线城市，这与我们的经验观察基本符合——三线城市住房成本远低于一、二线城市。当然，近年北京、上海等一线城市出于对人口疏散的需要而采取的一些调控政策，也显著降低了乡城流动人口的空间融入。

二、乡城流动人口“三维”分化人群的社会融合：个体维度及地理效应

（一）“三维”分化人群社会融合差异性分析

通过单因素方差分析（如表5－9、表5－10所示），发现三维人群之间社会融合程度存有较大差异，发展型的融合程度远远高于其他两类。进而考察影响个体融合程度的指标维度，通过建立多元logistic模型，将社会融合程度作为因变量，将各维度指标作为自变量，可以发现社会融合各维度中影响程度的差异：

$$Y = \beta_0 + \beta_1 X_1 + \beta_2 X_2 + \beta_3 X_3 + \cdots + \beta_m X_m + \varepsilon_i \quad (5-3)$$

表 5－9　　　　社会融合个体维度的单因素方差分析

	平方和	自由度	均方	F 值	显著性
组间	1334.424	2	667.212	2591.305	0
组内	2501.943	9717	0.257	—	—
总数	3836.367	9719	—	—	—

表 5－10　　　　社会融合的多维度比较

(I) 三维指数	(J) 三维指数	均值差 (I－J)	标准误	显著性	95%置信区间	
					下限	上限
1.00	2.00	－0.71092*	0.1229	0.000	－0.7350	－0.6868
	3.00	－1.18392*	0.1799	0.000	－1.2192	－1.1487
2.00	1.00	0.71092*	0.1229	0.000	0.6868	0.7350
		－0.47300*	0.1601	0.000	－0.5044	－0.4416
3.00	1.00	1.18392*	0.1799	0.000	1.1487	1.2192
	2.00	0.47300*	0.01601	0.000	0.4416	0.5044

注：* 表示均值差显著性水平为 0.05。

从表 5－11 呈现的样本总体来看，身份持有、本地语言的掌握、流动时长和收入等指标都对乡城流动人口的社会融合产生显著影响，在流动范围上跨省流动较省内跨市流动相比并不显著，这和地域文化的相近程度有关，相似的地域文化更容易实现社会融合。而制度层面的因素，如医疗与养老保险，因近年异地就医报销、养老保险接转等改革推进力度较大，故当前对乡城流动人口的社会融合影响不大，这与《中国城市流动人口社会融合评估报告（2018 版）》显示的流动人口社会融合水平中公共服务融合度最高①在一定程度上可以互相印证。由于乡城流动人口本身经济能力处在相对较低水平，购房地点对其社会融入的影响也极小。

将“三维”人群拆分来看，流动时长和月收入情况显著地影响生存型人口的融入，社会交往、本地语言掌握到一定程度影响其社会融合，说明生存型人口依然为基本的温饱而奋力；过渡型人口的社会融合受劳动合

① 肖子华．中国城市流动人口社会融合评估报告（2018 版）［M］．社会科学文献出版社．2018：（10）．

表 5-11　　社会融合多项 Logistic 回归分析

变量名称		总样本	生存型	发展型	过渡型
职业培训	是=1	0.341**	0.235	0.513**	0.364
劳动合同	是=1	0.022**	0.011*	0.026***	0.035**
医疗保险	是=1	0.064	0.021	0.088	0.037
养老保险	是=1	0.232	0.251	0.285	0.338
组织参与度	高=1	0.309**	0.011	0.574**	0.035*
购房地点	户籍地=1	0.933	0.729	1.285	1.022
迁户意愿	是=1	0.478**	0.102*	0.926**	0.395*
身份持有	是=1	0.793***	0.431*	0.381***	0.916***
邻里关系	好=1	0.612**	0.589	0.815**	0.684**
本地语言掌握	是=1	0.278***	0.364**	0.416***	0.627***
流动范围	跨省流动=1	0.527*	0.520	0.437***	0.629**
	省内跨市=2	0.913***	0.840***	0.984***	0.940***
孩童陪伴	是	0.283	0.026	0.318	0.219
流动时长（年）	0—1	0.247***	0.254***	0.241***	0.251***
	2—3	0.352***	0.312***	0.365***	0.325***
	4—5	0.448***	0.427***	0.459***	0.436***
	6—10	0.601***	0.518***	0.634***	0.583***
月收入（元）	0—2000	0.518***	0.365***	0.592***	0.523***
	2001—3000	0.405***	0.385***	0.429***	0.390***
	3001—4000	0.461***	0.264***	0.651***	0.403***
	4001—5000	0.422***	0.257***	0.628**	0.314**
身份认同	本地人=1	1.485**	1.264*	1.961**	1.533**
社会交往	融洽=2	0.739**	0.386**	0.989**	0.935**
	一般=1	0.288**	0.253**	0.367**	0.272**

注：* 表示在 0.05 水平上显著相关，** 表示在 0.01 水平上显著相关，*** 表示在 0.001 水平上显著相关。

同、流动时长、流动范围（省内跨市或者跨省流动）、月收入及身份持有的显著影响，同时职业培训、组织参与度、邻里关系、身份认同和社会交往等对过渡型乡城流动人口的社会融合也有一定影响；发展型人口除了月收入、流动时长、身份持有显著影响其社会融合外，流动范围、对本地语言的掌握、邻里关系、身份认同、社会交往等因素也在一定程度上影响其融合。从以上可以看出，生存型社会融合的影响因素最少，发展型社会融合的影响因素最多，过渡型居中，说明乡城流动人口在城市社会融合的需求会随着在城市经济社会地位的提高而各方面诉求增加，反过来，诉求的增加也将促进融合水平的进一步提升。

为进一步考察乡城流动人口“三维”分化人群社会融合的地理效应，把地域因素加入对比项。将数据库问卷调查涉及的城市分为一线（北京市辖区、广东省深圳市）、二线（山东省青岛市、福建省厦门市、河南省郑州市和四川省成都市）和三线城市（浙江省嘉兴市、广东省中山市）研究“三维”人群与不同类型城市交互作用的结果发现：无论一线、二线或三线城市，生存型人口均以中等偏低的融合程度为主，高融合度的占比较小；过渡型人口的低融合程度人口占据微小比例，中等和高融合度在三类城市中比例大致相当。在发展型人口中，高融合程度在三类城市均占据了较大比例。二者的对应关系基本呈现出较高的城市化水平更有利于居民的融合的趋势（如图 5 – 2 所示）。

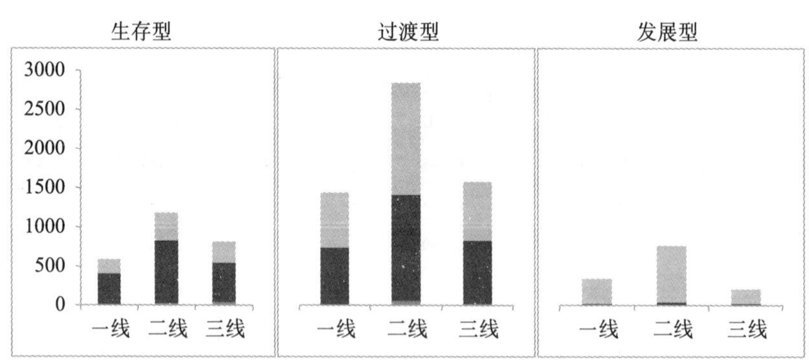

图 5 – 2　各城市层级“三维”人群的分布比较

以上分析用表 5 – 12 呈现更为清晰。

表5-12　　　各城市乡城流动“三维”人口分布比较

城市类型 \ 社会融合度	生存型融合度	过渡型融合度	发展型融合度
一线	中弱	中中	较高
二线	中中	中高	较高
三线	中强	中中	较高

（二）“三维”人群不同社会融合状况下的路径选择

从政策机制来看，当前不同类型乡城流动人口具有差异化融入路径，政策制定应依照适当价值原则采取差异化融入策略，有效促进社会转型过程中新兴阶层的重构与融合，注重对乡城流动人口的包容与赋能。

1. 生存型。

流动人口的流动决策函数中，既包含个人收益比，也包含流动人口社会网络。生存型乡城流动人口的社会融合状况受经济收入、劳动合同、省内流动、社会交往以及身份认同的显著影响。生存型位于乡城流动人口“纺锤型”结构的底层，自身先天或后天的禀赋较弱，在城市生活仅处于温饱状态。这部分群体的首要核心是实现经济融入。从地域角度看，在城市经济发展水平高的地区，就业机会多，收入相对高，经济融合度较好。但该群体处于城市最边缘，各项劳动权益最容易被侵害，因此城市要特别关注该群体的的劳动保护，尤其通过加强用工企业签订劳动合同的约束，保障其各项权益。除经济收入、劳动合同外，社会交往也是生存型乡城流动人口社会融合的敏感因素，前述研究显示，社会交往有助于提升该群体的融合度，因此有必要构建一定的社会网络支持生存型乡城流动人口的社会融合，其中社区和企业是营造的社会交往公共空间的重要载体，如何运用社会和企业的社会交往平台来深化生存型乡城流动人口的融合度是值得进一步探讨的融合路径。

2. 过渡型。

过渡型乡城流动人口所占比例较大，从其社会融合影响因素看，经济、社会关系、文化、流动时长、组织参与度、身份认同、社会交往等几乎所有社会融合的影响因素对其都有较显著影响。过渡型乡城流动人口本身具有进一步分化的可能性，向上流动可能有利于进一步融合，向下流动可能意味着更容易被排斥出城市。过渡型乡城流动人口应成为政策制定的主要着眼点。实现过渡型乡城流动人口可持续发展的核心在于不断健全社会融合的机制，厘清融入的方向：包括劳动力市场流转机制的完善，提供更多就业机会；通过政策保障消除收入、福利和待遇方面本地人和外地人的“内外双重标准”；流入地政府在地方公共事务讨论中增加乡城流动人口比例以增强组织参与度；通过居住空间的合理布局，使外来人与本地人居住空间有一定交集空间，创造双方交往机会和平台，缩小“心理距离”。

3. 发展型。

发展型的乡城流动人口是草根精英，在流入地城市已拥有一定的经济基础和社会资本，选择的自由度更大些，在未来决策中相对更有把握，目标也更为清晰，其在流入地奋斗，力图摆脱他所在的群体只能被动为国家意志所支配的弱势地位，以积极的生活方式发展出自我意识和存在感，改善乡城流动人口被民众标签化的刻板印象。发展型乡城流动人口的职业分布主要由两类组成，一是企业管理、技术人员，二是从事某一行当的小老板。因此与其他类型不同的是，职业培训和邻里关系对发展型乡城流动人口的融合有显著影响。故对其中的技能型群体提供制度化的职业提升渠道，变人口红利为人才红利，以及在其居住社区密切与周边邻里的互动均能有效促进发展型乡城流动人口的社会融合。发展型还是乡城流动人口在城市各阶层中衔接本地和外来人口的“缓冲带”。乡城流动人口与政府之间在管理层面存在控制与反控制，实际上是两者之间缺乏一个可以斡旋的中间社会阶层，最可以担任此角色的是流动人口中的发展型人群，一方面由于其与流入地本地的经济社会资源已有一定深度的链接，或多或少积累起一些流入地的人脉关系；另一方面，发展型乡城流动人口又保持着与家乡人民的联系，把劳动力从家乡农村引向城市。发展型乡城流动人口本身社会融合度高于过渡型和生存型，在乡城流动人口中又拥有一定感召力，因而当地政府可以利用发展型乡城流动人口作“缓冲带”，逐步消解本地居民与乡城流动人口之间的隔阂，使其在社会融合中发挥“领头羊”的作用。

第六章

“人”的城镇化何以可能

本书的第三章论证了“人”的城镇化就是实现“人”的现代化。新型城镇化提出“以人为本”的理念，意味着“人”的城镇化的实施路径要以“人”为核心，围绕满足“人”的生存和发展的需求而展开。广义上“人”的城镇化中的“人”不仅指乡城流动人口，而是包括了在城市和留在农村的人群，都要在城镇化这一动态过程中，增强“现代性”、减少“传统性”。但依本书研究主题，显然乡城流动人口是“人”的城镇化中最庞大、最紧迫的群体。

第一节　中国城镇化转型：时代新背景与过渡性特征

改革开放后中国的城镇化进程伴随着中国经济社会的双重转型，转型中的改革具显著的“渐进性”特征：先试点后推广，先增量后存量，先点后面。相对温和的改革固然给了体制转型较有弹性的空间，引起的震荡不是剧烈的，但改革毕竟触及利益格局调整，即便改革形成“共识”，最终结果仍取决于各方力量的博弈，博弈的结果往往导致改革的不彻底，呈现“碎片化”“补丁式”“应急式”。城镇作为经济社会诸多变量的高度聚合体，改革的正面效应和改革“不彻底”引发的负面效在城镇化进程中均被充分暴露，其中乡城流动人口问题是改革开放40年来，城镇化率以年均约一个百分点的高增长后，遗留下来的越来越突出的问题。

周飞舟（2018）将改革开放后的中国城镇化划分工业城镇化（1978—1994年）、土地城镇化（1994—2012年）和人口城镇化（2012年以后）三阶段，其中人口城镇化阶段对应“新型城镇化”，要解决工业城镇化和土地城镇化阶段遗留下来的乡城流动人口市民化问题。这三阶段对应不同的主题：工业城镇化释放要素活力，土地城镇化解决“钱”从何而来，人口城镇化则关注乡城流动人口的市民化。三个阶段被赋予不同的任务，解决不同的问题，每个阶段都承接了上个阶段的遗留问题①。如果说党的十八大之前的城镇化具有强烈的“物”的城镇化特征，那么2012年党的十八大后提出的新型城镇化则是基于原有“物”的城镇化进程中因忽视“人”的因素导致城乡对立、城乡治理失范等积弊而提出的。这一视角的转变是具有划时代意义的，意味着中国城镇化从工具理性向价值理性的根本性转变。这种价值理性以“人”为核心，是对“物”的城镇化中拼资源、拼数量、拼速度的粗放式增长以及牺牲弱势群体利益导致的“马太效

---

① 周飞舟，吴柳财，左雯敏，等．从工业城镇化、土地城镇化到人口城镇化：中国特色城镇化道路的社会学考察［J］．社会发展研究，2018（1）．

应”的彻底抛弃，从关照“人”的需求出发，注重公平正义、可持续发展。

然而“人”的城镇化不仅面临中国经济社会双重转型的遗留问题，还要叠加传统城镇化向新型城镇化转型出现的新现象，制度转型必然产生转型的摩擦成本，因此实现“人”的城镇化的必然要对传统城镇化向新型城镇化转型的大背景、转型的过渡性特征以及“人”的城镇化的相关政策作出研判，才能最大限度降低转型成本，在现有的经济社会条件约束下最大限度实现“人”的城镇化提供“适当的制度供给”。

一、传统城镇化向新型城镇化转型中的新趋势

（一）乡城流动人口的内部群体分化

张鹂（2014）在中国田野调查中观察到“阶级、地域和职业上的差别是乡城流动人口内部分化的重要因素”。同时张鹂指出，官方将乡城流动人口看成同质化群体，掩盖了人群内部的差异性。乡城流动人口向城市迁移历经30多年，其间已经出现了获得比较丰厚的经济地位和社会资本的老板们，并不全是人们通常印象中仅靠卖苦力维持温饱的群体。乡城流动人口中的老板们常从老家引入老乡，成为家乡与城市人口流动的纽带，逐步积累起流出地与流入地两地的社会资本①。还有些群体虽然没有成为老板，但较早进入城市，分享到劳动密集型产业发展的红利，积累起一定的生活资本，实现了生存到立足的跳跃。当然，不可否认，更多的乡城流动人口仍处于经济、社会、政治等全方位的弱势地位。但乡城流动人口的内部分化现象仍是值得决策当局重视的新动向。群体分化的结果以差异化的利益诉求呈现，忽视其内部的异质性将导致相应公共政策边界模糊以致失灵。这就要求新型城镇化精准施策，对不同乡城流动人口的诉求，辅以不同的政策支持。

（二）新生代农民工是转型期实现“人”的城镇化的主要对象

2010年出台的《关于加大统筹城乡发展力度进一步夯实农业农村发展

---

① 张鹂．城市里的陌生人：中国流动人口的空间、权力与社会网络的重构［M］．2014.

基础的若干意见》（国务院公报2010年第4号）首次提到“新生代农民工”，将这个群体定义为出生于1980年以后，年龄16岁以上，在异地从事非农业的农业户籍人口。新生代农民工主要由三类人群构成：第一类是曾经的流动儿童，跟随进城务工的父母在城市接受教育并直接在城市打工；第二类是曾经的留守儿童，在农村出生，并在农村完成义务教育之后进入城市打工；第三类是半流动半留守，由于各城市对孩子教育入学政策不同，各个家庭实际情况不同，一些进城务工的农民工的孩子在城市与农村之间交替完成义务教育。新生代农民工与上一代农民工相比，较为显著的群体性特征表现在人力资本、成长经历和身份认同三个方面。在人力资本方面，新生代农民绝大多数接受过义务教育，基本文化素质整体高于上一代，视野较为开阔，对新事物的接受速度快于父辈，价值观念、生活习惯、消费观念都与父辈有明显差异；从成长经历看，新生代农民工多数在儿童或少年时期就进入城市，多数没有务农经历，农村的乡土情结远远不如父母辈；在身份认同上，农村的身份、城市生活使新生代农民工对自己的身份认同变得比较复杂，无论身处农村或城市均缺乏归属感。

新生代农民工自身的群体特点决定了其诉求有别于上一辈。首先，从市民化意愿看，在新生代农民工群体中，有市民化意愿的农民工达68.73%①（夏显力，2012），目前的学界研究均支持新生代农民工具有较强烈的市民化，其中女性、文化水平较高的以及户籍在东、中部的农民工具有更强的市民化意愿②③（段成荣，2015；张斐，2009）。其次，从市民化能力看，新生代农民工的人力资本和社会资本都相对高于父母辈，受教育平均水平比上一代农民工明显提升，更善于利用同学、群团组织甚至网络力量来获取一定的社会资本，具备了一定的市民化能力。再次，从务工动机上看，新生代农民工不仅求生存而且求发展，在选择职业时，除了考虑工资待遇外，还将工作环境、发展前景纳入职业选择的考量。最后，在

---

① 夏显力，姚植夫，李瑶，等．新生代农民工定居城市意愿影响因素分析［J］．人口学刊，2012（4）：73－80.

② 王宗萍，段成荣．新生代流动人口的现状、困境及对策［J］．人民论坛，2015（a12）：21－24.

③ 张斐，卢雪和．中国女性流动人口状况研究［J］．妇女研究论丛，2009（4）：11－18.

诉求表达方面，新生代农民工具有一定的政策理解能力，也更倾向利用正规渠道积极维权。

据测算，目前新生代农民工的市民化水平约50.18%①，新生代农民工是“人”的城镇化实现的一股积极力量，其实现“人”的城镇化对权利、精神、公共服务方面的诉求高于上一代农民工②（靳小怡，2016），政府推出的“人”的城镇化举措不能仅限于满足基本生存权，应侧重从更高水平的“人”的城镇化要求出发，满足新生代农民工的市民化需求。

（三）经济新常态是转型期面临的经济背景

2015年中国在历时30多年的高增长后，进入经济新常态。经济新常态并非一个经济周期现象，而是整个经济发展阶段节点发生根本性改变的结果，意味着中国经济从“要素推动”“资本推动”转型为“创新推动”，从经济“高速”增长进入“中高速”增长，经济发展从“速度”导向转变为“质量”导向，经济结构的调整优化成为应有之义。经济发展阶段的改变使这一阶段的城镇化面临与传统城镇化不同的新问题，主要表现在以下三点。第一，对人力资本提出新要求。经济新常态下，经济发展的动力源泉在于“创新”，对高劳动力素质需求相应提高，新型城镇化中要着眼培育与“创新”相适应的劳动力，匹配经济转型升级。第二，对教育水平低的乡城流动人口的保护。城镇化的转型期仍有不少因历史原因遗留下来的文化素质低、人力资本积累不足的乡城流动人口，必须在转型期考虑为他们提供生存空间，不能任由其被市场淘汰。第三，对乡城流动人口劳动权益的保障提出新课题。在创新推动阶段，传统工业、服务业与信息技术相结合，催生出新产业、新业态，尤其互联网的虚拟网络容易成为监管盲区。如电商雇佣的劳动力，其劳动权益目前难以被政府监管所覆盖。这对政府职能部门监管能力和水平提出的要求，归根到底是对社会治理能力和水平提出的要求，社会整体治理水平提升，劳动者权益才能拥有更切实的

---

① 李荣彬，袁城．社会变迁视角下流动人口身份认同的实证研究——基于全国流动人口动态监测调查数据［J］．人口与发展，2013，19（6）：26-35.

② 杜巍，杨婷，靳小怡．中国城镇化背景下农民工公共服务需求层次的代次差异研究［J］．西安交通大学学报（社会科学版），2016，36（3）：77-87.

维护，从而推动“人”的城镇化进程。

（四）老龄化社会是转型期不可回避的社会背景

中国改革开放后的经济成就被归结为“制度红利、人口红利、开放红利”的释放，其中“人口红利”主要来自乡城流动人口进入城市提供的廉价劳动力，乡城流动人口的形成本身是农村人口中经身体素质、教育、年龄等多因素个人特征筛选后的结果，尤其“年龄”在个人筛选机制中非常显著，因此乡城流动人口以青壮年为主力，大量农村青年涌入城市，为城市带来经济活力。中国城市经济高增长与农村源源不断的青壮年劳动力供给，与保持城市里的劳动队伍的年轻化密切相关。然而中国1999年已经步入老龄化社会，目前老年人的增速和数量均为全球第一，也是世界上唯一老年人口超1亿的国家。据联合国估算，2015年全球65岁及以上人口中国占23.3%①（辜胜阻，2017）。老年人口基数大、比值高、增长速度快，老龄化速度快、程度深，这将是传统城镇化向新型城镇化转型叠加更为复杂的因素。

老龄化对整个城镇化进程的冲击作用于乡城流动人口的流动规模和年龄结构变化两个方面。从乡城流动人口规模看，孟向京（2018）根据2000—2010年分年龄乡城人口迁移规模和迁移率的估算，外推2010—2030年乡城人口转移的规模和速度都将下降，人口表征的城镇化速度将放缓；从年龄结构变化看，乡城流动人口一般在20岁左右达到由乡到城的转移峰值，之后保持在较高水平，55岁是下降拐点②。随着老龄化的进程，“农村劳动力的供给能力正在迅速消蚀，那种高度年龄选择性的人口城镇化模式难以为继”③（郭志刚，2014），意味着未来中国的城镇化可以从农村转移到城市的年轻劳动力数量将越来越少。

老龄化将会通过劳动力供给、资本形成及全要素生产率等变量对经济

---

① 辜胜阻，吴华君．构建科学合理养老服务体系的战略思考与建议［J］．人口研究．2017（1）：3－14.

② 孟向京，姜凯迪．城镇化和乡城转移对未来中国城乡人口年龄结构的影响［J］．人口研究，2018，42（2）.

③ 郭志刚．我国人口城镇化现状的剖析——基于2010年人口普查数据［J］．社会学研究，2014（1）：10－24.

增长产生负面影响①（齐传钧，2010）。值得关注的是，乡城流动人口的市民化则有助通过消解传统城镇化模式的弊端而抵消老龄化的消极影响。首先，乡城流动人口的市民化可拉动城市的消费，乡城流动人口与户籍人口的消费差距约为30%②（陆铭，2010），乡城流动人口具有巨大的消费潜力。其次，乡城流动人口市民化有利于增强人力资本积累。乡城流动人口的流动性使得无论地方政府还是企业都缺乏足够强烈的动机去培训职工，都具有“搭便车”心态，希望其他地方政府和企业把乡城流动人口培训好，自己将其招募过来即可，因此乡城流动人口的高流动性导致其基础教育之后的人力资本积累受阻。再次，对乡城流动人口人为设置市民化的门槛，会进一步强化城市对乡城流动人口的年龄筛选机制，加剧农村老龄化，使农村面临更加不利的发展条件。当然，市民化有一定的成本付出，研究表明，市民化对经济的推动呈现“U”形③（王伟同，2016），长期看，乡城流动人口市民化的推进可弱化老龄化带来的经济衰退并保持经济可持续发展。

二、传统城镇化向新型城镇化转型过程中的过渡型特征：转型路径的空间分岔

在西方发达国家城镇化进程中，城镇化基本与工业化同步推进，城乡之间不存在我国因历史原因遗留下的很深的制度鸿沟。尽管在工业化初期，发达国家的农村劳动力转移到城市后，也曾经由于人口激增产生一系列城市病以及公共服务短缺等问题，但在享受城市权利方面没有人为的制度屏障，其城镇化可以称为“家业合一”模式的城镇化，农村人到城市工作后，有能力、有意愿留城则可以留居并与城市人享受同城同权。“家业合一”的城镇化模式符合城镇化的一般规律，是在工业化以及后工业化推

① 齐传钧．人口老龄化对经济增长的影响分析［J］．中国人口科学，2010，(1)：54－65.

② 陈斌开，陆铭，钟宁桦．户籍制约下的居民消费［J］．经济研究，2010，(s1)：62－71.

③ 王伟同，魏胜广．多维人口结构变动的交互经济影响——基于老龄化、城镇化和市民化视角的考察［J］．财经问题研究，2016 (2)：84－90.

动下，产业结构变动引发人口布局的城乡变动：大部分人在城镇工作并生活，或者在城镇工作、居住在城镇附近的郊区。

然而对于中国的乡城流动人口而言，“回乡—留城”的选择策略并不是非此即彼的二元选择，在工业化超前城镇化的大背景下，政府对乡城流动人口相关制度安排的被动滞后和政府政策预期的不明朗，使得乡城流动人口通常会陷入对未来迷茫的状态。在对一线、二线及三线城市的深度访谈中，过渡型和生存型乡城流动人口中出现频率最高的一句话是“走一步看一步”，这句话或许是乡城流动人口对政策预期走向模糊进而无从把握自身命运的一种通俗化的表达。由此衍生出乡城流动人口除“回乡－留城”外的第三个选择策略：工作在大、中城市，置业在家乡附近的县城或地级市。相对于通常的“家业合一”的城镇化，这种工作地与购房地的空间分置可称之为“家业分离式”城镇化。“家业分离式”城镇化是当前身处大、中城市高房价压力下，难以在流入地安居乐业的乡城流动人口经“风险收益比”核算后的折中选择。它大量存在于过渡型与部分生存型乡城流动人口当中，亦可视作在当前中国城镇化进程面临的一系列现实约束下，乡城流动人口自发形成的另辟蹊径的城镇化路径，也可概括为一般城镇化路径中的“分岔”现象。

中国这些年常出现的“半城镇化”后面隐含着“人－户”分离状态。如果说“半城镇化”是中国传统城镇化最突出的特征，那么叠加“家业分离式”城镇化最终形成了“家－业－户分离”的非常态化的城镇化现象。该现象也可以看作是传统城镇化向新型城镇化转型过程中城镇化路径发生空间分岔后，表现出的最显著的过渡性特征（见表6－1）。

表6－1　两种城镇化模式路径的对比

	模式1	模式2
城镇化路径	家业合一式城镇化	家－业－户分离式城镇化
基本特征	工作地与留居地基本合一	工作地、置业地和户籍地的空间分离 流入地（中心城市）工作挣钱；家乡县城、小城镇购房养老；户口在农村，保留集体经济成员身份

续表

	模式 1	模式 2
城镇化路径	家业合一式城镇化	家－业－户分离式城镇化
驱动力	中心城市高集聚效应，聚集后向周边中小城市的扩散效应	中心城市高集聚效应、高生活成本；小县城、小城镇低就业机会、低生活成本；农村土地未来利益可期
引发效应	城市的消费潜力充分释放；完整享有流入地公共服务；易实现安居乐业	迁移式消费；公共服务被地域分割；难实现安居乐业

事实上，在西方社会，家业分离型的家庭模式也非罕见，但与西方不同的是，西方的家业分离形态多基于单个家庭自身成本－收益的权衡后的最优策略，是作为市场主体的主动行为，是市场化逻辑对家庭决策的体现。我国的家业分离形态的产生则更多是制度设计不当的后果，是被动的选择。从产生的根源看，两者有本质差异，因而我国城镇化中出现的“家－业－户分离”是一种城镇化进程中的异常现象。换言之，我国城镇化中的“家－业－户分离”形态表面上看是乡城流动人口家庭所作出对本家庭最有利的决策，但实质上是既定政策约束下的次优选择。刘盛和、戚伟（2016）根据2010年普查数据，构建了656个城市点的属性矢量数据库，发现中国仅占城市总数5.3%的35座超百万人口城市，却吸纳了57.43%的流动人口，这35座城市多属于一、二、三线城市，常住人口众多，住房供求矛盾比较突出，流动人口中“家－业－户分离”的形态较为普遍，值得关注。

处于传统城镇化向新型城镇化转型中的中国要实现“人”的城镇化，必须牢牢把握转型期的过渡性特征，才能兴利除弊，解决转型期的“痛点”和“堵点”。

（一）转型期城镇化路径空间分岔的形成

“家－业－户分离”现象较为普遍地出现在一、二、三线城市的乡城流动人口群体中，并往往被直观地归咎于大城市房价畸高引发，事实上，该现象的引发有深刻的政策背景和制度支撑。

1. 土地财政体制对经济弱势的乡城流动人口的“推力”。

在中国的城镇化进程中，土地制度和财政体制始终是理解“中国式城镇化”的重要视角。1994 年的分税制改革后，在 GDP 挂帅的政绩考核指向下，地方政府面临着税源不足和发展地方经济之间的矛盾。此时土地作为被政府垄断的稀缺资源，成为解决这一矛盾的一剂“灵丹妙药”。政府一边通过低成本出让工业用地招商引资，吸引企业和产业进入，创造就业机会和增加税源；另一边通过招拍挂高价出让住宅用地获取丰厚土地出让金，为城市基础设施配套、提升公共服务等开辟资金渠道。在地方政府的运作下，土地作为不可或缺的生产要素，其供给市场演变成完全由政府调动配置的单边市场，土地的需求市场则依政府的意愿区分对待：政府在招商引资需求牵引下，土地被低成本出让；而在政府的财政需求牵引下，让住宅土地需求完全市场化，使土地需求曲线与垂直的供给曲线相交于高点，形成政府的超额垄断利润。土地这一要素成为政府全面干预经济的“介媒”。土地资源的政府垄断制度与财政分税制的耦合，构成一个资金闭环链，完美地满足了地方政府发展当地经济和为公用事业筹款的双重目标。但其必然的消极后果则是城市房价高企，而且越是就业机会多的大城市，房价越高。因而乡城流动人口被迫选择在就业机会多的大城市打工，在房价较低的家乡县城或小城镇置业。

2. 超大城市对乡城流动人口的“隐形排挤”。

北京、上海等超大城市以及部分大城市出于疏解人口需求或试图引进高素质人口的需求，对乡城流动人口享受基本公共服务设立的前置条件，实质是想通过这样的“隐形门槛”排挤乡城流动人口，尤其是通过设置流动儿童教育的就学门槛，使不少学龄儿童不得不回到老家的置业地（县城或小镇）接受教育。原本的家庭式迁移因孩子在流入地的教育不能满足而造成阶段性的家庭成员分居。因此当前部分学者认为“家庭式迁移”正在并即将成为乡城流动人口城镇化主要模式的判断，掩盖了乡城流动人口中大量存在的“家 - 业 - 户分离式”的城镇化现象。

3. 现行政策下中小城镇“拉力”不足。

中国经济起飞阶段实施的区域不平衡战略使中心城市处于“极化”阶段，对中、小城镇要素形成“虹吸效应”。如本书第三章第三节的分析，中国大城市的“虹吸效应”并未及时转换为“涓滴效应”，公共服务的“大城市倾向”导致“拥挤效应”失效，离心力衰减，人口和产业扩散到中、小城镇受阻。而中、小城镇缺乏必要的发展要素支撑，产业空心化，就业容量小，劳动力要素外流，不得不到中心城市寻求就业机会和更高的经济收入。因此在整个城镇规模体系失衡的情况下，虽然国家在政策层面放开了中、小城市的落户限制，但基于当前经济社会条件约束，乡城流动人口的流动走向与国家政策意图导向不尽一致。

4. 农村土地制度改革的预期不确定。

在中国的城镇化进程中，可以观察到土地财政下，土地稀缺性被人为放大后土地不断增值的过程。这一过程也逐步唤起全民对土地价值的认知。乡城流动人口同样意识到土地未来具有的待价而沽的增值空间，土地附着的财富利益成为乡城流动人口尽管在城市谋生却不放弃土地的最重要原因。此外，农村土地历来还担负着农村社会保障的功能。乡城流动人口目前获得的社会保障并不健全，因而保有土地成为缺乏安全感的乡城流动人口实现自我保障的策略。鉴于目前土地仍未完全与户籍脱钩，故乡城流动人口加入城市户籍的意愿并不强烈，近年甚至出现“农转非”户口回迁农村的“逆城镇化”现象。虽然为推动城镇化将农村土地与户籍脱钩的改革呼声很高，但是否最终被政府采纳存在诸多不确定性，因此乡城流动人口倾向保留农村户籍以保留土地及集体经济成员身份，“家－业－户”的分离格局被进一步强化。

对于乡城流动人口而言，大城市、小县城和农村三个空间各有利弊，大城市的就业机会多，但高房价、高生活成本；中、小城镇低房价、低生活成本，但就业机会缺乏，农村不能致富但土地未来价值可期。从经济理性出发，流入一、二、三线城市买不起房的乡城流动人口最有利的选择是在大城市就业、在小城镇置业并保留农村户籍。

（二）城镇化路径空间分岔下乡城流动人口“人”的城镇化的困境

1. 背离“人”的城镇化应有之义。

新型城镇化与传统城镇化的本质区别在于让进入城市的乡城流动人口实现“人”的城镇化，即要以人为本。中国特色的“家－业－户”分离式城镇化的产生根源若不消除，必然导致乡城流动人口被锁定在传统城镇化下的低水平生存状态。在大城市中不难观察到，由于高房价，绝大部分在中心城市打工的乡城流动人口不仅无力购房且要承受较高的房租。乡城流动人口为维持生计，如养育孩子、赡养老人、攒钱购房等经济压力巨大。在生活重负下，他们一方面拼命挣钱，另一方面千方百计压缩生活开支，租住在老旧小区或城乡结合部。这些地方生活设施老旧，条件恶劣。一位在二线城市的“过渡型”被访谈对象就提到：“租个单间，主要就是用于晚上睡觉，白天工作 12 小时，出租屋里老鼠成堆，什么吃的都不能放……”即便如此，租房费用仍是乡城流动人口在城市开支最大的项目之一。高房租进一步压缩了乡城流动人口其他的生活开支，包括吃、穿、行和娱乐等。大城市的过渡型和生存型乡城流动人口在城市低消费、低生活质量，无法体面地生活。“家 - 业 - 户” 分离式城镇化还会出现更多儿童在小县城（城镇）就学，而父母在中心城市打工的分居现象。通常我们所讲的“流动儿童”指在父母打工地与父母生活的儿童，而这种父母处于中心城市，儿童在置业的小县城（城镇）接受教育，则是“流动儿童”的一种变异形式，这些儿童实质上是另一种形式的“留守儿童”。以上现象多发于一、二、三线城市，从根本上说是对“人”的城镇化“以人为本”理念的背离。

2. 中、小城镇人口结构失衡，发展后劲不足。

孙中伟（2015）的研究显示，乡城流动人口的城镇化意愿表现出大城市偏好，中、小城镇对他们缺乏足够的吸引力。这种现象的出现也是“家 - 业 - 户” 分离式城镇化的后果之一。分离状态下，欠发达地区的中、小城镇大量劳动力净流出，产业发展缺乏必要的劳动力支撑，除了房地产，其他产业发展难以为继。产业不能聚集，就业机会稀缺又将反向强化劳动力的进一步外流，欠发达地区的中、小城镇成为“空城”、“鬼城”。这些中、小城镇可以清晰看到的是“后发劣势”而非“后发优势”而：如税源缺乏从而使公共服务质量不高，人口少消费拉动不足等，中、小城镇的弱势地位更加弱化。我国中、小城镇户籍已经全面放开，而乡城流动人口的入户籍愿望低迷，实际上也是“以脚投票”。

“家－业－户”分离式城镇化是在当前传统城镇化向新型城镇化转型期的最大的过渡性特征。这种城镇化空间分岔路径表现出统计意义下的城镇化，却不是“以人为本”的城镇化，具有一定的迷惑性，因此实现“人”的城镇化的目标不仅要依托新时代新特征，实施分步走战略，还要结合转型期的结构性特点。

总体而言，乡城流动人口仍属于城市边缘群体。近30年间，其在城市社会中的构成以及群体权益正随着城镇化的推进以及城镇化战略顶层设计的实施悄然发生着渐进、梯度的改变。“人”的城镇化必然是分阶段、分目标、分层次实现的，并对每一阶段、每一层次的目标达成，提出适当的制度供给要求。所谓“适当的制度供给”是将当前乡城流动人口实现“人”的城镇化纳入各地经济社会发展的目标函数，在现有的经济社会条件约束下最大限度地实现“人”的城镇化所需要的制度。当然，当经济社会发展到更高层次，则实现“人”的城镇化的制度需求和供给也随之发生变化。

2017年，我国户籍城镇化率仅42.35%，按照70%的城镇化率目标，意味着未来尚有近20%比例的农村人口和乡城流动人口需要落户城市。因此本研究认为，“人”的城镇化就是全面贯彻空间公平、正义原则，通过相应的制度安排达到两大目的：一是消除人为造就的市民和乡城流动人口之间各种权利的不平等；二是消解乡城流动人口从农村进入城市空间后，面对现代生产生活方式产生的不适应和恐慌心理，同时培植起乡城流动人口的市民化素质，最终让有意愿且有能力城镇化的人能在城市留得住并实现市民化。

第二节 “人”的城镇化的政策：进展与延宕

20世纪80年代中后期起，乡城人口的流动逐步成为中国经济社会生活中的“现象级”事件。政府对该群体的态度经历了“否定－怀疑－接受”的过程，相应地，政府对乡城流动人口的管理理念也经历了一个“管制－管理－逐步接纳”的过程。进入21世纪后，中央政府对乡城流动人口各种权益主张的文件频繁出台，但由于中国渐进性改革路径本身具有“救急性”“补救性”和“边走边改”的特点，乡城流动人口实现“人”的城镇化的各种举措因而也存在欠系统性和地方政府“选择性”执行的问题。由此导致相关文件的诸多举措在实施中不能一贯到底或避重就轻或执行走样。当前应梳理乡城流动人口“人”的城镇化的制度与政策进展，探究制度政策与现实之间的差距，以现实的叩问倒推现行制度政策，进而纠偏。

一、乡城流动人口实现“人”的城镇化的相关政策进展

从我国当前实现乡城流动人口“人”的城镇化的相关制度进展看，大的制度体系和政策框架已经落地，各项举措持续推进，乡城流动人口的待遇和权益持续改善。但囿于中国的城乡差距、地域差距等诸多复杂因素影响，相关制度出台的“政策效应”也存在差异化，甚至衍生出次生问题。

（一）户籍制度改革进展

“人”的城镇化的首要显性指标是乡城流动人口拥有城镇户籍。户籍制度是社会治理的基础性制度，我国户籍制度承载人口管理的显性职能和享受相应福利待遇的隐性职能。其中，人口管理功能所对应的政策调整是与国家宏观经济发展战略和城镇化战略相配套的。改革开放前，城乡户口迁移受到严格控制，城镇化长期处于停滞阶段；改革开放后城镇户口迁移逐步松动，从放开集镇落户到放开小城镇落户再到放宽中、小城市落户；党的十八大之后，按常住人口规模为标准实施差异化、宽紧有别的落户政策，同时辅以城镇建设用地与农业转移人口落户、财政转移同农业转移人口市民化相挂钩的机制。

在党的十八大后的户口迁移差异化格局下，在“农村—城镇—中小城市—大城市—特大城市—超大城市”这一城市规模序列链中，户籍管理的结构性特征呈现“两头管住、中间放开”的特点。“两头管住”是指，一

方面基于农村土地的潜在价值和农村基础设施的不断改善，一些原本从农村迁往城市的落户人员想把户口迁回农村，但由于当前农村“三权”改革还未完成，造成回迁有较大难度；另一方面，超大、特大城市当前城市承载力有限，人口严格控制，落户门槛较高①；“中间放开”指中、小城市户籍基本放开，但部分经济欠发达中、小城市因就业机会少，农业转移人口落户意愿并不强烈。

“两头管住、中间放开”是当前落户政策下形成的人口落户格局，若以均衡城镇化为发展目标，则需要更加关注一般农业转移人口城镇化以及农村回流问题。

现行的居住证制度是为保障因各种原因未获得流入地户籍的乡城流动人口的权益和享受基本公共服务所出台的过渡性政策。但当前居住证制度在功能定位上陷入两难，一方面国家鼓励提高居住证附加的基本公共服务，让乡城流动人口先通过居住证获取在城市居住生活的基本需要；但另一方面，从实践看，居住证也在一定程度上降低了乡城流动人口的落户意愿，增加了观望情绪，反而降低了这部分人群在城市落户的积极性。

在我国经济转型升级背景下，各地对人才需求强烈，纷纷开启“抢人大战”，各城市对高学历者不仅给落户还给予种种优惠支持条件。相形之下，各地对乡城流动人口这样的普通劳动者重视不足。事实上，一座城市的经济优化转型升级固然对高端人才形成内在需求，但另一方面，高端的人才拥有高收入，会对更加细分的生活服务提出要求，从而需要更多一般劳动者提供基础性的服务。

按世界城镇化发展经验，发达国家的城镇化经历了“城镇化—逆城镇化—再城镇化”三大阶段。我国目前仍处于城镇化中期，人口主流仍是从农村向城市方向流动。当然，随着城乡融合发展，近年来开始出现人口从城镇返流农村的现象（但绝非主要潮流和趋势）。对于那些不愿意留在城市或者缺少在城市立足能力的人，要给予一定的政策安排，使其在农村也能得到自身和家庭的发展。

---

① 曹亚鹏．我国户籍制度未来政策走向及改革建议．改革内参［J］．2017.

（二）教育制度改革进展

教育与“人”的城镇化之间存在密切而直接的关系。从本质上看，学校是个社会组织，提供给受教育者一个社会化的环境，在此环境中，人要学会适应规则，与他人和谐相处，在老师指导下参与各种集体活动，在学习中获得对世界、对他人和自己的新的评价观，培养对周围人和事务的兴趣，学会思考和提出问题，开拓思维等。这些都为“人”的城镇化所需要的开放、包容、创新、规则意识、个人效能、乐于接受新事务等个人素质的锻造打下必备的基础。

进入21世纪后，随着乡城流动人口规模不断扩张，家庭式流动比重不断提升，农民工随迁子女（以下简称“随迁子女”）的教育问题日益被中央重视。2001年国务院颁发《关于基础教育改革和发展的决定》（国发〔2001〕21号），出台“以流入地区政府管理为主，以全日制公办中小学为主”的“两为主”政策。随后，2003年国务院转发教育部等部门《关于进一步做好进城务工就业农民子女义务教育工作意见的通知》（国办发〔2003〕78号）首次明确了地方政府承担农民工随迁子女义务教育经费的责任，同年底《关于将农民工管理等有关经费纳入财政预算支出范围有关问题的通知》（财预〔2003〕561号）又强化了地方政府对随迁子女的财政责任。2008年后，中央财政对随迁子女接受义务教育实行较好的省份予以奖励性补贴，中央政府的财政支持进一步改善了随迁子女的受教育水平。2012年《国务院关于深入推进义务教育均衡发展的意见》（国发〔2012〕48号）提出，可以采用政府购买民办学校服务的方式解决随迁教育问题。至2014年年末，随迁子女在民办学校学位不断增加，达到124.6万个。2013年起部分省市开始放开随迁子女异地高考限制。2014年《国家新型城镇化规划（2014—2020年）》将随迁子女教育“纳入区域教育发展规划，纳入财政保障范围”，标志着我国乡城流动人口义务教育从21世纪初的“两为主”转向“两纳入”。

尽管农民工随迁子女在流入地接受义务教育已有不少政策供给，该群体义务教育的“权利平等”问题初步得到解决，但与此同时还有两大问题值得进一步关注。一是特大城市政策之间的不兼容。2014年国务院的户籍制度改革中提出严控大城市人口规模，北京、上海等特大城市相继采用“以证管人”（如要求提供就业证明、社保证明、住所证明、家乡无人监护等）控制流动儿童入学规模，高筑乡城流动人口随迁子女的入学门槛作为“挤出”人口的一项调控举措，使随迁子女在流入地受教育的普惠权利于无形中被打了折扣，不同政策在落实环节出现“打架”。二是随迁子女受教育的“机会”均等问题日益凸显。“权利平等”指人人都有受教育的权利，该权利现在基本能得到保障。“机会均等”指地区之间和群体之间不存在因偏见或歧视造成的教育质量差别，以及不对不同群体设置高低有别的受教育门槛。而在各城市优质教育资源稀缺、教育资源均等化尚未实现的情况下，优质的公立校学位基本被本地户籍人口垄断，农民工随迁子女只能进入硬件、软件均较薄弱的学校就读，此外异地中考和高考对农民工随迁子女仍实行有条件放开，以上是基础教育阶段“机会不均等”的突出表现。鉴于现行教育资源按行政区划进行配置的体制，大部分城市出于对户籍人口教育资源的保护和打击“考试移民”的需要，对异地中、高考报考设有前置条件，不同城市前置条件差异较大。北上广等特大城市、省会城市以及区域中心城市对中考和高考设置的门槛较高。如果说“权利平等”被打折扣是少数特大城市出于人口调控的暂时现象，那么“机会均等”则是当下随迁子女在城市里遇到的普遍性问题。

从更深远的视角看，现代教育对城市文明的养成有绝对正向影响。但若农民工随迁子女所在学校的教师素质不高，办学水平低，这些孩子的个人素质和能力得不到高质量的培育，未来将仍无法与城市孩子竞争，最终难以打破“贫困的代际再生产”的魔咒。

（三）劳动权益保障制度进展

2008 年新《中华人民共和国劳动合同法》实施后，包括农民工在内的职工劳动权益得到了法律进一步保障，后续 2009 年国家出台了《国家安全监管总局关于进一步加强农民工安全生产工作的指导意见》（安监总培训〔2009〕19 号）、2010—2012 年密集出台了《国务院办公厅关于切实解决企业拖欠农民工工资问题的紧急通知》（国办发明电〔2010〕4 号）、《最高人民法院关于进一步加强拖欠农民工工资纠纷案件审判工作的紧急通知》(法〔2010〕43号)、《最高人民法院关于做好当前涉农民工工资案件执行工作的通知》(法明传〔2012〕25号)、《关于加强建设工程项目管理解决拖欠农民工工资问题的通知》(人社部明电〔2011〕2号)等多份文件，2014年和2016年人力资源和社会保障部先后发布《关于印发农民工职业技能提升计划——“春潮行动”实施方案的通知》(人社部发〔2014〕26号)，教育部与中华全国总工会《关于印发农民工学历与能力行动计划——“求学圆梦行动”实施方案的通知》(教职成函〔2016〕2号)等。以上政策文件重点对多年来拖欠农民工工资的顽疾进行了大力度的清理和追责，初步扭转了农民工工资被大面积拖欠的局面，同时可以看到近年来政府在帮扶农民工提升文化水平和积累人力资本的培训上也投入较大。

乡城流动人口在城市仍处于弱势地位，因而劳动权益保障的落地仍任重道远，该群体拖欠薪现象仍未完全消灭，仍大量存在被任意加长工作时间，加班未支付加班薪酬，危险环境安全防范措施不足，对身体有害的作业无劳动防护，工伤不予支付相关待遇，不提供相关培训以及休息权、职业健康保护权、接受培训权等劳动权益受侵害的现象。国家统计局全国农民工监测报告显示：2013年农民工与雇主或单位签订劳动合同的比例为41.3%，其中只有23.2%的农民工签订了一年以上劳动合同，仅有14.3%的农民工与用工单位签订了无固定期限劳动合同①(官华平，2016)。农民工维权在部门协作、制度衔接上已有一定进展，但仍未形成综合维权优势②(杨宜勇，2017)，因此未来需要重点提升农民工的维权意识，畅通维权渠道，加强完善法律的保护机制。

(四)社会保障制度进展

社会保障制度本应被涵盖在劳动权益制度内，但由于社会保障关乎乡城流动人口的核心利益，故独立进行讨论。社会保障的同城同权是乡城流

---

① 官华平. 流动人口就业稳定性与劳动权益保护制度激励研究［J］. 西北人口，2016，37(1)：58-62.

② 杨宜勇，张强. 农民工融入城市社会的机制与政策研究［J］. 辽宁大学学报(哲学社会科学版)，2017，45(1)：1-12.

动人口实现“人”的城镇化的重要标志，社会保障的健全完善也是乡城流动人口融入城市的“压舱石”。

社会保险是社会保障的核心内容。中国现行的社会保险制度发端于20世纪90年代中后期的国有企业改革，设计之初被作为国企改革的配套举措。随着城镇化进程的加速，大量农民工进城，土地的保障功能逐步弱化，社会化的社保制度成为迫切需要。21世纪后的社保制度基本处于“打补丁”阶段，各地面对乡城流动人口大潮各自进行了具有地方特色的探索和政策供给，如“综合保”“镇保”等，制度呈现出区域和人群“双重碎片化”。地区间和制度间缺乏衔接通道，与乡城流动人口“流动性大”的特征产生极大矛盾，大大降低了该群体参保的积极性。

2012年新型城镇化战略提出后，国家从政策层面加快推动乡城流动人口社会保障权益的实现，整合各种“小制度”，2014年起密集出台了《国务院关于建立统一的城乡居民基本养老保险制度的意见》（国发〔2014〕8号）、《关于进一步做好基本医疗保险异地就医医疗费用结算工作的指导意见》（人社部发〔2014〕93号）、《关于进一步做好建筑业工伤保险工作的意见》（人社部发〔2014〕103号）等文件，2016年又先后出台了《国务院关于整合城乡居民基本医疗保险制度的意见》（国发〔2016〕3号）、《国务院关于深入推进新型城镇化建设的若干意见》（国发〔2016〕8号）、《国务院关于实施支持农业转移人口市民化若干财政政策的通知》（国发〔2016〕44号）、《国务院办公厅关于印发推动1亿非户籍人口在城市落户方案的通知》（国办发〔2016〕72号）4项文件，以推进农民工社会保障权的均等化。客观上说，乡城流动人口的社会保障制度从无到有，从“碎片化”到制度初步整合，社会保险的扩面、新旧制度的衔接、城镇职工和城乡居民制度构建通道等工作都在持续推进中，待遇水平也随着改革深化有所提升。但从乡城流动人口群体的调查显示，该群体在社会保障权益方面的“公平感”与“获得感”并不强。

公平感来自横向层面比较。乡城流动人口的社会保障与城镇居民相比，社会保障的覆盖面和待遇水平仍相差悬殊。据孙建娥、周媛也2015年在湖南的调查和陈静、柳颖2016年在江苏的问卷调查：湖南本地人参加养老、医疗的比例均达100%，而同在湖南的乡城流动人口养老、医疗两项参保率都仅21.5%①，相差近80个百分点；江苏本地户籍人口参加养老和医疗保险的参保率分别达100%、79.8%，而同地区的乡城流动人口仍有31.41%两项保险都没有。基于户籍壁垒区分人群福利的现实，滋生了乡城流动人口的“不公平感”，不利于该群体的城市融入（参见表6-2）。

表6-2　2012—2016年我国农民工参加基本社会保险项目状况

年份	农民工总人数（万人）	城镇职工基本养老保险		城镇基本医疗保险		失业保险	
		参保人数（万人）	比例（%）	参保人数（万人）	比例（%）	参保人数（万人）	比例（%）
2012	26261	4543	17.3	4996	19.02	2702	10.29
2013	26894	4895	18.2	5018	18.66	3740	13.91
2014	27395	5472	19.97	5229	19.09	4071	14.86
2015	27747	5585	20.13	5166	18.62	4219	15.21
2016	28171	5940	21.09	4825	17.14	4659	16.54

资料来源：2012—2016年《人力资源和社会发展统计公报》。

“获得感”来自纵向层面的考量，乡城流动人口对社会保险的预期福利与现实福利之间仍有一定心理落差②（陈静，2018）。陈静、柳颖（2018）对江苏省城市常住人口的调查数据表明，2/3的被调查者对基本社会保险的主观感受相对低下，农民工群体对社会保障的满意度整体低于本地户籍人口。社保待遇的预期与现实的差距也易引发“被剥夺感”。

主要原因在于：其一，社会保障的政策制度供给虽已覆盖各群体，但作为落实社保政策的企业主体责任难以落实，不少中小民营企业出于降成本动机，往往对员工采取瞒报、少报、降低工资基数等办法，未足额为员工缴纳社保，侵害农民工的社保权益；其二，农民工群体总体素质仍偏

① 孙建娥，周媛也．流动人口社会保障同城待遇的现状调查与思考［J］．广西社会科学，2017（10）：182-188.

② 陈静，柳颖．新型城镇化进程中的农民工社会保障满意度及其影响因素分析——基于江苏省13地市的实证调查［J］．农村经济，2018（4）：111-116.

低，对自身应得权益和政府提供的各项政策不知情或知之甚少，缺乏积极争取自身社保权益的意识和主动性，且农民工多集中于流动性大、收入水平低的行业，而现行社保统筹层次仍偏低，农民工对城市间社保转移接续手续主观上怀有“很复杂、很麻烦”的情绪，从而制约了参保积极性；其三，对制度设计的不认同。以养老保险为例，无固定稳定工作的乡城流动人口可以参加城镇职工养老保险也可参加城乡居民养老保险，但在访谈中笔者发现，不少乡城流动人口觉得后者缴费虽不高但待遇太低，前者待遇尚可但缴费太高，最后高不成低不就，成为“无保”人员。

“获得感”是对资源分配过程的公平和分配结果的感知，处于“不公平感”和“被剥夺感”中的乡城流动人口，“获得感”必然不强。因此新型城镇化中需要着力落实企业主体对所雇用农民工应负的福利责任、提高乡城流动人口自身社会保障权益的意识、研究乡城流动人口社会保险政策与其“获得感”之间的距离如何产生，并如何缩小政策供给方目标与需求方预期之间在认知上的距离。

（五）住房保障的进展

“居者有其屋”是根植在中国人心中的传统观念，拥有所有权的房子仍被不少中国人视作毕生的追求。乡城流动人口是城市中的边缘群体，长期处于人户分离状态，未被我国现行以户籍为基础的住房保障体系所接纳，多蜗居在集体宿舍或居住条件很差的棚屋区、城乡结合部等。直至2011年《国务院办公厅关于保障性安居工程建设和管理的指导意见》（国办发〔2011〕45号）和2014年《国务院关于进一步做好为农民工服务工作的意见》（国发〔2014〕40号）的颁布才初步将乡城流动人口的居住问题纳入城市住房体系的实施范围。

近年来部分外来务工人员较多的城市，陆续对外来务工人员的居住保障进行了富有地方特色的探索。如深圳对重点企业提供整体承租的“单位产业配套房”、广州2016年推出的“来穗务工人员公租房”等。但总体而言，由于房源供给少，且设有一定的门槛要求（如要求签订劳动合同、要求缴交社保、限于紧缺工种等），故仍难以覆盖较大面积的乡城流动人口。推动乡城流动人口在城市的购房、租房和居住条件改善的进展依然较为缓慢。当前多数城市尤其大城市的乡城流动人口仍落脚在城中村，据深圳链家2017年发布的“深圳租赁”统计数据显示：深圳租房的1600万人口中，1100万人住在城中村。虽然城中村能暂时为乡城流动人口提供栖身之地，但城中村的建设仍多是农村集体负责，基础设施较为薄弱，城镇化中地方政府基础设施配套投入也不足，城中村的治安、消防、卫生状况等很不理想。此外，房屋供给不足的情况下，租户与房东权利不对等，加之我国住房租赁法规尚不健全，农民工法律意识、维权意识薄弱，以上都导致农民工在城市租住的权利难以保障，从而成为乡城流动人口在城市迫切需要改善的薄弱环节。

（六）政治权利保障进展

政治权利属于较高层面的需求，行使政治权利一方面取决于社会人的文化教育和文明素质的提升；另一方面取决于政治参与的渠道是否建立并通畅。杨宜勇（2017）的调查发现，乡城流动人口人群对经济收入提高、减少工作时间和福利待遇改进的诉求仍最强烈，但对政治权利诉求很低，也无规范、制度化的参与机制，现有不多的政治参与多与自身经济利益被侵害相关，采用集结亲朋好友通过非正常方式开展权益维护。至于在城市的选举权和被选举权、参政议政仍因身份问题不能在城市实现；担任机关事业单位、国企等领导职务的权利因劳动力市场的壁垒及行使权利的能力欠缺等多种因素也几乎不可行。但随着受教育程度高于老一代的新生代农民工成为乡城流动人口的主体，其争取政治权利的诉求和建立参政议政渠道的需求必然越来越强烈，“人”的城镇化也必然从劳工权利的争取向市民权利争取的转变。

二、“人”的城镇化政策推进延宕的内在机理

尽管国家层面关于乡城流动人口市民化和提高社会融和度的政策文件从无到有，覆盖项目从少到多，尤其党的十八大后的《国家新型城镇化纲要》对实现“人”的城镇化进行了系统性的安排，但从政策进展来看，城市间推进的力度差异很大，乡城流动人口对政策提供资源的感知度和获得

感并不强。究其原因，一方面，“人”的城镇化的实现具渐进性的客观规律，另一方面也与我国当前政府政策执行生态阻滞有关。

（一）“文化堕距”发生的客观必然性

“文化堕距”是美国社会学家奥格本（1923）观察社会变迁中发现的一种现象。文化通常被看作是历史积淀下的遗产。奥格本认为文化虽具延续性和一定的稳定性，但事实上又是推动社会变迁的根本动力。文化可进一步分解为物质文化、制度文化和价值文化，三者在社会变迁中不可能同步推进，物质变化通常快于非物质变化。因此，相对而言，物质文化（含技术）比较容易被接受和学习，制度文化形成则相对滞后，价值文化包含理念、观念等，因而产生建立更为漫长。由于三者的变化在时间和程度上不一致，从而产生“文化堕距”并成为社会失范的重要原因。

将“文化堕距”理论迁移至分析乡城流动人口“人”的城镇化，可以将“城市”看作是物质文化的载体，将推动“人”的城镇化的各项制度规范作为制度文化，将“人”的城镇化所要实现的乡城流动人口个人素质提升作为价值文化。显然，无论物质文化还是制度文化抑或价值文化，三者都具有鲜明的城乡差异。乡城流动人口“人”的城镇化进程要接受城市空间里物质文化、制度文化和价值文化的不断渗透，而三者渗透的速度和深度呈现梯次：物质文化的渗透扩散速率较快，但是一种“浅度”城镇化；制度文化渗透扩散的速度次之，是一种“中度”城镇化；价值文化渗透扩散最慢，却是“深度”城镇化。

1. 物质文化是乡城流动人口实现城市空间融合的快变量。

乡城流动人口进入城市的首要动机是获取比农村高的收入。我国尚处于城镇化进程中，农村仍沉淀过剩人口，农业劳动生产率难以提升，而城镇化内生出的规模经济、需求集中、劳动力多元化不仅为乡城流动人口创造出众多就业机会，而且提供比农村务农收入高得多的务工收入。乡城流动人口进入城市谋生就直接进入了城市的产业分工体系，依靠劳动参与分配。相对而言，乡城流动人口在城市比较容易融入城市的经济大循环，并分享到部分城市空间的物质文明成果，如城市便捷的交通设施、排污设备、网络设施等。因此物质文化一般而言是乡城流动人口进入城市空间后跨越城乡异质性之先导。

2. 制度文化是乡城流动人口实现“人”的城镇化的慢变量。

城镇化进程中，城镇化生发出的各项制度安排，如符合经济发展规律的基本经济制度、社会保障制度、就业培训制度、教育均等化制度、促进民众公共事务参与的制度、文化包容制度、生态维护制等是城镇化的保障机制。城镇化中的制度还起到塑造城市中的“人”的作用，市场化的经济制度培育人的竞争意识；教育的普及、就业培训有利于人力资本的积累；社会保障制度提供城市“人”的安全感、归属感；公共事务的参与和文化包容提升人的政治文明程度和文化修养……但制度文化总体是个慢变量，乡城流动人口进入城市后，其实现“人”的城镇化的相关制度安排往往具有滞后性，制度设计具有被动性，体现为出台政策仅是对制度的修修补补。

3. 乡城流动人口实现“人”的城镇化的价值文化则是超慢变量。

城镇化对乡城流动人口的观念冲击也是实现“人”的城镇化进程中不断扬弃非现代因素，逐步受到城市文明洗礼的表现，某些与城市不相适应的乡村个性特征将被颠覆并重塑。如城市较农村生活节奏感更快、效率更高；城市的消费观念和生活方式也与农村大不相同；乡村陋习在城市没有发展空间；城市人追求平等、权责的意识更强；城市的陌生人社会使城市中的“人”更具规则感。以上种种投射到“人”的城镇化中表现为对非现代性因素的扬弃，如裙带关系、家长权威、独断专制、愚昧顺从等。这些都是价值文化的更新，即观念层面的变化，需要长期的熏陶和潜移默化，是个漫长的过程，需要不止一代人的努力。

文化堕距会导致社会失范，甚至引发社会解组。工业化、城镇化时期，正是城乡人口高流动时期，进入城市的乡村人，意味着从以“分散性”为特点的乡村系统步入以“聚集性”为特点的城市系统，乡城流动人口与陌生城市环境之间的“紧张感”不可避免，若不能逐步消解“紧张感”，社会团结目标不可能达成。要想保持社会规范不解组、实现社会团结，必须通过缩小文化堕距，推进三种形态的文化协同变迁，增强城市的包容性。

（二）城镇化各参与主体目标函数的一致性与冲突性

乡城流动人口“人”的城镇化进程延宕，除了前述“文化堕距”发生的客观必然性之外，还与我国整体的政策生态有关。

城镇化的参与主体包括中央政府、地方政府、企业、本地居民及乡城流动人口本身。乡城流动人口的社会融合现状是城镇化多元参与主体互动冲撞、合作共谋形成。由于各参与主体的目标与利益诉求存在差异，各方的筹码和博弈能力亦存在差别，最终形成的是经多方多重博弈后兼顾了各主体利益的格局，事实上延宕了“人”的城镇化进程。

1. 中央政府与地方政府之间的合作与分歧。

中央政府与乡城流动人口之间没有直接经济利益，从顶层设计角度为解决乡城流动人口“人”的城镇化问题有比较强的意识和决心，近十几年频频出台相关文件。地方政府从自身目标函数最大化出发，对乡城流动人口多持“不为所有，但为所用”的思想。地方政府与乡城流动人口既互利又冲突。互利表现在乡城流动人口在流入地获得比在农村高的经济收入的同时，为流入地经济发展提供了廉价劳动力；冲突则表现在“人”的城镇化的政策实施必然挤占当地的公共资源，加大了流入地的财政压力。因此，地方政府对乡城流动人口“人”的城镇化态度“暧昧”——适当支持但不“全力”支持。地方政府并不愿意过多承担相应的“人”的城镇化成本，因而在推进“人”的城镇化的政策力度方面，地方政府往往“有保有压”，通过地方性文件设置“技术性”隐形门槛，最终乡城流动人口得到的实惠有限。

2. 地方政府与地方企业之间的共谋与冲突。

二者的合作与冲突存在机会主义倾向：当企业出现用工荒时，需要地方政府协助，二者有共同利益指向；当企业正常经营时，逐利冲动往往导致出现侵害农民工权益的行为，此时企业与地方政府在保障农民工利益方面存在冲突。地方政府出于发展地方经济的导向，面对企业侵害农民工的侵权行为有时会采取一定程度的姑息纵容，甚至有些地区利用“社保征缴比例”作为招商引资“寻租标的”，滋生各地区在引进企业竞争中的“反向寻租”行为。地方政府约束地方企业对农民工权益侵害时多采用“相机抉择”策略，这常常使乡城流动人口的劳动权益难获切实保障。

3. 流入地地方政府与乡城流动人口之间的互惠与冲突。

乡城流动人口增强了流入地的地方经济活力，扩大了地方社保基金规模。我国社保基金积累总量前十位均是人口流入地，其中广东社保基金居首位，这与广东外来乡城流动人口多有直接因果关系。但目前的流入地负责制使流入地政府要承担大部分的农民工市民化成本，驱使地方政府以各种前置条件延宕乡城流动人口“人”的城镇化进程。

4. 地方企业与乡城流动人口之间的利益分享与对抗。

地方企业出于用工成本的考虑，往往通过少报工资总额、少报人数等方式降低成本，而部分乡城流动人口倾向增加当期收入用于当期消费，宁可不交或少交社保，将少缴的社保费用以增加部分工资作为补偿，这时企业和农民工有一致的利益取向。另一部分乡城流动人口更重视未雨绸缪，因而要求缴足社保，这时两者之间又存在利益上的冲突。

5. 乡城流动人口与流入地市民之间的互利与对立。

两者的互利表现在：乡城流动人口在城市谋生获得比在农村务农高的收益，同时乡城流动人口作为城市里生活服务业的生力军，为流入地市民带来生活上的诸多便利。两者的对立体现在：其一，双方在就业、享受排他性公共资源等方面存在竞争关系，乡城流动人口劳动力具有更廉价的优势，可能挤占本地人的一些就业岗位，乡城流动人口“人”的城镇化过程还会不断摊薄市民享受的公共资源，尤其是教育和医疗；其二，文化冲突和对“乡下人”的刻板印象、以及对外来人犯罪行为的“晕轮效应”都加大了两者之间的隔阂和嫌隙。

6. 流入地与流出地政府之间的合作与竞争。

流入地政府与流出地政府之间是互补合作和竞争的关系。早期流入地享受人口流入的红利，流出地政府获得外出务工人员的汇款，带动流出地的消费。两地政府形成劳动力供需的互补。近年来发达地区迫于成本压力，产业外移至欠发达地区，使早年作为劳务输出地的欠发达地区用工需求上升，流入地与流出地政府之间从劳动力的互补转向对劳动力的竞争。当然这种竞争客观上有利于乡城流动人口权益的提升。

各主体的行动策略总是服从于其暗含的目标和利益诉求。中央政府的文件经层层下达至各级地方政府和企业，再落实到乡城流动人口身上时，传递和执行过程已经发生扭曲和变形，各主体会根据自己的目标机会主义地理解文件、避重就轻地执行。不同级别的政府、流入地和流出地的政府、政府与企业、企业与农民工、农民工与本地市民之间在同一现实情境下，也有不同的目标和利益取向，两两之间既“合谋”又“摩擦”，最终博弈的结果必然是关照了各主体的利益但每一方又都未能被充分满足。总体而言，城镇化的各主体中，乡城流动人口仍处于绝对弱势的地位，因此中央出台的为乡城流动人口争取公平正义的各项推进举措，最后能落地的并不多，乡城流动人口作为弱势群体，其利益诉求在各方中反而是被压缩最多的一方。

第三节 “人”的城镇化政策实现的制度建构：理论阐释与实践

上节从“文化堕距”的不可避免以及城镇化参与主体“非一致性行动”的视角分析“人”的城镇化进程延宕的原因。其中，后者是“人为”所致，更需要引起警惕，事实上，城镇化参与主体“非一致性行动”背后有着更深层次的制度变迁逻辑的支撑。唐世平（2016）构建了一个关于从观念到制度规则形成的制度变迁逻辑的理论分析框架①。该理论框架借鉴了生物进化进程，将从“观念”走向“制度稳定”的机制提炼为：变异-选择-遗传。这一机制由五个环节构成，变异即产生观念阶段，选择包含政治动员和权利斗争两个阶段，遗传则包括制定规则和稳定两个阶段。笔者将借助该框架对乡城流动人口“人”的城镇化进展延宕的制度之弊进一

① 唐世平．制度变迁的广义理论［M］．北京：北京大学出版社，2016.

步探析。

一、“人”的城镇化延宕原因的再考量：制度变迁的视野

首先区分制度、观念和权力的内涵。制度学派的鼻祖可追溯到马克思、韦伯和涂尔干。之后，旧制度学派和新制度学派又涌现出康芒斯、凡勃伦、科斯、诺思等大学者。其中，笔者比较认同诺思将“制度”定义为“用于塑造人与人之间互动的约束”。观念是包括意识形态、观点、知识、信念等在内的思想活动的产物。唐世平进一步认为“制度”本质是观念的规制化，是观念的实体。但是从观念到制度不是直线的因果，权力在其中起到媒介作用，强权的一方取得规则制定权，最终的规则能体现其观念意图，弱势一方因为权力不足，所以最终的规则难以呈现其观念意图。在中国城镇化进程中，“人”的城镇化在“变异－选择－遗传”的分析框架下能更清晰地观察到“人”的城镇化是如何被延宕的（见图6－1）。

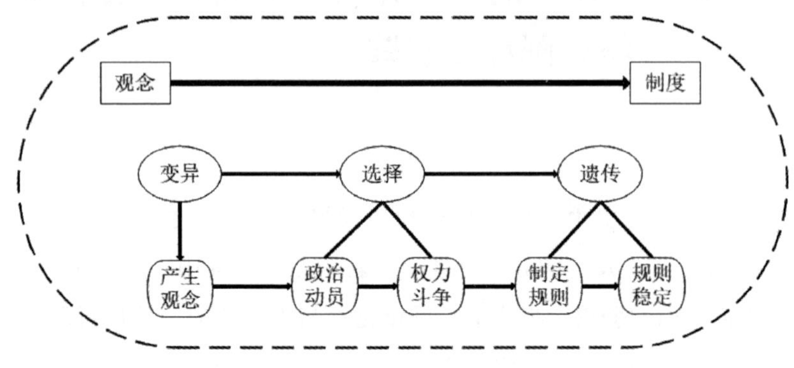

图6－1　制度变迁的过程

（一）观念变异阶段：“人”的城镇化观念的机会主义倾向

制度规则是观念的体现，观念是制度生成的第一步。新型城镇化制度构建的观念是“人”的城镇化。“人”的城镇化在学界被高度关注，文献丰富，政府也铺天盖地宣传，是不是意味着“人”的城镇化观念已经形成共识呢？事实上，由于参与城镇化主体的利益诉求存在差异，“人”的城镇化表面上被普遍接受，事实上不同主体的接受程度却参差不齐。前述中

央政府、地方政府、企业、乡城流动人口在现有制度框架下基于自身利益的考量，对“人”的城镇化态度有一致的一面，也有矛盾冲突的一面，这种两面性引致“人”的城镇化的观念实际上并不清晰，甚至是模糊的，结果导致乡城流动人口在“人”的城镇化中的福利改善不甚确定。

（二）制度选择阶段：乡城流动人口的弱质性

制度选择阶段事实上是参与制度的各方力量较量的过程。通过各方调动自身资源，在相互的博弈中争取制度规则的制定权。现阶段“人”的城镇化主要目标是逐步拉平乡城流动人口与市民的国民待遇。参与城镇化的中央政府、地方政府、企业、乡城流动人口各主体中，乡城流动人口既是“人”的城镇化的主体，也是“人”的城镇化的主要对象，恰恰作为“人”的城镇化主要对象的乡城流动人口由于缺乏必要的经济社会禀赋，相应地在参与城镇化中缺少“话语权”和“代言人”，因而在制定“人”的城镇化的制度规则中往往处于被动服从“别人制定的规则”的地位。最终制度能否契合乡城流动人口“人”的城镇化需求则取决于强势的规则制定方的“观念”及其对乡城流动人口城镇化福利供给意愿的强弱。

（三）遗传阶段：强势方的意志体现

遗传阶段包含制度具体规则制定、实施和稳定。中国当下各项制度的出台仍是政府及官方意志的体现。在“人”的城镇化进程中，中央政府“观念”起到统领其他各主体观念的作用，“人”的城镇化可视为中央政府的“观念”，而其他主体的观念显得比较复杂，如各级地方政府的“观念”里既有中央政府的“观念”成分也有自身利益的“观念”成分，还包含有一定的企业及乡城流动人口的“观念”。由于地方政府是贯穿执行中央“人”的城镇化的具体实施主体，因此，地方政府事实上掌握了“人”的城镇化的细则制定。鉴于地方政府“观念”成分的复杂性和模糊性，最终出台的规则并不总倾向于实现乡城流动人口“人”的城镇化的福利最大化。诚然，在制定具体规则时，地方政府可以“拉拢”乡城流动人口，在规则中更多体现乡城流动人口的偏好，但总体而言，地方政府的“观念”与中央政府、企业和乡城流动人口的“观念”并不能完全重合。

前述分析表明，由于城镇化的参与主体在乡城流动人口实现“人”的城镇化中，既有一致的一面，也有冲突矛盾的一面，因此“人”的城镇化推进难以形成稳定方向的合力，导致“人”的城镇化进程与人口城镇化、土地城镇化严重脱节。

进一步地，从制度变迁的动力学角度看，“变异－选择－遗传”的传导机制中，不同参与主体存在“观念”差异，制度规则体现何种“观念”取决于谁能最终掌握制度规则的制定权，因此“权力”在从“观念”到“制度”实现之间起着核心作用。中央政府、地方政府、企业、乡城流动人口这4个主体中，权力大小极不对称，乡城流动人口的经济社会地位具有“先赋性”的弱势，在“人”的城镇化中的核心利益难以被保证。

制度变迁的动力可分为“渐进型”和“剧变型”。改革开放以来中国的制度变迁以前者为主。渐进型制度变迁过程固然温和，冲击小，但也因常处于新旧制度间的胶着状态而使整个变迁过程变得缓慢。从“人”的城镇化的政策合集不难看出，“人”的城镇化的政策沿着其背后渐进式制度变迁的内在逻辑，呈现“适应－修补－扩散”的演进线路，因此，乡城流动人口“人”的城镇化的政策推出多具有“应急性”和“修补性”，缺乏较为系统的、精细化的统筹推进。故，基于制度变迁的内在机制、遵循“增权赋能”的目标是乡城流动人口实现“人”的城镇化的核心要义。

社会阶层形成的实质是经济社会资源配置的结果。乡城流动人口群体的经济资本和社会资本处于绝对弱势地位，对其“增权赋能”，可一方面通过权利的提升贯彻城市空间的公平正义，另一方面也通过提高乡城流动人口的“城镇化能力”而水到渠成地实现“人”的城镇化。

二、构建“人”的城镇化的制度传导机制：“增权赋能”的视角

依据制度变迁“变异－选择－遗传”的传导机制，围绕乡城流动人口“增权赋能”推进“人”的城镇化。

（一）观念的变异：形成“人”的城镇化的共识

制度变迁的首要动因是观念的变化，这种变化可以是主体本身利益取向的转变，也可以是基于变化了的现实的新认知，也可以是对既有制度不

合理的纠偏企图。落实到“人”的城镇化这一观念，基本判断是：参与城镇化的各主体存在利益导向差异，新的发展阶段需要新认知，旧有不合理的制度若不破除则会不断强化不合理的规则，甚至走上“路径依赖”（参见图6－2）。

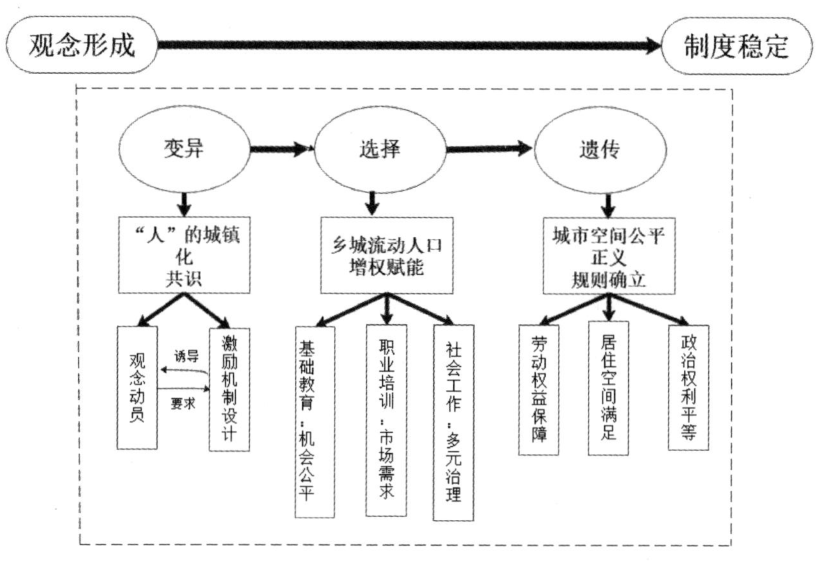

图6－2 “人”的城镇化的制度传导机制

1．城镇化参与各主体的观念动员。

参与城镇化的主体包含中央政府、地方政府、企业、流入地居民和乡城流动人口本身，各主体对“人”的城镇化的认知不清晰且不一致。中央政府的“人”的城镇化部署具有长远性和战略性，但在责任传导过程中，在有限资源约束下，地方政府、企业和城市居民往往对乡城流动人口进入城市采取“有保留的接受”态度。企业倾向将乡城流动人口视作劳动力要素，相应的福利待遇和权益落实不足；地方政府既要执行中央意图但出于经济发展需要对本地企业利益又有所保护，对乡城流动人口权益保障力度不够；本地居民既希望乡城流动人口为城市提供产品和服务，又担忧有限的公共服务资源会被过多挤占。

旧制度规则中不合理的成分来自不合理的旧观念，两者既是因果关系，又存在循环强化的关系。因此通过制度供给侧改革，消弥旧制度的不合理之处，刺激更合理的新观念的提出和巩固，通过更新后的制度规则诱导，激励城镇化参与主体的行为契合“人”的城镇化的需要。实际上是利用制度对观念的反作用力，形成动员力量，达成观念的共识。

2. 激励城镇化参与主体推动“人”的城镇化的顶层制度再设计。

我国城镇化进程中“人”的城镇化不能同步实现以及传统城镇化向新型城镇化转型中“家-业-户”空间分离的过渡性特征的出现，均为现行一些重要顶层设计制度对“人”的城镇化产生“逆向激励”的后果，其中，对于实现“人”的城镇化而言，亟待改革和完善的是土地制度、财政制度和地方政府的政绩考核体制，尽快形成对“人”的城镇化的正反馈。

（1）土地制度改革。现行土地制度采用的是城乡双轨制，城市土地国有，农村土地集体所有。因此土地制度改革要城乡分而改之。城市土地制度最大的沉疴是土地财政。要改变政府通过垄断城市土地供给，人为制造“土地饥渴”获取土地溢价以充实地方财政收入的局面；通过遏制地方政府卖地冲动平抑房价，让房价回归正常合理区间。从农村土地制度看，农村劳动力转移到城市后，目前政策允许保留农村耕地的承包权，但未来是否会收回其在农村的耕地承包权，政策虽已有承诺①，但政策稳定性尚不明朗。为了保住在农村的土地，很多乡城流动人口并不愿意转为城市户籍，甚至出现“逆城镇化”行为——将原本从农村迁到城市的户口重新迁回农村。因此应充分考虑农民的利益，提供多元化的农村退出机制选择：一是转城市户口，归还土地的承包权，但仍可保留农村集体成员身份，参与集体土地经营的利润；二是转城市户口，将土地承包权通过土地交易市场出让，获得市场溢价，但失去农村集体成员身份；三是转城市户口，以放弃土地使用权换取在城市购买保障房的资格。以此形成乡城流动人口向城市转移的激励，加速城镇化进程并推动“人”的城镇化。

（2）财政制度改革。乡城流动人口“人”的城镇化的成本分摊机制是实操层面的核心问题。谌新民、周文良认为，成本分担是影响新生代农民

---

① 2017年出台的《最高人民法院关于为全面推进乡村振兴 加快农业农村现代化提供司法服务和保障的意见》提出：要依法保护进城务工农民的土地承包经营权，宅基地使用权、集体收益分配权，督促行政机关不得以退出土地承包经营权等作为农户进城落户的条件。

工市民化的因素之一，成本分担是多方博弈的结果，赋权还能和成本分担机制设计是新生代农民工市民化政策创新的核心[①]。财政制度改革应遵循事权与财权对称原则，形成财政划拨随乡城流动人口转移的机制。1994 年分税制改革后，中央财政集权上收，地方财政压力较大，不得不走上“土地财政”道路，“土地财政”是在长期“GDP 挂帅”的政绩考核冲动下，财政体制事权与财权不对称引发的恶果，是干扰城镇化正常进程的“毒瘤”，必须革除。财政制度改革要通过中央政府和地方政府的财权与事权的全面重新梳理划界，根据地方提供公共服务的范围给予相应的财力保障。更具体些，应遵循收益与成本对等原则划分财政支出边界：乡城流动人口实现“人”的城镇化的公共服务资金可由流入地与上级政府共同分摊，其中，跨省乡城流动人口的部分公共服务由中央财政予以拨付支持，本省乡城流动人口的部分公共服务经费由省级财政拨付支持。

（3）地方政府政绩考核的科学化。政绩考核是指挥棒。长期以来正是地方政府考核的“以 GDP 论英雄”导致地方政府对经济过度干预并引发诸多短视行为，造成诸如产能过剩、盲目投资、环境污染、土地财政等负面后果。推进“人”的城镇化必须在地方政府的政绩考核中淡化经济导向，强化公共服务导向，将乡城流动人口“人”的城镇化的相关指标纳入考核体系，回归地方政府提供地方公共服务的本位和初心。

以上土地制度改革、财政制度改革和地方政府政绩考核改革事实上是以顶层制度中不利于“人”的城镇化的部分为改革对象，通过改革形成“人”的城镇化的激励机制，继而凝聚“人”的城镇化的共识。

（二）权力的选择：提升乡城流动人口的经济社会地位

制度变迁过程中，存在各行为体为获取制定规则权力而发生争夺的现象。政府毫无疑问在各项正式制度起主导作用，但政府所推行的制度规则是完全满足还是仅部分满足了该制度推行的初衷？乡城流动人口受教育水平、文化水平较低，在整个经济社会结构中处于相对低的地位，政府在很大程度上承担起了这部分人群的代理角色。但政府对乡城流动人口的利益

① 谌新民，周文良．农业转移人口市民化成本分担机制及政策涵义［J］．华南师范大学学报（社会科学版），2013，000（005）：134－141.

诉求可能并不能全面掌握，因此“人”的城镇化实现需要乡城流动人口具备一定的经济社会资源的禀赋，再借助国家治理体系现代化的支撑，才能获得向上流动的“梯子”。

1. 以“机会公平”为导向的基础教育。

在流动儿童基础教育权利基本满足的情况下，未来要着眼于基础教育资源的优化合理配置，缩小教育质量的差距，让流动儿童接受更有质量的基础教育。

（1）强化政府责任，建立责、权、利对等的流动儿童基础教育财政供给体制。当前流动儿童的教育投入主要由流入地区（或县）负责，而乡城流动人口中“家－业－户”分离的现象并不鲜见，导致乡城流动人口聚集量大的区（或县）政府并未获得乡城流动人口的税收、社保等收益，却要为居住在此的流动儿童付出基础教育的成本，故在提升流动儿童受教育质量上激励不足。事实上基础教育具“准公共产品”属质，具有很强的“正外部性”，依据“各级政府的职责划分取决公共行动溢出效应的地理范围”[①]（布坎南，1980）的准则，《中华人民共和国义务教育法》规定省级政府负有统筹辖区内基础教育经费的责任，同时省级政府也具备在辖区内统筹财政收支的权力，因此基于责、权、利来分摊流动儿童的基础教育责任，省级政府应承担主要责任。具体而言，由于省级能够收获省内乡城流动人口的“外部性”收益，因此省内跨县区流动儿童的基础教育经费应由省、市、县分摊，省级为主。相应的，跨省的流动儿童基础教育经费则应从中央、省（直辖市）、区（或县）分摊，并仍以省级为主。

（2）加大基础教育供给，坚持公立校为主、民办校为辅的多元办学方式。中国仍处于城镇化进程中，人口将进一步向城市集中，“家庭式迁移”必然是乡城流动人口向城市流动的主要趋势，流动儿童的教育需求有增无减。基础教育属于义务教育范畴，应由公立校承担主要责任。但在一、二线城市，乡城流动人口聚集度较大，公立校基础教育资源供不应求的矛盾比较突出，因此民办学校是增加更普惠的基础教育供给、缓解“学位”供

---

① 布坎南．《公共财政与公共选择》．类承曜（译）．北京：中国财政经济出版社．2000年：137.

求矛盾的不可忽视的力量，鼓励民办学校接纳流动儿童也是减少学龄儿童家庭因入学难而“家庭式流动”的重要举措。因此从政府层面必须以保障流动儿童教育公平为根本遵循，对吸纳流动儿童的民办学校予以扶持。

尽管目前政府对包括民办校在内的承担义务教育的学校均实现了“两免一补”和提供公用经费基准定额补助，但此类补助对民办校的教育开支而言，只能解决杯水车薪，教职员工的人头经费才是民办校的主要开支。此外，面向流动儿童的民办学校还存着师资队伍不稳定、教师流动性强、教学质量难以保障等困境。因此，要建立对接受流动儿童的民办校的扶持机制，应从财政支持和加强师资队伍两个方面双管齐下，既鼓励和支持民办校接受流动儿童，提高师资队伍水平，又要避免被民办学校以招收流动儿童名义侵吞、套取财政经费和各种优惠政策。上海、浙江针对打工子弟校实行了诸如教育券、特许经营、委托管理等多种形式，形成一批较好的实践经验，值得进一步研究学习并推广。

（3）破除地方保护主义，逐步衔接异地中高考。各地流动学生异地中考和高考政策存在较大差异，有着诸多政策障碍和现实障碍，根源则来自流入地的地方保护主义。异地中考的放开取决于异地高考的开放。目前异地高考政策存在一定程度的分化：矛盾较突出的城市如北京、上海，提高了开放门槛；而部分人口流入较多的城市（如广州），名义上放开了异地高考，但通过提高流动儿童的“入学门槛”，事实上将异地高考的门槛前置；欠发达地区异地高考以打击“高考移民”为主。因此衔接异地中、高考的首要突破口是推进高考制度改革。通过改革冲破地方利益的束缚，关键点是将高考招生由长期实行的“计划”模式向“自主”模式转变，即将分省招生计划改为全国统一考试的高校自主招生模式。具体而言，即全国统一高考，考生可在任何地区报名，大学根据统一考试成绩和生源所在地的教育水平综合评定成绩，自主招生。在全面实行全国统一命题、自主招生的过渡期，可对异地高考的流动人口子女提供报考高等、中等职业教育的优待、鼓励政策。

2. 以“市场需求”为导向的职业培训。

更多的就业机会是吸引乡城流动人口进入城市的首要动因，就业质量则是乡城流动人口融入城市的基础。就业质量包括就业的层次和稳定性，显然，已经加入城市劳动力大军的新生代乡城流动人口多数具初中以上教育水平，他们不再愿意从事上两代农民工所从事的简单重复性的重体力劳动，因此提高就业层次和就业稳定性有利于乡城流动人口的社会融合①（王子敏，2017）。新生代农民工以市场需求为导向的职业培训不仅对职业晋升及薪资福利待遇有正向驱动作用②（俞林，2018），而且成为新生代乡城流动人口提升自身经济社会禀赋的重要手段。

（1）鼓励乡城流动人口“干中学”。建立乡城流动人口参与技术工人等级评定的机制，将工资绩效与技术等级挂钩，激励该领域的农民工们通过技能等级晋升不断提升技术技能，同时也为农民工参与企业、政府以及市场培训提供正向激励。

（2）提升乡城流动人口培训质量。构建多元培训主体，推动政府为主、企业和市场为辅的乡城流动人口培训体系。培训与教育一样具有较强的“外溢效应”。当前乡城流动人口流动性仍较大，企业培训农民工的动力不足，故政府应承担培训的主要责任。地方政府应充分调研，对接地方产业发展需求，以政府购买培训服务的方式开展培训，对参训结业的农民工采用给予一定的补贴以抵消农民工参训的“机会成本”，此举可极大提高农民工的参训积极性。对于开展农民工培训的企业，政府也给予一定补贴。具有专用设备和专用技术的企业，技术工人对企业“黏性”较强，这类企业则可通过内部自行培训、与职业技术学校以及市场培训机构合作等多元方式培育自己的技术工人队伍。

3. 以“多元治理”为依托的社会工作。

目前社区社会工作实施主体有社区居委会和专业性社会组织。社区的社会工作事实上体现了从基层管理到基层治理的视角转化，从单一的政府行为到多元化主体参与社区建设的行为转化，是国家治理能力现代化的最

---

① 王子敏．互联网、技能偏向与农村流动人口就业［J］．人口与经济，2017（2）：107－115.

② 俞林．新生代农民工市民化进程中职业发展驱动因素研究［J］．西安财经学院学报，2018，31（1）：84－91.

重要最基础的一环。社区是乡城流动人口融入城市生活的最现实的互动平台。

乡城流动人口谋生方式大致可分为就业型和自雇型。就业型的乡城流动人口多集中在企业工作，自雇型的乡城流动人口工作地点虽然相对分散，但生活区域空间相对集中。因此面向乡城流动人口的社会工作应依据就业型的主要活动场域和自雇型的主要场域沿着“企业社会工作”和“社区社会工作”两个层面推开。

（1）企业社会工作的扶助。企业社会工作是以培养员工自助精神与互助能力为追求，运用社会工作的理论和方法，实现企业和员工和谐发展的专业化介入手法与工作过程[①]（周沛，2010）。企业社会工作是辅助员工实现全面发展进而提升企业经营管理效率的重要手段。企业社会工作的服务领域包括弱势群体维权、劳资关系服务、职业生涯服务、员工福利服务、心理服务、职工文化、企业文化建设与企业社会责任等，以上工作的开展有助推动企业中的农民工实现“人”的城镇化。具体而言可以从两个方面推动。

首先，回应“就业型”乡城流动人口的群体性需求。从“生存-发展”切入，服务“就业型”乡城流动人口在工作和生活的群体性需求。工作上，为农民工提供相关用工、社保、维权等的政策信息和政策咨询，保障劳动权益；为农民工提供各类培训信息和链接培训资源，提升农民工在企业在城市立足的经济社会资本；为农民工争取通过企业向上流动的通道进而获得提升社会阶层的上升通道。生活上，帮助农民工获得企业提供的住宿，改善住宿条件；帮助协调农民工子女入学问题等。

其次，回应“就业型”乡城流动人口的个体化需求。主要包括心理精神健康支持和婚姻家庭服务。“富士康”事件的发生引发人们关注农民工的心理精神健康。郑广怀（2010）将心理精神压力分为工作场所因素、工作场所以外因素及跨越工作场所内外的因素[②]。乡城流动人口的心理压力可表现为工作的消极倦怠感、身处城市的陌生感，不被接纳感等。企业社

① 周沛：企业社会工作［M］. 上海：复旦大学出版社，2010：8.

② 郑广怀. 迈向对员工精神健康的社会学理解［J］. 社会学研究，2010（6）：201-222.

工应对员工的心理健康进行评估，对存在较大心理健康风险的农民工及时介入干预，提供专业辅导。一方面引导农民工逐步适应城市工业化大生产的工作方式和快节奏；另一方面，对管理层过于苛刻的考核要提出预警，敦促管理层通过给予员工人性化关怀增强员工的凝聚力和对企业的情感粘性，降低因员工的流动性强给企业管理增加的额外成本。此外，婚姻家庭关系也是农民工的主要困扰之一，青年农民工婚恋观的偏误、未实现家庭式迁移的夫妻异地分居等，易引发农民工婚恋和家庭的矛盾冲突，因此企业社工在此方面也大有可为空间，为面临婚恋家庭困扰的农民工提供个性化辅导，纠正偏误。

（2）社区社会工作的扶助。社区社会工作侧重面向“自雇型”乡城流动人口，该群体阶层分化比较明显。有一部分在城市打拼若干年逐步上升到这个群体的“金字塔尖”成为了小老板，拥有一定的社会资本，而更多“自雇型”乡城流动人口靠摆小摊获得收入，维持在城市的基本生活，有不多的结余。“自雇型”的乡城流动人口相比在企业打工的农民工，在社区及社区周边逗留的时间长。因而更有机会接受并参与社区的社会工作服务。

社区的社会工作重点关注“自雇型”乡城流动人口的需求，以社区为载体，集成从经济、社会乃至政策的多维社区服务。首先在经济维度上，社区应将其纳入社区整体规划，让乡城流动人口在社区周边的营生具有可持续性，为其打理小生意提供相应支持。其次，在社会维度上，社区工作应帮助乡城流动人口舒解因城乡空间变换、身份转变、家人分离等带来的心理不适，及时掌握其家庭生活中的困难并协助处理。最后，在政策维度上，对社区里的乡城流动人口进行政策宣讲、解读，保障乡城流动人口能及时捕捉政策，提供的利好信息，落实知情权。

（3）建立专业化服务水准的社会工作支持网络。首先，推动社会工作职业化发展。可成立专门社工公司吸收并培训专职社工，采用商业化运作模式，政府和企业可以购买社工服务的方式保证乡城流动人口能享受到社工的专业服务，增强企业社会工作和社区社会工作的实效。其次，发动志愿者的社会力量。通过项目活动实现志愿者与乡城流动人口之间的对接。

志愿者队伍可吸纳乡城流动人口，激发乡城流动人口的潜在能量，感知其自我价值感并强化其提高自身能力和素质的意识，缩短其在城市空间的不适感的时间。最后，整合服务主体资源。调动市场、政府、社会、本地居民和农民工本身的资源，以乡城流动人口需求为核心，链接各主体资源优势，形成社会工作服务支持网络体系，促进乡城流动人口全面融入城市。

4. 调动“发展型”乡城流动人口的能量。

“发展型”是乡城流动人口中最具城镇化能力的群体。该群体已在流入地积蓄了相对多的经济和社会资本，拥有一定调配资源的能力和参政议政能力，是协调乡城流动人口与当地政府、民众之间关系，消弭相互之间矛盾冲突的“缓冲带”。利用“发展型”乡城流动人口的号召力和在流入地的一定影响力，一方面可作为乡城流动人口利益诉求表达的“代理人”，另一方面可兼任政府政策宣传落地的“代言人”。

以上举措实质上是通过外在资源的灌入，增强乡城流动人口实现“人”的城镇化的能力。通过提升其“后致性”的经济社会禀赋，改善弱势地位，实现在城市的人际互动，积累在城市生存的社会资本，从而融入城市文明，为实现“人”的城镇化积累个人资本。

（三）规则的制定：城市空间公平正义的达成

规则制定是制度变迁全过程的最后一阶段，包括规则制定权的确立和规则制定合法化、稳定化两个环节。规则制定权是前一阶段“权力选择”的结果。城市中，乡城流动人口作为绝对的弱势方，通过不断“赋能”逐步提升经济社会地位，虽不可能掌握绝对的话语权，但至少可将自身的利益和诉求在一定程度上渗透进规则的制定权，使规则最终倾向改善自身福利，并经一个较长时期的循环累积，最终实现城市空间的公平正义。“人”的城镇化目标的实现具有渐进性和阶段性，从近期看，规则制定至少应使乡城流动人口在以下几个方面获益。

1. 劳动权益取得更加切实的保障。

《中华人民共和国劳动法》中规定的劳动权益涵盖劳动者平等就业择业的权利、获得劳动报酬的权利、休息的权利，受劳动安全卫生保护的权利，获得职业技能培训的权利、取得社会保险和福利的权利、提请劳动争议处理的权利及法律规定的其他劳动权利。本书第三章和第四章有关城镇化意愿以及社会融合的影响因素均表明，无论“生存型”“过渡型”还是“发展型”的乡城流动人口，其劳动权益的切实保障可对就业稳定性及城镇化意愿产生正向积极影响。近年来涉及乡城流动人口的劳动权益如社保改革、整治欠薪均有所进展，但新老问题仍交错出现，乡城流动人口劳动权益的保障依然任重道远。

（1）政府仍需持续推进乡城流动人口与户籍人口同城同权。李晓飞（2017）利用长株潭城市群 2015 年的调查数据，运用拓展后的 Blinder - Oaxaca 模型发现农民工相对城镇户口工人在工资收入、社会保险和劳动合同等劳动权益上处于明显的劣势①。因此谋求劳动市场上的平等权仍是未来一段时期内乡城流动人口实现“人”的城镇化的重点着力领域。

首先，形成“嵌入式”社会保险制度并提升待遇。社会保险对于乡城流动人口而言是关乎切身利益的重中之重，是乡城流动人口定居城市安全感的主要来源之一，对乡城流动人口的“人”的城镇化起到举足轻重的作用。乡城流动人口本身处于非农非城的“半城镇化”状态，其社会保险不仅待遇水平居整个社保体系的低端位置，并且被体制与地域“双重割据”。乡城流动人口给城市带来的“隐性收益”和“显性成本”，使地方政府对该群体态度较矛盾，从经济上愿意接纳，但福利待遇上又有所排斥，各地乡城流动人口的社保具体形式五花八门，待遇水平参差不齐。经历年的整合后，当前最重要的养老和医疗保险仍区分机关事业单位、企业和城乡居民三大群体，三大群体的社保待遇从机关到企业再到城乡居民梯次降低，待遇差距较大，未来社保改革不仅要缩小三大群体社保待遇差距过大的问题，而且特别关注制度设计的“可嵌入性”，即不论何身份不论流动何地，社保都能“便携”地随“人”流转衔接。

其次，强化对侵害乡城流动人口劳动权益的法制约束。乡城流动的劳动权益被企业侵犯主要集中在欠薪、不签劳动合同或长时间加班，任意克扣工资等。从法制角度分析主要是劳动立法不健全、执法不规范以及维权

---

① 李晓飞．城市“新二元结构”与户籍制度改革的双重路径转向［J］．华中科技大学学报（社会科学版），2017，31（2）：77 -87.

成本过高等问题。因此，建议：一要健全相关法律规范，对在实践中发现《中华人民共和国劳动法》《中华人民共和国劳动合同法》《就业促进法》规定不明确的条款尽早尽快修订；二要建立执法部门问题快速反映机制，运用新技术对重点行业、企业实施远程监控，加大监察力度；三要发挥欠薪预警机制的实效，打破行政壁垒，解除行业管理的条条框框制约，实现数据共享互通，保障劳动监察部门及时掌握企业状况；四要降低维权成本，建立法律援助制度，简化诉讼程序，对讨薪诉讼实施减免诉讼费用等。

再次，构建多方维权体系。加强组织化程度，提升乡城流动人口表达利益诉求的博弈能力。一是工会组织覆盖农民工群体，建立基层工会和产业工会，把工会打造成为农民工维权的重要后盾；二是加强农民工的组织化力量，建立农民工维权联合会，对农民工维权统筹规划，落实农民工维权的体制机制的有效性；三是社会组织协助。通过志愿者组织、非盈利社会组织、企业或社区社工组织等社团力量实施维权援助服务。

最后，健全对侵害乡城流动人口劳动权益的监督机制。相对企业而言，农民工属于弱势群体，弱势群体维权更需外在力量的监督。因此，保障农民工合法权益不能只发挥上级监督作用，还要综合运用人大监督、媒体监督、舆论监督，形成监督氛围，确保农民工维权能得到公正公平维护。

（2）关注新就业方式的劳动权益保障。进入 21 世纪，中国互联网迅猛发展，“互联网 +”催生新业态，如网约车司机、淘宝店客服、外卖小哥等。“互联网 +”行业与传统业态相比，在其资源配置方式、销售模式等方面都发生了根本性变化，新的工作模式开始流行：工作时间、地点相对自由，甚至可以自我安排上班时间。这些新业态使雇主和雇员之间的劳动关系弱化，不具备传统劳动关系的“人身和财产”双重隶属关系。随着新业态的不断催生，不少新生代乡城流动人口投身其中，其劳动权益的保障日渐引人注意。可从三个方面入手规范劳动关系并保障新业态从业人员的劳动权益。

其一，出台适应新劳动关系的新法律规范。新业态出现的新型雇佣关系在原有的法律中难以找到依据，必须从法律层面出台相关条款，通过法律制度保障新业态从业人员的各项劳动权益。其二，提高新业态从业人员的组织化程度。在现有工会下设立“互联网 + 从业人员”工会分会，以工会组织力量与资方进行维权、谈判，维护从业人员劳动权益。其三，第三方监督。通过志愿者行动、社工组织以及舆论监督等方式削弱资方的强势，增强新业态从业人员的议价谈判能力，保障应有的劳动权益。

2. 居住空间的基本满足。

赵文哲（2018）的研究表明城市房价推高了生活成本，显著降低了农业转移人口的落户意愿①。罗丞（2017）考察了不同住房类型对新生代农民工市民化意愿的影响，其中，取得廉租房的农民工市民化意愿最强，住在工作场所的农民工市民化意愿最弱②。中国人的传统观念和习惯使住房问题几乎成为乡城流动人口城镇化的核心问题。大城市房价高企，也是造成乡城流动人口“家 – 业 – 户”空间隔离的主要原因之一。围绕“人”的城镇化，乡城流动人口在城市的居住问题应分类、分步骤解决。

（1）大、中、小城市的留居导向应具差异化。当下由于我国大、中、小城市土地价值差异大，导致房价差距大，因此大、中、小城市的乡城流动人口的留居导向也应有所差异。大城市商品房价畸高，绝大多数乡城流动人口对购房望尘莫及。在大城市的留居应以“体面生活”为主要导向，因此一方面重点推动廉租房建设，让生存型、过渡型的乡城流动人口在大城市能获得相对稳定且价格在可承受范围内的租住场所，另一方面通过试点探索完善共有产权住房，让发展型的乡城流动人口能通过共有产权逐步实现“安居”愿望。对于中、小城市而言，除共有产权住房亦可推广外，中、小城市还可将住房保障体系覆盖面延伸至乡城流动人口，让乡城流动人口以较低的成本居住在城市，为“人”的城镇化提供物质保障。

（2）相关配套制度的改革。农村土地制度改革和财政体制改革是解决

---

① 赵文哲，边彩云，董丽霞．城镇化、城市房价与农村流动人口户籍迁移［J］．财经问题研究，2018，415（6）：124 – 132.

② 罗丞．安居方能乐业：居住类型对新生代农民工市民化意愿的影响研究［J］．西北人口，2017，38（2）：105 – 110.

乡城流动人口安居的必要制度保障。首先，通过农村土地制度改革允许土地“三权”（抵押权、经营权、使用权）流转，允许乡城流动人口进城后依然保留并可让渡农村土地使用权，彻底解除因土地制度僵化导致的乡城流动人口“人-户”分离的局面，消除户籍转入城市后失去土地的顾虑。其次，通过财政体制改革，终结土地财政。转变地方政府职能，减少对经济领域的干预，切断地方财政通过土地获得经济利益的冲动，建立权责对等的央地财政关系，让土地价值回归理性，压缩商品房的炒作空间，为乡城流动人口转移到城市提供必要的物质空间。

（3）住房公积金的“普惠”导向。住房公积金制度理论上是要提高住房公积金所有者的购房能力。汪润泉（2017）的研究发现，在东部、中部、西部三类城市，住房公积金制度虽均提高了农民工城市定居的意愿，但对农民工的购房决策并无影响，说明公积金制度并未提升农民工的购房能力①。因此住房公积金制度要根据实际情况相应地调整，对农民工群体，住房公积金制度应以“安居”为目标而非以“定居”为目标。因此在现阶段，一方面应拓展住房公积金的使用范围（农民工的住房公积金应不仅用于购房和大修，还应允许无法纳入公租房、廉租房体系的农民工提取住房公积金用于补贴房租），另一方面，鉴于绝大部分农民工至今并未被纳入住房公积金制度，未来仍要推动住房公积金制度的覆盖面向乡城流动人口延伸。

3. 城市空间政治权利的赋予。

政治权利的实现是较高层次的“人”的城镇化。政治权利的行使要求“人”具有相应的政治文明素养，虽然现阶段我国乡城流动人口总体对政治权利的诉求不强烈，但现代公民素质的培育是“人”的城镇化最终实现不可或缺的一环，亦是乡城流动人口在城市拥有市民权和融入城市的必然要求。随着受教育程度高于老一辈的新生代农民工成为乡城流动人口的主体，政治权利的诉求必将不断增强。尤其对已拥有一定城市资本的“发展型”乡城流动人口，政治权利的赋予有利于推动其在社会结构中的垂直向

---

① 汪润泉，刘一伟．住房公积金能留住进城流动人口吗？——基于户籍差异视角的比较分析［J］．人口与经济，2017（1）：22-34.

上流动，更有利于“发展型”乡城流动人口在当地政府与“流动人口”之间发挥纽带作用。

当然，政治权利全面实现依然有赖于乡城流动人口自身的参政议政能力。因此，乡城流动人口政治权利的赋予和行使必然也是循序渐进的过程。建议从简单可行的政治权利开始实施：从法律层面以居住证为依据，赋予乡城流动人口选举权与被选举权，允许乡城流动人口自主选择在流入地或流出地其中之一行使选举与被选举权利。今后进一步通过社区平台，让乡城流动人口更多地参与居住社区的公共事务；随着就业市场体制壁垒的消除，乡城流动人口将有更多渠道和机会进入机关事业和国企工作，获得在机关事业、国企等单位任职的权利。

制度规则具有分配效应，调节利益也往往加剧冲突。因循“观念—制度”这一逻辑下“变异—选择—遗传”的传导路径，要完成乡城流动人口从“身体”城镇化向“权利”城镇化、“精神”城镇化的转变，既需要外在冲击，也需要内因积累。换句话说，需要政治精英的前瞻性理念和顶层制度设计，而更核心的是通过给乡城流动人口“赋权”进而实现“赋能”，获得“人”的城镇化的能力，通过权力再分配提升乡城流动人口的经济社会地位，以防止其他城镇化主体过于强势使乡城流动人口“人”的城镇化进程被延宕，进而拖累中国城镇化乃至现代化进程。

第七章

简要观点和结论

在城镇化的研究中，中国的城镇化研究应是在“流动性”的语境下，并以此作为理解党的十八大后提出的“新型城镇化”中“人”的城镇化这一核心要义的逻辑出发点。

一、中国人口基本分布服从“经济－人口”分布规律，但城市规模的自我平衡机制出现局部失灵

城市以“聚集”为本质特征，中国乡城流动人口向城市的聚集和流向基本反映“人随产业走”的规律。城市同时具有“循环累计效应”和“拥堵效应”，前者形成城市向心力，后者产生城市离心力，二者的动态平衡最终形成大、中、小城市的分野。中国城镇规模体系近年出现两极化格局——大城市愈大，小城市愈小，是大城市“循环累计效应”的过度发挥和“拥堵效应”失灵的后果。其深层次的原因在于我国市场机制的不完备和资源配置的行政干预导致城镇结构不能通过正常市场机制调节实现自我再平衡和纠偏，从而引发大城市“城市病”与中、小城市“空心化”的并存格局。因此一方面应通过“熔断循环累积因果效应”防止中心城市对周边地区的过度“虹吸”，另一方面应通过修正公共资源配置的“大城市偏向”规避“拥堵效应”失灵，让城市规模体系的自我再平衡机制正常发挥。

二、尊重“聚集”经济规律下的均衡城镇化道路，是中国特色新型城镇化道路的现实选择

中国幅员辽阔，地域发展严重不均衡，依托少数几个超级城市拉动整个国家城镇化进程是不现实的。中国走均衡发展的城镇化道路并不意味着“去中心化”，相反，中国当前城镇体系的问题恰恰在于除极少数超大城市之外，大部分城市“聚集不足”，具体表现为大城市、中等城市数量不足，小城镇数量太多，因此新型城镇化推进中要让更多的中等城市成长为大城市，让小城市成长为中等城市。未来城镇化要以城市群发展为依托，大城市扮演高端角色，走产业多样化道路，中等城市扮演规模角色，走规模经济道路，小城市扮演特色角色，走特色小镇道路，其中，大城市要发挥龙头带动作用。可以预见，未来中国的乡城流动人口基本走向是向全国 19 个

城市群集中。

三、乡城流动人口内部“裂变”出现分层化现象

不同群体拥有不同的经济社会资源，因而引发社会分层。引导资源如何配置给不同位置群体的社会规则是产生社会分层的根本机制。该社会规则包括资源的获取规则和不同群体在社会层级中的流动规则。改革开放以来，市场经济的竞争和分配原则释放了要素活力，要素流动性空前活跃，社会阶层在此期间不断整合、重构。置身于中国整个社会结构，可将乡城流动人口视作一个群体，随着中国30多年工业化、城镇化进程，该群体内部发生了“裂变”分层，按经济、社会资源占有从高到底可以划分为“发展型”“过渡型”和“生存型”。三种类型呈现出“两头大，中间小”的纺锤形；而城镇化意愿和社会融合度基本呈现出从高到底的梯度。因而推动三种类型的乡城流动人口城镇化，政策上应有所侧重，本书提出以下的差异化方案：“生存型”乡城流动人口应适度关注回流，“过渡型”乡城流动人口应以扩大向上流动比重为导向，“发展型”乡城流动人口应是当下市民化的目标群体。

四、传统城镇化模式“异化”引发中国现代性系统失调

传统城镇化的“唯利型体制”“分离式消费”和“差异化资源配置”生发出诸如城乡社会失序、三农问题、新型工业化进展缓慢、内需市场扩张不足、服务业发展缓慢等众多问题。这些问题看似独立，实则环环相扣、交互作用，甚至恶性循环，共同构成中国现代化进程中的“问题束”。其实质是传统城镇化单边追求短期增长、低成本转移农村剩余劳动力的结果。同时也昭示传统城镇化模式的不可持续。

五、新型城镇化以“人”的城镇化为根本遵循，是对传统城镇化之弊的救治、反拨和匡正

乡城流动人口从“身体进城”到“权利进城”再到“精神进城”是个浅度城镇化向深度城镇化的演进过程。中国城镇化的上半场是“物”的城镇化，乡城流动人口仅被视作劳动力要素，处于“身体”进城，“权利”半进城、“精神”未进城的状态，他们是离“人”的城镇化社会距离最远的群体，其“人”的城镇化的实现是衡量新型城镇化是否“新型”的最终标尺。中国城镇化的下半场，要以“人”的城镇化为根本遵循，旨在缓解和消除乡城流动人口与城市空间中的紧张感、不适感，以包容性的城市软环境接纳城市新移民，通过新移民在“权利”和“精神”上的深度城镇化延续城镇化红利。

六、城镇化转型中的时代新特征和过渡型特征

观察中国乡城关系，不能仅以“农业社会向工业社会转型”“计划经济体制向市场经济体制转型”两大转型作为背景，更要结合传统城镇化向新型城镇化转型中出现的人口老龄化、经济新常态、乡城流动人口内部分化以及新生代乡城流动人口为主力等的新时代背景。同时，在现行土地制度、财政制度、社会分层机制等内含的不合理因素诱导下，出现乡城流动人口“家－业－户”分离的转型期过渡性特征也需要通过均衡城镇化加以解决。

七、“文化堕距”的客观必然性和城镇化各参与主体的“非一致性”行动，延宕了“人”的城镇化进程

文化是社会变迁的重要动力，一个社会的文化由物质文化、制度文化和价值文化三大构件组成。然三者在社会变迁中的推进速度和程度不同，

总体而言物质文化是快变量，制度文化是慢变量，价值文化是个更漫长的过程。三者步调的不统一产生的“文化堕距”使相对于“物”的城镇化更高层面的“人”的城镇化必然相对滞后。再审视我国政策生态全流程，中央出台的乡城流动人口“人”的城镇化政策由于地方政府、企业、乡城流动人口和本地人的目标函数差异，以及对政策施加的影响力差异，最终在各方博弈过程中，政策的具体实施往往被“强势方机会主义”地利用，于是很多推动“人”的城镇化的政策红利或多或少地发生了流失。

八、制度变迁动力学下乡城流动人口“增权赋能”为核心的制度演进

乡城流动人口在城市初步获得“生存权”，但缺乏进一步的“发展权”。“发展权”的获取根本上取决于乡城流动人口自身“城镇化能力”。凭借制度变迁的“观念变异 - 制度选择 - 制度遗传”的分析框架构建“人”的城镇化的制度传导机制：在土地制度、财政制度、地方政绩导向等顶层再设计基础上，通过教育、培训、社会工作等外来资源的灌入及提高群体的组织化程度，实现包括劳动权益、居住空间、政治权利等在内的城市空间的公平正义。

最后，本书尚存一些遗憾和不足之处：

一是囿于人手有限、个人能力所限，在论据的收集上，除了常规文献外，仅开展了有限的深度访谈和利用数据库数据的二手数据进行研究，未能根据课题的需求自行开展问卷调查以掌握一手资料。报告中使用的国家卫生健康委员会乡城流动人口调查数据偏重面上调查，信息量有限，以致研究领域难以拓宽，研究深度和精度也受到制约，如报告原意试图运用经济资源、政治资源、文化资源、社会关系资源等综合性划分标准对乡城流动人口进行“三维”人群划分，进而透析“三维人群”城镇化意愿和社会融合影响因素，但因信息量不足导致“三维人群”提炼出的差异性不够鲜明，“三维”人群的分析难以深入，甚至可能出现某些分析失之偏颇。因此，本书的乡城流动人口“三维”人群划分最大的贡献并不在于对策的精

准性，而在于提供了一个分类的、结构化的研究新视角。

二是本书第三章本意要观察乡城流动人口的分布和走向，但由于乡城流动人口群体的数据无官方渠道的来源，只零散见于各种报道和文献中，并且无法收集到哪怕省级的乡城流动人口数据，因而在分析乡城流动人口分布与走向时，不得不用流动人口数据替代进行分布趋势的研判，所幸乡城流动人口在流动人口中的占比达60%以上，流动人口的分布走向也能大体反映出乡城流动人口的分布走向。

三是由于“人”的城镇化是分阶段渐进的过程，对于本书研究对象乡城流动人口而言，本书更关注如何实现同城同权这一初级目标，而对于“人”的城镇化要最终实现“人”的现代化的更高层次囿于篇幅未做进一步延展，留待另文后续。

四是本书以城镇化为背景研究“乡城流动人口”，是“城市”视角，事实上城镇化进程对农村的经济社会也形成了相当大的冲击，但为避免冲淡主题，本书对农村在城镇化进程中发生的“坍塌与重构”未及深入讨论，也留待作为后续课题研究。

结　语

城镇化是人类社会通向现代化的必经阶段。城镇化进程是人类迄今为止要素在城乡地域空间交换和流动最快的时期。要素在城乡空间的重新配置并诱导产生的产业变革剧烈冲击着城乡的人口结构、经济结构、社会结构……“流动中国”当仁不让地成为改革开放以来整个中国经济社会最凸显的“主题词”。作为核心要素的“人”在乡城空间流动中进一步引发资金流、信息流、技术流等的运动，由此，碰撞和冲突成为这一时期的“常态”，城乡空间结构也发生着震荡与重构。

“人”的城镇化这一命题的提出，实质是对“‘人的发展’是经济社会发展的初心和最终归宿”这一价值理念的提醒。乡城流动人口承载着对美好生活的向往走进城市。中国改革开放40年来，都市的繁荣史就是一部乡城流动人口的奋斗史，犹记当年他们风华正茂时，将青春热血和汗水挥洒向城市这片土地，孕育出城市的勃勃生机。然当年背井离乡谋生创业，如今流浪的脚步意归何处？城市“不求所有，唯我所用”的冰冷的利益攫取造就了乡城流动人口的迷茫——“迁移还是留守”？当我们看到冬夜仍在寒风中摆着小摊，凌晨走起运货的外来务工人员，工厂里流水线上一刻不停歇的外来妹，跟着父亲的三轮车一同送外卖的流动儿童……会感慨对这个群体无论如何关注都不过分。如今，在新型城镇化背景下，我们再次审视“人”的城镇化这一命题：“人”的城镇化何以可能？最终仍需落脚于制度引领下的体制机制改进，为乡城流动人口提升“城镇化能力”创造条件，依乡城流动人口“发展型”“过渡型”和“生存型”的市民化顺序，通过适用落地的政策运行，灌入“后致性”的资源，根本性改变其

“先赋”的弱势，扭转中国社会这个人口数量众多且处于最底层群体的弱势命运，摆脱“钟摆式”流动和“家－业－户”分离的宿命。最终，步出传统城镇化留滞的困境，走向现代化。

参 考 文 献

1. 阿瑟·奥莎利文．城市经济学［M］．北京：北京大学出版社，2015：78.

2. 安虎森．空间经济学教程［M］．北京：经济科学出版社，2006.

3. 布坎南．公共财政与公共选择［M］．类承曜译．北京：中国财政经济出版社，2000：137.

4. 蔡昉．中国经济增长如何转向全要素生产率驱动型［J］．中国社会科学，2013（1）：56－71.

5. 蔡昉．人口迁移和流动的成因、趋势与政策［J］．中国人口科学，2012（6）：8－16.

6. 曹广忠．中国流动人口空间格局演变机制及城镇化效应——基于2000年和2010年人口普查分县数据的分析［J］．地理学报，2015，70（4）：567－581.

7. 曹亚鹏．我国户籍制度未来政策走向及改革建议［M］．改革内参，2017.

8. 曹雁翎．新生代农民工中小城市长期居留意愿考察——基于新型城镇化的考察［J］．中央财经大学学报，2014（3）：102－110.

9. 曹跃群，刘培森．中国城市规模分布及影响因素动态分析［C］．2011中国城市规划年会，2011.

10. 陈彬．新型城镇化进程中的“逆城市化”问题研究［J］．宏观经济管理，2015（7）：31－33.

11. 陈斌开，陆铭，钟宁桦．户籍制约下的居民消费［J］．经济研究，

2010，（s1）：62－71.

12. 陈春，冯长春．农民工住房状况与留城意愿研究［J］．经济体制改革，2011（1）：145－149.

13. 陈光金，张翼，王春光，等．新型城镇化与社会治理［J］．学术研究，2014（12）：35－44.

14. 陈国成．流动人口对社会经济发展的影响［J］．内蒙古农业大学学报．2009（5）：121－123.

15. 陈静，柳颖．新型城镇化进程中的农民工社会保障满意度及其影响因素分析——基于江苏省13地市的实证调查［J］．农村经济，2018（4）：111－116.

16. 陈良文，杨开忠．产业集聚，市场结构与生产率——基于中国省份制造业面板数据的实证研究．地理科学，2008（3）：325－330.

17. 陈仁禹．河南省人口流动特点及对社会经济发展影响［J］．河南科学，2003（1）：122－126.

18. 陈小卉，汤海孺，武廷海，等．县域城镇化的地方实践与创新［J］．城市规划，2016，40（1）.

19. 陈修兰，吴信如．新型城镇化背景下农村空心化现状及其影响因素研究［J］．西安财经大学学报，2018（12）：70－80.

20. 程必定．新市镇：中国县域新型城镇化的空间实现载体［J］．发展研究，2011（6）：24－28.

21. 崇维祥，杨书胜．流动人口家庭化迁移影响因素分析［J］．西北农林科技大学学报（社会科学版），2015（5）.

22. 丛茂昆，张明斗．内生型城镇化：新型城镇化的模式选择［J］．南京农业大学学报（社会科学版），2016（3）.

23. 崔禄春．论“文化大革命”前的知识青年上山下乡［J］．北京党史，1999（3）.

24. 崔雯雯．流动人口对社会经济发展的影响及对策研究［J］．现代经济信息，2010（6）：155.

25. 付晓东．中国流动人口对城市化进程的影响［J］．中州学刊，

2007 (6): 89 -94.

26. 单卓然，黄亚平．“新型城镇化”概念内涵、目标内容、规划策略及认知误区解析 [J]. 城市规划学刊，2013 (2): 16 -22.

27. 杜旻．流动人口社会阶层结构及地区差异 [J]. 西北人口，2013 (3): 15 -19.

28. 杜巍，杨婷，靳小怡．中国城镇化背景下农民工公共服务需求层次的代次差异研究 [J]. 西安交通大学学报 (社会科学版)，2016，36 (3): 77 -87.

29. 段成荣．当前我国流动人口面临的主要问题和对策——基于2010年第六次全国人口普查数据的分析 [J]. 人口研究，2013.

30. 段成荣．我国流动和留守儿童的几个基本问题 [J]. 中国农业大学学报 (社会科学版)，2015，32 (1).

31. 段成荣等．新时代人口发展战略研究：人口迁移流动议题前瞻 [J]. 宁夏社会科学，2018.

32. 段志刚，熊萍．农民工留城意愿影响因素分析——基于我国七省市的实证研究 [J]. 西部论坛，2010 (5): 37 -43.

33. 樊纲，胡彩梅．调整“城镇化”偏差，明确“城市化”战略 [J]. 深圳大学学报 (人文社会科学版)，2017，34 (3): 17 -20.

34. 范剑勇．产业集聚与地区间劳动生产率差异．经济研究，2006 (11): 72 -81.

35. 方辉振，黄科．新型城镇化的核心要求是实现人的城镇化 [J]. 中共天津市委党校学报，2013 (4): 63 -68.

36. 费孝通．论中国小城镇的发展 [J]. 经济研究参考，1996 (8): 22.

37. 费孝通．农村、小城镇、区域发展——我的社区研究历程的再回顾 [J]. 北京大学学报 (哲学社会科学版)，32 (2): 4 -14.

38. 费孝通．小城镇大问题 [J]. 江海学刊，1984 (1): 6 -26.

39. 冯邦彦，叶光毓．生产力研究．城市经济聚集理论的演变与发展，2008 (1).

40. 付晓东．中国流动人口对城市化进程的影响 [J]. 中州学刊，

2007 (6): 89 - 94.

41. 高春亮，魏后凯. 中国城镇化趋势预测研究 [J]. 当代经济科学, 2013, 35 (4): 85 - 90.

42. 高更和，罗庆. 中国农村人口省际流动研究——基于第六次人口普查数据 [J]. 地理科学, 2015 (12): 1511 - 1517.

43. 高珮义. 城市化发展学原理 [M]. 北京: 中国财政经济出版社, 2009.

44. 辜胜阻，李正友. 中国自下而上城镇化的制度分析 [J]. 中国社会科学, 1998 (2): 60 - 70.

45. 辜胜阻，李华. 中国特色城镇化道路研究 [J]. 中国人口·资源与环境, 2009 (1).

46. 辜胜阻，吴华君. 构建科学合理养老服务体系的战略思考与建议 [J]. 人口研究, 2017 (1): 3 - 14.

47. 辜胜阻，成德宁. 城镇化: 世纪之交中国农村改革与发展的主题 [J]. 学习与实践, 1996 (8): 7 - 10.

48. 辜胜阻，等. 京津冀城镇化与工业化协同发展的战略思考 [J]. 经济与管理, 2014 (4).

49. 顾朝林. 中国大中城市流动人口迁移规律研究 [J]. 地理学报, 1999 (3): 204 - 212.

50. 关信平. 中国流动人口问题的实质及相关政策分析 [J]. 国家行政学院学报, 2014 (5): 70 - 76.

51. 官华平. 流动人口就业稳定性与劳动权益保护制度激励研究 [J]. 西北人口, 2016, 37 (1): 58 - 62.

52. 郭进，徐盈之. 城镇化与工业化协调发展: 现实基础与水平测度 [J]. 经济评论, 2016 (4): 39 - 49.

53. 郭志刚. 我国人口城镇化现状的剖析——基于2010年人口普查数据 [J]. 社会学研究, 2014 (1): 10 - 24.

54. 国家人口和计划生育委员会流动人口服务管理. 中国流动人口发展报告 [M]. 北京: 中国人口出版社, 2010.

55. 国家统计局农民工监测数据.

56. H·孟德拉斯. 农民的终结 [M]. 北京：中国社会科学出版社，1991.

57. 韩俊. 制约农民收入增长的制度性因素 [J]. 学习月刊，2010 (7)：36.

58. 赫茨勒. 世界人口的危机 [M]. 北京：商务印书馆，1963.

59. 洪小良. 城市农民工的家庭迁移行为及影响因素研究 [J]. 中国人口科学，2007 (6)：42-50.

60. 黄春. 新型城镇化向"以人为本"全面转型析论 [J]. 青海社会科学，2015 (5)：77-83.

61. 黄匡时. 流动人口社会融合指数：欧盟时间和中国建构 [J]. 南京人口管理干部学院学报，2011 (1).

62. 黄强. 中国近十年城镇人口增长的"挂锁"态势分析及启示 [J]. 中国人口科学，2017 (2)：4-13+128.

63. 惠彦，金志丰，陈雯. 常熟市人口城镇化的问题及分析 [J]. 城市问题，2009 (3)：63-68.

64. 纪韶. 中国城市群人口流动与区域经济发展平衡性研究 [J]. 经济理论与经济管理，2014 (2)：5-16.

65. 江曼琦，王振坡，王丽艳. 中国城市规模分布演进的实证研究及对城市发展方针的反思 [J]. 上海经济研究，2006 (6)：29-35.

66. 蒋长流，张松祺. "逆城市化"：观察维度与制度反思 [J]. 上海经济研究，2015 (7)：89-96.

67. 蒋蔚. 欧洲工业化、城镇化与农业劳动力流动 [M]. 北京：社会科学文献出版社，2013 (148).

68. 焦晓云. 新型城镇化进程中农村就地城镇化的困境、重点与对策探析——"城市病"治理的另一种思路 [J]. 城市发展研究，2015，22 (1).

69. 焦晓云. 新型城镇化进程中农村就地城镇化的困境、重点与对策探析——"城市病"治理的另一种思路 [J]. 城市发展研究，2015，22 (1)：108-115.

70. 解永庆，缪杨兵，曹广忠. 农民工就业空间选择及留城意愿代际差异分析［J］. 城市发展研究，2014（4）：92－97.

71. 金相郁. 最佳城市规模理论与实证分析：以中国三大直辖市为例［J］. 上海经济研究，2004（7）：35－43.

72. 景晓芬. "社会排斥"理论研究综述［J］. 甘肃理论学刊，2001.

73. 李刚，魏佩瑶. 中国工业化与城镇化协调关系研究［J］. 经济问题探索，2013（5）：72－79.

74. 李健，杨传开，宁越敏. 新型城镇化背景下的就地城镇化发展机制与路径［J］. 学术月刊，2016（7）：89－98.

75. 李建新. 城乡社会"断裂"与"人口逆淘汰"再思考［J］. 人口学刊，2010（1）：3－9.

76. 李金龙，闫倩倩，廖灿. 县辖市：新型城镇化中设市模式创新的基本路径［J］. 经济地理，2016，36（4）.

77. 李玲. 90年代以来中国人口两种迁移类型的变化［J］. 人口研究，1999，23（4）：59－64.

78. 李练军. 我国农民工留城意愿影响因素研究进展综述［J］. 理论研究，2013（12）.

79. 李楠. 农村外出农民工留城与返乡意愿影响因素分析. 中国人口科学，2010（6）：102－108.

80. 李强，龙文进. 农民工留城与返乡意愿的影响因素分析［J］. 中国农村经济，2009（2）：46－54.

81. 李强. 社会分层十讲［M］. 社会科学文献出版社，2008：20.

82. 李强. 影响中国城市流动人口的推力与拉力因素分析［J］. 中国社会科学，2003（1）：125－136.

83. 李清娟. 产业发展与城市化［M］. 上海：复旦大学出版社，2003.

84. 李荣彬，袁城. 社会变迁视角下流动人口身份认同的实证研究——基于全国流动人口动态监测调查数据［J］. 人口与发展，2013，19（6）：26－35.

85. 李树苗. 中国80年代的区域经济发展和人口迁移的研究 [J]. 人口与经济, 1994 (2).

86. 李晓飞. 城市"新二元结构"与户籍制度改革的双重路径转向 [J]. 华中科技大学学报 (社会科学版), 2017, 31 (2): 77-87.

87. 李珍珍, 陈琳. 农民工留城意愿影响因素的实证分析 [J]. 南方经济, 2010 (5): 3-10.

88. 联合国. 2018年版世界城镇化展望 [R].

89. 中信建投房地产小组. 零和博弈下的城市之战, 2015 (10).

90. 刘爱梅. 我国城市规模两极分化的现状与原因 [J]. 城市问题, 2011 (4): 2-7.

91. 刘传江, 董延芳. 农民工市民化障碍解析 [J]. 人民论坛, 2011 (26): 42-43.

92. 刘传江. 中国城市化的制度安排与创新 [M]. 武汉: 武汉大学出版社, 2000.

93. 刘传江等. 双重"户籍墙"对农民工市民化的影响 [J]. 经济学家, 2009 (10): 66-72.

94. 刘建娥等. 乡-城流动人口的阶层分化、重构与差异化融入 [J]. 学习与实践, 2018 (5).

95. 刘嗣明, 周飞. 试论我国小城市发展的方向 [J]. 理论探讨, 2012 (1): 151-154.

96. 刘涛. 中国流动人口空间格局演变机制及城镇化效应 [J]. 地理学报, 2015 (4): 567-581.

97. 刘修岩. 集聚经济与劳动生产率: 基于中国城市面板数据的实证研究 [J]. 数量经济技术经济研究, 2009 (7): 109-119.

98. 刘彦随, 刘玉. 中国农村空心化问题研究的进展与展望 [J]. 地理研究, 2010 (1): 35-42.

99. 陆铭, 向宽虎, 陈钊. 中国的城市化和城市体系调整: 基于文献的评论 [J]. 世界经济, 2011 (6): 3-25.

100. 陆铭. 大国大城: 当代中国的统一、发展与平衡 [J]. 复旦学报

（社会科学版），2017（2）：196.

101. 陆铭．空间的力量：地理、政治与城市发展［M］．上海：格致出版社，2013.

102. 陆自荣．社会融合理论的层次性与融合测量指标的层次性［J］．社会科学战线，2014（11）：189－197.

103. 吕丹，叶萌，杨琼．新型城镇化质量评价指标体系综述与重构［J］．财经问题研究，2014（9）：72－78.

104. 罗必良，刘茜．农地流转纠纷：基于合约视角的分析——来自广东省的农户问卷［J］．广东社会科学，2013（1）：35－44.

105. 罗丞．安居方能乐业：居住类型对新生代农民工市民化意愿的影响研究［J］．西北人口，2017，38（2）：105－110.

106. 罗光华．新型城镇化治理模式选择［J］．人民论坛，2014（35）.

107. 罗文英，沈文伟．长江三角洲城市群城市规模分布与经济规模分布的比较研究［J］．现代城市研究，2015，36（7）：58－62.

108. 罗遐．农民工定居城市影响因素的实证分析——以合肥市为例［J］．人口与发展，2012，18（1）：58－67.

109. 罗勇，曹丽莉．中国制造业集聚程度变动趋势的实证研究．经济研究，2005（8）：106－115，127.

110. 马万里，刘胡皓．为什么中国的城镇化是人地非协调的？——土地财政与土地金融耦合下地方政府行为的视角［J］．中央财经大学学报，2018，372（8）：115－122.

111. 孟宪范．回流农民工的变化——基于对返乡打工妹的考察［J］．江苏社会科学，2010（3）：85－92.

112. 孟向京，姜凯迪．城镇化和乡城转移对未来中国城乡人口年龄结构的影响［J］．人口研究，2018，42（2）.

113. 孟兆敏，吴瑞君．城市流动人口居留意愿研究——基于上海、苏州等地的调查分析［J］．人口与发展，2011（3）.

114. 苗延波．美国文化多元主义与美国法律文化［C］// 全国外国法制史研究会第十九届年会，2006.

115. 莫旋，阳玉香，唐成千．分层异质视角下流动人口收入决定研究——基于分层线性模型的实证分析［J］．财经理论与实践，2018（2）．

116. 倪建伟．就地城镇化的新近进展、现实困境与破解策略——山东省德州市新型城镇化第三次专题调研报告［J］．农业经济问题，2017（6）：7－8.

117. 倪鹏飞．新型城镇化的基本模式、具体路径与推进对策［J］．江海学刊，2013（1）：87－94.

118. 戚迪明，张广胜．农民工流动与城市定居意愿分析——基于沈阳市农民工的调查［J］．农业技术经济，2012（4）：44－51.

119. 戚伟，刘盛和．中国城市流动人口及市民化压力分布格局研究［J］．经济地理，2016，36（5）：55－62.

120. 戚伟，刘盛和．中国城市流动人口位序规模分布研究［J］．地理研究，2015，34（10）：1981－1993.

121. 齐传钧．人口老龄化对经济增长的影响分析［J］．中国人口科学，2010（1）：54－65.

122. 秦伟．从新县劳务输出看农民增收的有效途径［J］．休闲农业与美丽乡村，2003（3）：26－28.

123. 任远．新型城镇化是以人为核心的城镇化［J］．国家行政学院学报，2014，15（3）：15.

124. 任远．“逐步沉淀”与“居留决定”——上海市外来人口居留模式分析［J］．中国人口科学，2006（3）：67－72.

125. 申秋红．流动人口居留意愿影响因素分析——基于全国六城市的调查［J］．经济研究导刊，2012（3）．

126. 盛来运．流动还是迁移：中国农村劳动力流动过程的经济学分析［M］．上海：上海远东出版社，2008：196－198.

127. 盛亦男．中国流动人口家庭化迁居［J］．人口研究，2013，37（4）：66－79.

128. 盛亦男．流动人口居留意愿的影响效应及政策评价［J］．城市学刊，2016（9）．

129. 石忆邵. 中国新型城镇化与小城镇发展 [J]. 经济地理, 2013, 33 (7): 47-52.

130. 石智雷, 杨云彦. 家庭禀赋、家庭决策与农村迁移劳动力回流 [J]. 社会学研究, 2012 (3): 157-181.

131. 石智雷, 易成栋. 长期保障、投资回报与迁移劳动力回流决策 [J]. 经济评论, 2013 (3): 66-76.

132. 宋洪远, 黄华波. 关于农村劳动力流动的政策问题分析 [J]. 管理世界, 2002 (5): 55-65.

133. 孙红玲, 唐未兵, 沈裕谋. 论人的城镇化与人均公共服务均等化 [J]. 中国工业经济, 2014 (5): 18-30.

134. 孙建娥, 周媛也. 流动人口社会保障同城待遇的现状调查与思考 [J]. 广西社会科学, 2017 (10): 182-188.

135. 孙敬之. 80年代中国人口变动分析 [M]. 北京: 中国财政经济出版社, 1996.

136. 索伟锵, 李洪玲, 张改清. 农民工留城意愿及其影响因素分析——基于对郑州市农民工调查的实证分析 [J]. 安徽农业科学, 2011 (12): 73-75.

137. 唐世平. 制度变迁的广义理论 [M]. 北京: 北京大学出版社, 2016.

138. 童玉芬. 新疆省际人口迁移机制研究 [J]. 西北人口, 1994 (3): 41-45.

139. 田凯. 关于农民工的城市适应性的调查分析与思考 [J]. 社会科学研究, 1995 (5): 87-105.

140. 田明, 孙林. 进城农民工的工作流动及影响因素分析 [J]. 山东社会科学, 2013 (8): 44-52.

141. 田明. 农业转移人口的流动与融入新型城镇化的核心问题 [M]. 北京: 科学出版社, 2015.

142. 汪大海, 张玉磊. 从运动式治理到制度化治理: 新型城镇化的治理模式选择 [J]. 探索与争鸣, 2013 (11): 17-24.

143. 汪明峰，程红，宁越敏．上海城中村外来人口的社会融合及其影响因素［J］．地理学报，2015，70（8）：1243－1255.

144. 汪润泉，刘一伟．住房公积金能留住进城流动人口吗？——基于户籍差异视角的比较分析［J］．人口与经济，2017（1）：22－34.

145. 王春光．大城市在我国社会经济发展中的地位和作用［J］．经济研究参考，1996（2）：2－19.

146. 王春光．新生代农村流动人口的外出动因与行动选择［J］．浙江社会科学，2003（1）：109－113.

147. 王殿玺．个体经济地位、婚前家庭经济差异与婚姻迁移［J］．西北人口，2016（5）.

148. 王海龙．1982年以来中国人口流动对经济的影响研究［J］．工业经济论坛，2016（6）：670－677.

149. 王桂新．中国经济体制改革以来省际人口迁移区域模式及其变化．人口与经济，2000（3）.

150. 王桂新．改革开放以来中国人口迁移发展的几个特征［J］．人口与经济，2004（4）：1－8.

151. 王伟同，魏胜广．多维人口结构变动的交互经济影响——基于老龄化、城镇化和市民化视角的考察［J］．财经问题研究，2016（2）：84－90.

152. 王小鲁，夏小林．优化城市规模　推动经济增长［J］．经济研究，1999（9）：22－29.

153. 王章辉．欧美劳动力的转移与城市化［M］．北京：社会科学文献出版社，2013.

154. 王子成，赵忠．农民工迁移模式的动态选择：外出、回流还是再迁移［J］．管理世界，2013（1）：78－88.

155. 王子敏．互联网、技能偏向与农村流动人口就业［J］．人口与经济，2017（2）：107－115.

156. 王宗萍，段成荣．新生代流动人口的现状、困境及对策［J］．人民论坛，2015（a12）：21－24.

157. 韦小丽，朱宇．流动人口居留意愿与就业特征［J］．人口与社会，2008，24（2）：20－25.

158. 魏后凯，苏红键．中国农业转移人口市民化进程研究［J］．中国人口科学，2013（5）：21－29.

159. 魏后凯．中国城镇化进程中两极化倾向与规模格局重构［J］．中国工业经济，2014（3）：18－30.

160. 沃纳·赫希．城市经济学［M］．北京：中国社会科学出版社，1990.

161. 吴帆．中国流动人口家庭的迁移序列及其政策涵义［J］．南开学报（哲学社会科学版），2016（4）：103－110.

162. 吴兴陆，亓名杰．农民工迁移决策的社会文化影响因素探析［J］．中国农村经济，2005（1）：26－32.

163. 吴旭晓．新型城镇化效率演化趋势及其驱动机制研究［J］．商业研究，2013，55（3）：44－51.

164. 吴业苗．户籍制度改革与“人的城镇化”问题检视［J］．学术界，2016（4）.

165. 西蒙·库兹涅茨．现代经济增长：速度、结构与扩展［M］．北京：北京经济学院出版社，1989.

166. 夏显力，姚植夫，李瑶，等．新生代农民工定居城市意愿影响因素分析［J］．人口学刊，2012（4）：73－80.

167. 肖万春，肖向晶．县辖市体制改革与湖南城乡一体化建设［J］．武陵学刊，2013（2）：56－60.

168. 肖周燕．人口迁移势能转化的理论假说——对人口迁移推－拉理论的重释［J］．人口与经济，2010（6）：77－83.

169. 肖子华．中国城市流动人口社会融合评估报告（2018 版）［M］．北京：社会科学文献出版社，2018：（10）.

170. 熊波，石人炳．农民工定居城市意愿影响因素——基于武汉市的实证分析［J］．南方人口，2007，22（2）：52－57.

171. 熊景维，钟涨宝．农民工家庭化迁移中的社会理性［J］．中国农村观察，2016（4）：42－57＋97－98.

172. 徐林，曹红华．从测度到引导：新型城镇化的“星系”模型及其评价体系［J］．公共管理学报，2014（1）：65－74.

173. 徐林．流动人口对经济增长影响的实证研究［J］．四川行政学院学报，2016（4）：67－72.

174. 许成安，戴枫．城市化本质及路径选择［J］．淮阴师范学院学报（哲学社会科学版），2002（4）：444－449.

175. 许学强．现代城市地理学［M］．北京：中国建筑工业出版社，1989.

176. 颜银根，安虎森．中国分割的经济空间：基于区域间经济增长溢出的实证研究［J］．当代经济科学，2014（4）：47－57.

177. 杨东亮．东北流出流入人口的城市居留意愿比较研究［J］．人口学刊，2016（5）.

178. 杨菊华．中国流动人口经济融入［M］．北京：社会科学文献出版社，2013.

179. 杨菊华．中国流动人口的社会融入研究［J］．中国社会科学，2015（2）：61－79.

180. 杨菊华．从隔离、选择融入到融合——流动人口社会融入问题的理论思考［J］．人口研究，2009（1）.

181. 杨宜勇，张强．农民工融入城市社会的机制与政策研究［J］．辽宁大学学报（哲学社会科学版），2017，45（1）：1－12.

182. 姚俊．农民工定居城市意愿调查——基于苏南三市的实证分析．城市问题，2009（9）：96－101.

183. 姚士谋，张平宇，余成，等．中国新型城镇化理论与实践问题［J］．地理科学，2014，34（6）.

184. 叶裕民．中国城市化的制度障碍与制度创新［J］．中国人民大学学报，2001（5）：32－38.

185. 叶裕民．中国统筹城乡发展的系统架构与实施路径［M］．北京：中国建筑出版社，2013.

186. 尹虹潘，刘渝琳．改革开放以来的“中国式”城市化演进路径

[J]. 数量经济技术经济研究, 2016 (5).

187. 于建嵘. 新型城镇化: 权力驱动还是权利主导 [J]. 探索与争鸣, 2013, 1 (9): 8 - 12.

188. 余运江. 中国流动人口空间分布格局与集聚状况研究 [J]. 南方人口, 2016 (5): 57 - 69.

189. 俞林. 新生代农民工市民化进程中职业发展驱动因素研究 [J]. 西安财经学院学报, 2018, 31 (1): 84 - 91.

190. 张斐, 卢雪和. 中国女性流动人口状况研究 [J]. 妇女研究论丛, 2009 (4): 11 - 18.

191. 张金庆, 冷向明. 现代公民身份与农民工有序市民化研究 [J]. 复旦学报 (社会科学版), 2015, 57 (6).

192. 张鹂. 城市里的陌生人: 中国流动人口的空间、权力与社会网络的重构 [M]. 南京: 江苏人民出版社, 2014.

193. 张世勇. 新生代农民工逆城市化流动: 转变的发生 [J]. 南京农业大学学报 (社会科学版), 2014 (1): 9 - 19.

194. 张伟进, 方振瑞. 农民工迁移、户籍制度改革与城乡居民生活差距 [J]. 南开经济研究, 2014 (2).

195. 张蔚文等. 地方政府与预算外收入: 中国经济增长模式问题 [M]. 世界经济, 2012. 8: 134 - 160.

196. 张文明. 新型城镇化: 城乡关系发展中的"人本"回归 [J]. 华东师范大学学报 (哲学社会科学版), 2014, 46 (5): 97 - 107.

197. 张晓敏等. 人口要素流动门槛变迁视角下的户籍制度改革 [J]. 哈尔滨工业大学学报 (社会科学版), 2016 (6).

198. 张妍云. 我国的工业集聚及其效应分析——基于各省工业数据的实证研究. 技术经济与管理研究, 2005 (4): 23 - 24.

199. 张艳, 刘亮. 经济集聚与经济增长——基于中国城市数据的实证分析. 世界经济文汇, 2007 (1): 48 - 56.

200. 张占斌. 新型城镇化的战略意义和改革难题 [J]. 国家行政学院学报, 2013 (1): 48 - 54.

201. 张准．中美“逆城市化”现象之比较［J］．生产力研究，2012（1）：8－10.

202. 章雨晴．农民工城市定居意愿的代际比较——基于南京市284位农民工的调查［J］．湖南农业大学学报（社会科学版），2013（2）：41－47.

203. 赵红军，尹伯成．城市经济学的理论演变与新发展［J］．社会科学，2007（11）：6－15.

204. 赵乐东．新时期人口流动和流动人口的统计学研究［J］．经济经纬，2005（6）：80－83.

205. 赵琳华，杨磊．流动人口在城市居留意愿的研究综述［J］．长春理工大学学报（社会科学版），2013（10）.

206. 赵伟，赵金亮．生产率决定中国企业出口倾向吗——企业所有制异质性视角的分析．财贸经济，2011（5）：100－105.

207. 赵文哲，边彩云，董丽霞．城镇化、城市房价与农村流动人口户籍迁移［J］．财经问题研究，2018，415（6）：124－132.

208. 赵耀辉，李实．中国城镇职工实物收入下降的原因分析［J］．经济学（季刊），2002（2）：575－588.

209. 郑广怀．迈向对员工精神健康的社会学理解［J］．社会学研究，2010（6）：201－222.

210. 郑庆昌．中国特色新型城镇化与小城镇建设［J］．福建农林大学学报（哲学社会科学版），2013，16（2）：14－18.

211. 钟水印．人口流动与中国经济社会发展［M］．武汉：武汉大学出版社，1999.

212. 周飞舟，吴柳财，左雯敏，等．从工业城镇化、土地城镇化到人口城镇化：中国特色城镇化道路的社会学考察［J］．社会发展研究，2018（1）.

213. 周皓．流出人口与农村家庭户特征——基于流出地的分析［J］．人口与发展，2007，2（2）：16－25.

214. 周皓．流动人口社会融合的测量及理论思考［J］．人口研究，2012，36（3）：27－37.

215. 周皓. 从迁出地、家庭户的角度看迁出人口——对 1992 年 38 万人调查数据的深入分析 [J]. 中国人口科学, 2001 (3): 17 -23.

216. 周沛. 企业社会工作 [M]. 上海: 复旦大学出版社, 2010: 8.

217. 周一星. 城市地理学 [M]. 北京: 商务印书馆, 1995.

218. 周莹, 周海旺. 新生代农民工融入城市的影响因素分析 [J]. 当代青年研究, 2009 (5): 19 -22.

219. 周祝平. 中国农村人口空心化及其挑战 [J]. 人口研究, 2008 (2): 45 -52.

220. 朱力. 论农民工阶层的城市适应 [J]. 江海学刊, 2002 (6).

221. 朱明芬. 农民工家庭人口迁移模式及影响因素分析 [J]. 中国农村经济, 2009 (2): 67 -76.

222. 朱英明. 区域制造业规模经济、技术变化与全要素生产率: 产业集聚的影响分析. 数量经济技术经济研究, 2009 (10): 3 -18.

223. 朱宇. 中国的就地城镇化: 理论与实证 [M]. 北京: 科学出版社, 2012.

224. A. J. Venables. 2006. Some Tests of Specification for Panel Data: Monte Carlo Evidence and an Application to Employment Equations. Review of Economic Studies. 2: 277 -297.

225. Alba R, Nee V. 2003. Remaking the American Mainstream: Assimilation and Contemporary Immigration. Cambridge, MA: Harvard Univ. Press.

226. Alejandro D. B. 2005. Agglomeration Economies, Economic Growth and the New Economic Geography in Mexico. Econ WPA in its Series Urban/Regional: NO. 0508001. 28 -32.

227. Alonso W. Birds of Passage: Migrant Labor and Industrial Societies. by Michael J. Piore [J]. International Migration Review, 1979.

228. Bent F T. Administration in Developing Countries: The Theory of Prismatic Society, by Fred W. Riggs [M] // Administration in developing countries: the theory of prismatic society. Houghton Mifflin, 1964.

229. Brülhart, M. and F. Sbergami. 2009. Agglomeration and Growth:

Cross – Country Evidence. Journal of Urban Economics. 1: 48 – 63.

230. Christopher Wilson. The Dictionary of Demography [M]. Oxford: Basil Blackwell Ltd, 1986.

231. E S. Mills. Markets and Efficient Resource Allocation in Urban Areas [J]. Swedish Journal of Economics, 1972, 74 (1): 100 – 113.

232. Edquist, C. 1997. Systems of Innovation Approaches—Their Emergenceand Characteristics. pp. 1 – 35 in Systems of Innovation: Technologies, Institutions and Organizations, edited by C. Edquist. London: Pinter. 42 – 59.

233. Gordon, Milton Myron. 1964. Assimilation in American Life: The Role of Race, Religion, and National Origins. New York: Oxford University Press.

234. Gustafson P M. The Pivot of the Four Quarters: A Preliminary Inquiry into the Origins of the Chinese City by Paul Wheatley [J]. Journal for the Scientific Study of Religion, 1976, 15 (2): 209.

235. Henderson, V. 2003. The Urbanization Process and Economic Growth: The So – What Question. Journal of Economic Growth. 1: 47 – 71.

236. http: //www. 12371. cn/special/sswgh/wen/#8.

237. Jacobs J. The economy of cities. [M] // The economy of cities. 1969.

238. Karl August Wittfogel, Oriental Despotism: A Comparative Study of Total Power. New Haven, Comm. : Yale Unviersity Press, 1958.

239. Krugman P R, Venables A J. Integration, Specialization, and the Adjustmen, Production trends in the United States since, 1870/. National Bureau of Economic Research, 1993: 54 – 55.

240. Lipton, M. Why Poor People Stay Poor: Urban Bias in World Development, London: Cambridge, Mass. : Harvard University Press. 1977.

241. Lundvall, B. A. and B. Johnson. 1994. The Learning Economy. Journal of Industrial Studies. 2: 23 – 42.

242. M. Webber, The city, Translatied and edited by D. Martindale and G. Neuwirth. New York: The Fredd Press. 1958.

243. Massey D S, Espinosa K E. What's Driving Mexico – U. S. Migration A Theoretical, Empirical, and Policy Analysis [J]. American Journal of Sociology, 1997, 102 (4).

244. Rosen, K. T. , M. Resnick. 1980. The Size Distribution of Cities: An Explanation of the Pareto Law and Primacy. Journal of Urban Economics. 2: 165 – 186.

245. Scott, A. J. 2006. Creative Cities: Conceptual Issues and Policy Questions. Journal of Urban Affairs. 1: 1 – 17.

246. Sjoberg G. The Preindustrial City [J]. American Journal of Sociology, 1955, 60 (5): 438 – 445.

247. Song, H. S. J. F. Thisseand X. W. Zhu. 2012. "Urbanization and/or Rural Industrialization in China." Regional Science and Urban Economics 42 (6): 126 – 134.

248. V. G Childe. The Urban Revolution [J]. Town Planning Review, 1950, 21 (1): 3 – 17.

249. White, D. F. Book Review: The Urbanization of Society [J]. Urban Education, 1966, 2 (2): 115 – 119.

250. WIRTIH, LOUIS. Urbanism as a Way of life [J]. American Journal of Sociology, 1989 (29): 46 – 63.

251. Zhao YH. 2002. Causes and consequences of return migration: recent evidence from China. Journal of Comaprative Economics, 30 (2): 376 – 394.